妙喻连珠

——李瑞环著作中的比喻和用典

郭湛　贺耀敏　王宏霞 等　编著

中国人民大学出版社
·北京·

编写说明

2005年以来，李瑞环同志已经出版《学哲学 用哲学》、《辩证法随谈》、《务实求理》、《看法与说法》等多部著作，受到了广大读者的热烈欢迎，印制发行总册数超过四百万册。这些著作中许多比喻、典故都脍炙人口，流传很远。通过深入学习我们发现，大量使用比喻和典故，是李瑞环同志几乎所有文章和讲话的共同特点。其中，丰富形象的比喻来源于他对马克思主义哲学的深刻理解和对民间语言的灵活运用，而充满哲理的典故则来源于他对中国历史文化典籍的广泛阅读和对传统文学艺术的深厚熏习。这种比喻和用典的结合，使李瑞环同志的著作既具有严谨深邃的思想性和说理性，又富有鲜活生动的生命力和感染力；既有理论、观点、方法，又覆盖工作、学习、生活，非常适于日常学习掌握。

根据广大读者的要求，我们从李瑞环同志的著作中选取了百余条有代表性的比喻和典故，结合自身的学习体会加以解读评述，希望能增进读者对李瑞环同志思想、文风等的深入了解，对马克思主义哲学原理的理解掌握。在解读的过程中，我们也加入了一些不为大众所熟知的事件情节描述，便于读者了解相关事件的背景。参加本书编写的有郭湛、贺耀敏、牛旭光、干春松、谢春涛、王宏霞、吴秀生、王海龙、李伟、王喆、毛术芳、刘宝东、卢毅、沈传亮、张太原、陈述等，郭湛、贺耀敏、王宏霞负责统稿。由于我们编写水平有限，本书难免有疏漏和不妥之处，敬请广大读者批评指正。

目　录

◇◇◇　一　◇◇◇

◇◇◇ 二 ◇◇◇

◇◇◇ 四 ◇◇◇

◇◇◇ 五 ◇◇◇

◇◇◇ 六 ◇◇◇

◇◇◇ 七 ◇◇◇

◇◇◇ 八 ◇◇◇

◇◇◇ 九 ◇◇◇

◇◇◇ — ◇◇◇

1. 中国的许多问题或者说“病”，根子都是“穷病”。

原文：中国存在的许多问题，或者说有许多“病”，根子都是“穷病”，是由于贫穷带来的“病”。对于我们来说，发展是硬道理。（2000 年 10 月 10 日会见玻利维亚前总统、左派革命运动主席萨莫拉时的谈话，《学哲学 用哲学》，263 页，中国人民大学出版社，2005）

解读：社会生活千头万绪，问题层出不穷。好比人有许多病，如果找不到根源，不能对症下药，只是头痛医头，脚痛医脚，不可能真正解决问题。毛泽东在《矛盾论》中指出：“研究任何过程，如果是存在着两个以上矛盾的复杂过程的话，就要用全力找出它的主要矛盾。捉住了这个主要矛盾，一切问题就迎刃而解了。”（《毛泽东选集》，2 版，第 1 卷，322 页，人民出版社，1991）李瑞环运用辩证唯物主义的观点分析社会矛盾，认为社会问题即社会矛盾，在众多社会矛盾中有一种主要矛盾是根本性的、决定性的，必须看准并抓住它。中国社会的“病根”在于贫穷，根治贫穷的药方就是发展。社会发展了，人民富裕了，许多问题就会随之得到解决。所以，邓小平说“发展才是硬道理”。这个道理已经被改革开放 35 年来的实践经验所证实。

这里所说的发展主要是经济发展，是物质生产的发展。在社会生活中，“生产归根到底是决定性的东西。”（《马克思恩格斯选集》，2 版，第 4 卷，699 页，人民出版社，1995）因为物质生产创造物质财富，满足人们的物质需求，改变贫穷落后面貌。中国是一个发展中国家，是只有靠发展生产才能从根本上改变贫穷落后面貌的国家。“穷病”根治了，国家就有了健康发展的保障。在与新加坡内阁资政李光耀的谈话中，李瑞环特别强调："中国存在的许多问题根本都是个发展问题，中国要解决许多问题关键也在于加快发展。"(《学哲学 用哲学》，263 页）社会是一个大系统，社会的发展是内在关联的各个方面的发展。物质生产的发展带动整个经济的发展，推动政治的发展、文化的发展、社会的发展和生态的发展，为人和社会的全面发展创造条件。在发展问题上，我们需要摒弃旧的片面的发展观，接受新的全面的发展观，即真正意义上的科学发展观。

从物质生产的发展入手解决整个社会的问题，是历史唯物主义的基本观点和方法。在历史唯物主义理论中，在归根到底的意义上，社会存在决定社会意识，生产力决定生产关系，经济基础决定上层建筑，人民群众决定历史发展。一个多世纪以来国际共产主义运动的曲折经历，35 年来中国特色社会主义道路的成功开辟，反复证明了以历史唯物主义基本观点和方法为指导的重要性。中国的发展从根本上改变了旧中国积贫积弱的历史，正在建设一个富强、民主、文明、和谐的现代国家，昔日的"东亚病夫"已经完全恢复了健康。

（郭湛）

2. 要想红旗不落地，必须卫星早上天。

原文：过去"四人帮"用什么"卫星上天、红旗落地"的言论来反对搞四个现代化，这是荒谬的。现在事实越来越清楚：要想红旗不落地，必须卫星早上天。(1991 年 5 月 21 日听取浙江省委工作汇报时的讲话，《务实求理》，15 页，中国人民大学出版社，2010)

解读：所谓"卫星上天、红旗落地"，据说是毛泽东针对当时的苏联讲的话。1957 年 10 月 4 日，苏联成功地发射了世界上第一颗人造卫星，在这一领域的科学技术领先于美国。但是，从 1956 年苏共二十大全盘否定斯大林开始的一系列变化，被认为是走上了“修正主义”道路，改变了社会制度的性质。科学技术的发展和社会制度的改变，两者联系起来，即“卫星上天、红旗落地”。在这个比喻中，卫星代表先进科学技术，红旗代表社会主义制度。苏联的教训给我们敲响了警钟。为了使中国避免走苏联那样的“修正主义”道路，毛泽东发动了“无产阶级文化大革命”。结果是，“文化大革命”十年浩劫，使国民经济面临崩溃的边缘。毛泽东逝世后，以邓小平为核心的第二代中央领导集体果断地纠正了“文革”的错误，完成了从“以阶级斗争为纲”向“以经济建设为中心”的转变，实行“对内改革、对外开放”，开创了中国特色社会主义的发展道路。

在中国改革开放十多年以后，1991 年 5 月，回顾此前的十多年改革开放和再往前的十年“文革”浩劫，两相对比，李瑞环感触很多。他说，过去“四人帮”以“卫星上天、红旗落地”为理由反对搞四个现代化，这是荒谬的。实际上恰恰相反，要想红旗不落地，必须卫星早上天。也就是说，卫星代表先进科学技术的发展，代表综合国力的增强，有利于社会主义制度的巩固。苏联社会主义的红旗之所以落地，不是因为它的卫星上了天，而是因为科学技术还不够先进。如果苏联的国民经济和科学技术能够发展得更好，卫星能够更早上天，在与资本主义制度的竞争中就会更具优势，社会主义的红旗就不会落地。中国在 1970 年 4 月 24 日成功地发射了第一颗人造卫星“东方红一号”，不仅没有导致中国社会主义的红旗落地，反而有力促进了中国社会主义的发展。科学技术发展与社会主义制度不是对立的，要想坚持社会主义制度，必须大力发展科学技术。在社会发展中，生产力具有基础性的、决定性的意义，这是历史唯物主义的基本观点。而在现代社会中，科学技术越来越成为“第一生产力”。历史表明，通过发展科学技术和运用科学技术，推动生产力的发展，改善人民生活，增强综合国力，是坚持社会主义制度的根本保障。

李瑞环的上述讲话，不仅仅是讲科学技术的重要性，同时也是反对当时极左思潮的空头政治观点。不抵制极左思潮的干扰，中国的改革开放和现代化建设就不能顺利进行。半年后，1991 年底，苏联解体，苏共解散，在“卫星上天”34 年后，最终“红旗落地”。而中国自 1970 年“卫星上天”，至今已过去 44 年，中国特色社会主义的红旗依然高高飘扬。到底“卫星上天”与“红旗落地”是什么关系？中国是否存在“红旗落地”的危险？如果存在，这种危险来自何处？如何消除这种危险，保证中国不重蹈前苏联的覆辙？这一系列问题，关乎政党、国家和民族的命运，始终值得我们警惕和深思。

（郭湛）

3. 自己不生“病”，别人是打不倒的。

原文：中国是个大国，能不能保持现在这样的前进势头，我看危险不是慢，而是乱。自己不生“病”，别人是打不倒的。如果自己折腾、“发高烧”，不用别人来打，自己就倒下了。我说过，中国的事要迈小步不停步，少走弯路回头路。这话不是说不要大干快上，而是说不要引起折腾。（1985 年 10 月 23 日与天津大学学生的对话，《看法与说法》，47 页，中国人民大学出版社，2013）

解读：正像人的成长那样，国家的发展需要一种健康的状态。如果机体出了问题，尤其是大的问题，就像人体生了病，不用别人打，自己就会倒下来。回想历史上，在有些时候，例如“文化大革命”中，我们自己胡折腾、“发高烧”，甚至把经济、社会带到崩溃边缘的事还少吗？为了能够保持改革开放以来中国迅速发展的势头，我们需要反思一下如何避免不必要的折腾，在健康的状态中持续发展。

对于人来说，健康是一种生理状态，也是一种心理状态。人在行为上出现的问题，不仅可能与生理上的不健康有关，而且可能与心理上的不健康有关。李瑞环在与大学生的谈话中提到，“一个美国人说，如果有一个中国人进了我的研究所，我就要很小心，他很有可能把我的研究成果学走；如果有两个，就稍微放点心；如果有三个中国人，我就完全放心了，因为他们自己就折腾起来了。”（《看法与说法》，46 页）说中国人一个人时很努力，两个人时有矛盾，三个人时就折腾，是否具有普遍性？是否与所谓“国民性”有关？尽管未必都如此，但这种现象确实值得我们警惕和克服。

中国是一个发展中国家，发展需要一个历史过程。正像人的成长那样，中国也需要健康地成长为一个世界性的大国。在当今世界上，中国的“崛起”已成为一个不争的事实。那么，一个将要走在世界前列的泱泱大国的国民应该有怎样的心态？中国人应该如何以正确的心态做正确的事情？这是我们必须时时反问自己的。如果说国人之中确有容易闹矛盾、瞎折腾的毛病，那么就该下决心改一改。“我们国家人不少，地不小，资源不缺；我们的人民一不懒，二不笨，为什么发展慢？原因是多方面的，其中一个重要原因就是折腾。”（同上）如果我们中国人能够扎扎实实做正事，少折腾或者不折腾，那么世界上谁也阻挡不了中国前进的脚步。发展的速度不一定总是很高，但只要能够“迈小步不停步，少走弯路回头路”，中华民族的伟大复兴就指日可待。

（郭湛）

4. 要看人高兴不高兴，牛高兴不高兴。

原文：整个说来，考察我们体制的利弊如何，政策的得失如何，它是解放生产力的还是束缚生产力的，归根到底，都要到基层去看。在农村，要看人高兴不高兴，牛高兴不高兴；在工厂，要看工人干活作劲不作劲。只有这样，才能了解到真实的情况，也才有进行科学分析和总结的基础，避免主观臆断。（1990 年 4 月 11 日在新

华社国内工作会议上的讲话，《看法与说法》，271页，中国人民大学出版社，2013）

解读：革命和改革的目的是为了解放和发展生产力。判断我们的体制和政策的利弊得失，最终的标准在于生产力，看它是解放生产力的还是束缚生产力的。从历史唯物主义的基本原理来看，体制和政策作为政治的、思想的上层建筑一定要适合经济基础的要求，作为社会的生产关系一定要适合生产力的要求。对于这一点，不能凭主观臆断，而要到基层了解真实情况，以此为前提进行科学分析和总结。这就是马克思主义的实事求是的态度。

到基层考察生产力的状况，既要看物的因素，更要看人的因素。生产力是人们运用劳动资料作用于劳动对象时体现的生产物质资料的能力。生产力由劳动资料、劳动对象和劳动者等要素构成。劳动者是生产力中最重要、最活跃的因素。最具能动性的生产力要素，就是人的劳动能力。李瑞环说："改革也好，建设也好，归根结底要靠群众的积极性。不把群众的积极性充分地调动起来，合理地发挥出去，讲什么都不行。路线是不是正确，政策是不是正确，要到农村去看看农民高兴不高兴，到工厂看看工人高兴不高兴。如果农民不高兴，工人不高兴，说一千道一万都没有用。"（《看法与说法》，272页）

李瑞环强调，要"始终把人民群众的情绪作为第一信号"，注重"理顺群众情绪"。"我们之所以这样做，是因为群众是社会的主体，群众不满意就不会有整个局面的稳定。群众是历史的主人，改革开放、四化建设，归根结底得靠群众去完成，群众不高兴、不积极，各项工作就不可能真正干好。"（《看法与说法》，271页）在农村，要看人高兴不高兴，牛高兴不高兴。人是劳动者，牛是劳动资料，构成农业生产力中能动的方面。人和牛高兴不高兴，鲜明、直观地表明了社会的生产关系对于生产力、上层建筑对于经济基础是否适应。在工厂也是这样，直接要看工人高兴不高兴，就是干活作劲不作劲。这些来自生产第一线和劳动者的生动语言，活灵活现地表达了社会进步的生产力标准。

（郭湛）

5. 急性病拖成慢性病就不好治了。

原文：在建立社会主义市场经济体制这样一场大的社会变革过程中，没有问题是不可想象的，不要有点问题就大惊小怪，就怨天尤人。同时，对这些问题必须予以足够的重视，必须下力量尽快解决。越拖越坏，急性病拖成慢性病就不好治了。（1997 年 3 月 2 日在全国政协八届五次会议中共、特邀联组会上的讲话，《辩证法随谈》，25 页，中国人民大学出版社，2007）

解读：社会是一个有机体，在运行中会出现这样那样的问题，如同人的身体有时会生病。中国由计划经济向市场经济转变，是社会经济体制根本性的变革。在这样大的社会变革中，难免出现许多问题，甚至有时是很严重的问题。现实生活中的问题就是矛盾。改革本身就是要解决矛盾的，就是要解决生产关系不适合生产力、上层建筑不适合经济基础的问题。因此，从根本上说，只有坚持全面深化改革，才能解决好当代中国社会的基本矛盾，使生产关系与生产力、上层建筑与经济基础相适应。在这样的发展趋势下，社会运行中的各种问题，是可以逐步得到解决的。

对于社会生活包括社会变革中出现的问题，首先需要有个正确的态度，既不惊慌失措，也不无动于衷。现实的问题是一种客观存在，要实事求是地面对，先要搞清楚问题的性质和原因，进而找到解决问题的途径或办法。这就像医生看病那样，通过“望闻问切”确定病人得了什么病，然后对症下药，方可药到病除。如果面对问题，连到底是什么问题、什么原因造成的都不清楚，就贸然着手解决，无异于

“病急乱投医”，只会把事情搞糟。

面对问题要冷静，但不能冷漠。冷漠是不动心、不关心，“事不关己，高高挂起”，不管不问，无所作为。这不是我们的政府部门和领导干部应有的态度。政府部门和领导干部作为公共权力机关和公职人员，承担着带领人民群众解决社会问题的责任。对各种社会问题特别是重大的社会问题，必须予以足够的重视，在深入调查研究、认清问题实质的基础上，切实下力量解决。李瑞环 20 世纪 80 年代在天津工作时，坚持市政府每年为人民办几件实事，并公之于众。他特别强调，要“把实事办实，好事办好”。“一年年这样干下去，就一定会把党的优良作风发扬光大，不断密切党和政府与人民的血肉关系。”（《学哲学 用哲学》，147 页）

解决问题贵在及时。在可能的情况下，解决问题应该力求及时，能尽快解决就不要拖延。越拖情况越糟、影响越坏、代价越大，问题的性质会恶化，急性病会拖成慢性病，使治疗更加困难。所以，我们在解决社会问题上一定要有紧迫感。这种紧迫感来自社会责任感。因为，“我们的责任，是向人民负责。”（《毛泽东选集》，2 版，第 4 卷，1128 页，人民出版社，1991）

（郭湛）

6. 迈小步、不停步，少走弯路回头路。

原文：我们的国家大、人口多、底子薄，发展不平衡。许多事情在其他国家不是问题，在我们国家就成了问题。历史经验表明，我们出问题、走弯路，常常失之于贪多求快。为了改变我国的面貌，在实际工作中，我们应当有只争朝夕的精神，积极进取，勇于突破，竭尽全力地把事情办得快些。但在总体上，我们必须明确，中国的发展不可能太快，中国的事情不能太急，必须坚持“迈小步、不停步，少走弯路回头路”。（1988年12月25日在中共天津市委五届三次全委扩大会议上的报告，《看法与说法》，138页，中国人民大学出版社，2013）

解读：“迈小步、不停步，少走弯路回头路”，是李瑞环在上世纪80年代主政天津时常提的一个口号。这个口号生动地体现了他一贯倡导的“协调渐进”思想和“稳定发展”的方针。1986年2月，他在中共天津市委常委民主生活会上讲道：我们是执政的党，执政党在自己国家内部进行改革，表现为改良、渐进和自我完善，而不能搞乱。要走一步，看一步，稳定一步，前进一步。不可贪得太多、太快。我曾提过一句话，叫“迈小步、不停步，少走弯路回头路”。因为船太大，人太多，折腾受不了。

1987年12月，李瑞环在中共天津市四届八次全委扩大会议上又指出：坚持稳定发展是天津的一条重要经验。我们一直把稳定发展作为一条重要原则，并贯穿于一切工作的过程和归宿。他把稳定发展概括为“三稳”：一是稳定，注意理顺各种关系，特别是人们的情绪，使整个社会有一个和谐、融洽、协调的环境；二是稳步，强调各项事业、各项工作既要积极进取，又不要操之过急，而是谨慎从事，平稳推进；三是稳妥，对于任何工作，特别是重大改革措施和政策出台，要周密准备，把握时机，尽量避免失误，减少震动。在这里需要注意的是，李瑞环讲的“稳定”并不完全是指社会稳定。运动、发展是事物的法则，稳定是指在运动发展变化过程中做到相对平衡发展；联系与制约也是事物的法则，稳定是指协调好改革发展各项事业之间的关系。2010年在编辑《务实求理》一书时，就曾有同志建议把“社会稳定”单独作为一个部分，但李瑞环没有同意，而是把“稳定”同“改革、发展”放在一起，以“改革、发展、稳定”为题作为全书的第一部分，并且打头的文章就是《坚持稳定发展的方针》。

“迈小步、不停步，少走弯路回头路”及其体现的“协调渐进”思想和“稳定发展”方针，看似朴素、简单，却是有深刻的理论基础和丰富的哲学蕴涵的。我们知道，联系和发展的观点是马克思主义唯物辩证法的基本观点。按照这两个基本观点，其一，世界上一切事物之间，以及每一事物内部的各个部分、方面、要素之间，都是互相联系、互相制约的。我们的事业要取得成功，就必须从事物固有的联系中考察事物，必须处理好自然与社会、社会与经济、经济与文化、文化与政治等等之间的关系，以及各自内部的各种关系。比如就经济发展而言，就必须把有关经济的各方面的关系理顺，使各种比例基本保持平衡。如果各方面不协调、畸形发展，就如同一辆轮子不全的汽车，强行驾驶必然导致翻车。其二，世界上一切事物的发展，都是量变和质变的统一，都是首先从量变开始的。没有一定程度的量的积累，就不可能有事物性质的变化，就不可能实现事物的飞跃和发展。因此忽视渐变的作用，不做扎实具体的工作，就不可能较快地实现质的飞跃。正如李瑞环所说，渐进性就是“扎实工作、量变到质变”。坚持协调渐进，才能稳步前进。

“迈小步、不停步，少走弯路回头路”，及其体现的“协调渐进”思想和“稳定发展”方针，是在对国内建设的历史经验和教训进行深刻总结的基础上提出来的。其基本思想内涵以及对经济发展的急躁冒进毛病的尖锐批评，今天看来都非常具有针对性和现实指导意义。李瑞环指出：总结30多年来的经验教训，经济上的贪多求快，政治上的运动方式，思想上的唯意志论，使我们吃了很大苦头。一叫贪多求快。形势一好转、一顺利就头脑发热，高指标，瞎指挥，胡乱折腾。因为着急，往往不顾客观条件，脱离国情，脱离实际；因为着急，往往是一刀切、一阵风，不讲规矩，没有章法，结果是因急而乱，因乱而错，因错而慢，事与愿违。二叫运动的方式。由于历史的原因，在我们的工作中常常带有农村的特点、战争的痕迹、运动的方式。为实现不切实际的高指标，往往用政治运动的方法，反右倾、批保守，说空话、唱高调，只讲解放思想，不讲实事求是，纵向不衔接，横向不协调。

结果是政治上很热，经济上很乱。三叫唯意志论。缺乏调查研究，不从实际出发，不遵循客观规律，凭主观想象决策，只顾眼前，不顾长远，只顾局部，不顾全局，万般无奈，停下来“大修”。（《看法与说法》，143页）应该说，李瑞环批评的这种现象在改革开放之后基本上得到了纠正，但其习惯和影响并未完全消除，还常常自觉不自觉地表现出来。比如，过度追求GDP、追求高速度，盲目发展、重复建设，热衷于上大项目，不顾资源、环境的承载力和可持续性而搞掠夺式开发，只重视物质文明不重视精神文明，只注重经济增长不注意社会发展，等等。从世界观、方法论上看，这都是违反辩证法的，必须努力克服、坚决纠正。

党的十六大后确立的科学发展观和现在实行的“稳中求进”的经济工作的总基调，与李瑞环倡导的“协调渐进”思想和“稳定发展”方针，与“迈小步、不停步，少走弯路回头路”这个口号都是一致的，其根本的理论基础在于马克思主义的唯物辩证法。2014年2月7日，习近平总书记在索契接受俄罗斯电视台专访，在谈到深化改革的问题时，他也特别强调了“步子要稳”的思路。他说，在中国这样一个拥有13亿多人口的国家深化改革，绝非易事。这就要求我们胆子要大，步子要稳。“步子要稳，就是方向一定要准，行驶一定要稳，尤其是不能犯颠覆性错误。”只有这样，我们才能稳步地朝着我们的宏伟目标迈进。

（牛旭光）

7. 稳定全局，重点突破，以点带面，梯度推进。

原文：中央确定的改革开放的基本方针是正确的，取得了举世公认的成就。这几年的经济发展，总的讲不算慢。但是，我们总觉得应该也可能再快一些。我们酝酿了这样一个构想，即：稳定全局，重点突破，以点带面，梯度推进。（1986年8月19日写给邓小平同志的一封信，《看法与说法》，134页，中国人民大学出版社，2013）

解读： 20世纪80年代中期，中国的改革开放如火如荼。在改革开放的大潮中，天津走在前列。特别是天津经济技术开发区，继深圳、珠海、厦门、汕头四个经济特区取得成功经验后，根据党中央和国务院进一步开放大连、天津、上海、广州等14个沿海港口城市的决策，于1984年创建。它位于渤海之滨，距天津市区50余公里，总规划面积33平方公里。这里原来是长芦盐场的晒盐池和大片盐碱荒地。它毗邻天津港，紧连京津塘高速公路，贴近京山铁路和天津机场，具有良好的区位优势和发展条件。开发区的建设和整个天津的发展在当时备受世人瞩目，也为邓小平所关注。1986年8月19日，邓小平从北戴河直抵天津，开始了为期三天的视察。当晚，他对当时的市长李瑞环说："我这次来天津，要看看你们的开发区，看看市容，还要到港口看一看。"也就是在这一天，李瑞环呈递了《写给邓小平同志的一封信》。在这封信中，他提出关于中国改革开放的十六字构想："稳定全局，重点突破，以点带面，梯度推进。"

按照李瑞环的解释，稳定全局，就是在全国范围内，在全局和总体上，实行稳妥的方针，尽量避免和减少大的波折和社会震动，在安定的前提下使经济稳步前进。重点突破，就是按照把东部地区作为发展重点的指导思想，进一步缩紧拳头，在一两个能带动和影响全国的沿海城市，实行大胆突破、超前发展的方针，集中各类人才，放手利用外资，形成综合优势，加快建设步伐，争取用10年左右的时间达到发达国家现代化城市的水平。以此为基地，由点及面，梯度转移，波浪式前进。

在这封信里，李瑞环阐述了提出这个构想的主要根据：第一，改革是一个探索搞活创造历史的过程，新旧体制的交织、转换必然要持续较长时间。10亿人口的大国，千差万别的状况，如果不加区别地实行同一办法，企望同步转换，必然增加改革的难度，延缓改革的进程，也容易加重社会的心理负担。若选择一两个有影响的城市，给它们以更多的条件，先行一步，取得经验，以此来带动和指导全局，这样做可能对整体改革更加有利。第二，我们的国家大、人口多、底子薄，地区发达程度很不平衡。如果把有限的资金平均分配，分散使用，其结果必然是大家都想上，谁也上不去。在这种情况下，如能按照区别对待、确保重点、有快有慢、梯次发展的原则分配和使用力量，从眼前看，对某些方面会有点影响，但从全局和最终结果看，可能会更好些。第三，当前世界经济形势出现了一个新的特点，就是国际资本迅速增长，频繁流动。日元升值，石油降价，发达国家资本过剩，急于寻求出路。这不仅为我们利用外资提供了一个极好机会，也对我们使用外资的本领提出了更高的要求。用得好，可以加快经济发展；用得不好，也会造成债台高筑。如果我们选择一两个经济技术基础好，消化吸收能力强，有创汇和还款能力的大城市，把特区的成功经验推而广之，让它们放手利用外资，加快行进速度，像上海、天津，10 年各用上它百把亿美元，就全国来讲，也不会有大的风险。[①] 如果这个构想得以实现，我们就可以较快地建立起反映当代科技水平的新兴工业体系；就有了我国自己的用现代技术改造国民经济的基地；就能够为全国提供参观、借鉴的现代化城市样板。特别是全国人民对现代化的认识，就会更加直观、更加具体，产生巨大的鼓舞作用；同时，也就在国际上树立起中国现代化的美好形象，使我国的开放政策产生更大的吸引力。这就像我们党在革命战争时期建立根据地那样，先红一点，再红一片，燎原之势，遍及全国。

李瑞环的这个构想是战略性的，是有前瞻性的，与邓小平后来提出的“两个大局”的战略构想高度吻合。我们知道，早在改革开放之

---

① 邓小平就此指出：“十年时间，有一两个地方，借百把亿美元，只要讲效益，有什么危险？两百亿也没有什么了不起！”（《邓小平文选》，1 版，第 3 卷，165 页，北京，人民出版社，1993）

初，邓小平就从我国各地区的不同特点和条件出发，提出了“让一部分地区、一部分人先富起来，最终实现共同富裕”的大政策。他运用唯物辩证的发展观来思考、处理地区间的发展关系问题，认为东部沿海地区经济基础较好，交通和地理环境优越，应当充分利用有利条件先发展起来，然后带动和支持其他地区的发展，从而使全国各地区都能比较快地发展起来。邓小平认为“这是一个大政策，一个能够影响和带动整个国民经济的政策”（《邓小平文选》，2 版，第 2 卷，152 页，人民出版社，1994）。在此基础上，1988 年 9 月他提出了“两个大局”的战略构想。他说：“沿海地区要加快对外开放，使这个拥有两亿人口的广大地带较快地先发展起来，从而带动内地更好地发展，这是一个事关大局的问题。内地要顾全这个大局。反过来，发展到一定的时候，又要求沿海拿出更多力量来帮助内地发展，这也是个大局。那时沿海也要服从这个大局。”（《邓小平文选》，1 版，第 3 卷，277～278 页，人民出版社，1993）邓小平设想，到 20 世纪末达到小康水平的时候，就要突出地提出和解决这个问题。到那个时候，发达地区要继续发展，并通过多交利税和技术转让等方式大力支持不发达地区，逐步缩小地区间的发展差距，最终达到共同富裕的目标。

李瑞环的上述构想和后来邓小平提出的“两个大局”的思想，都是从我国实际情况出发、符合我国经济社会发展规律的。这种战略构想的思路，实际上融入了中国改革发展的历史进程，上海浦东新区的建设、天津滨海新区的开发和由东部大发展带动中西部大开发的实际进程等，都是生动的例证。

（牛旭光）

8. 先生孩子后起名。

原文：有些东西不要急急忙忙定性，只要市场需要、社会无害、生产者有利，就应当允许、支持。先生孩子后起名，孩子生下来可以先起个小名，阿猫、阿狗、铁蛋都行。主要的是让他身体好，长本事。（1991 年 5 月 19 日听取温州市委工作汇报时的讲话，《学哲学用哲学》，488 页，中国人民大学出版社，2005）

解读：1978 年实行改革开放之后，温州人积极发展非公有制经济，创造了令人瞩目的“温州模式”。随着温州关注度的提高，外界对于“温州模式”的讨论也逐渐升温，到 1980 年代中期之后更引发了姓“资”姓“社”的激烈争论。特别是 1989 年下半年至 1992 年邓小平南方谈话之前，这是温州改革压力较大、“温州模式”遭受较多质疑和否定的阶段。当时流行的一种说法是，“资本主义风刮得严重，温州除了马路没修，社会主义的其他角落都被修了”。另外，有人甚至要把对温州问题的认识提高到“反和平演变”的高度。正是在温州处于姓“资”姓“社”争论的风口浪尖之时、温州的改革发展处于举步维艰的困难之际，时任中共中央政治局常委、书记处书记的李瑞环于 1991 年 5 月来到温州。他在考察之后明确向温州市委市政府的领导指出：“看一个生产企业，应当看它的产品是好是坏，市场是否需要，对社会有利还是有害，企业的效益如何，而不应该先定社会性质。有些企业很难说它是什么主义，废钢市场把各地的废变压器搜集起来，把变压器中的剩机油集中起来，把白银分解出来，从集中的油和白银中得到一笔钱，然后再卖废铁。你说它是什么主义？我看在中国就是社会主义。”由此，他提出“先生孩子后起名”这个著名的比喻，为温州的发展指路，为温州的改革撑腰。两天以后，即 5 月 21 日，他又旗帜鲜明地跟浙江省委主要负责同志讲：“现在温州很需要有人替他们说公道话，省委领导应该给他们撑腰，起码不能随声附和，参加反温州的大合唱。”（《学哲学 用哲学》，489 页）

李瑞环从 1991 年起先后三次到过温州，第二次是时隔七年之后的 1998 年 4 月。这次在温州，他同市领导和企业界人士座谈时意味深长地回忆了第一次来温州的情形，他说：上次我来温州，正是外界对温州说法颇多的时候。说好的也有，说坏的也有，但说好说坏的情形不同。说温州不好的人可以在会上说，大声地说；而说温州好的人只能在会下说，小声地说。我当时怀疑，温州不可能像有的人说的那么坏。因为这当中不少人本来就有起哄的习惯，而某些“左”的人总是喜欢什么问题都上纲上线，按照他们的思维方法和判断标准，一篇文章就把一个地方说得一无是处。于是，我决定自己来实地看一看。“临行的前一个晚上，我到一位老同志家去，告诉明天去温州出差。他说你为什么现在去？现在去讲什么呀？你怎么讲都不对。我说想去了解实际情况究竟怎么样，并相机讲几句实话，给那些真正坚持改革的人一点支持，给那些攻击改革、想把温州弄垮的人增加一点阻力。”（《务实求理》，44 页）在这次讲话中，李瑞环还用温州改革发展的事例深刻阐发了邓小平提出的“三个有利于”的思想。

2006 年 11 月 23 日，李瑞环在时任浙江省委书记习近平陪同下第三次来到温州。晚饭时，当温州的同志热情地回顾 1991 年李瑞环第一次来温州考察的情形时，李瑞环感触良多，即兴呼了几段顺口溜，其中前两段为：“十五年前到温州，姓氏名谁论不休。官员害怕走错路，百姓担心路回头。”“古稀之年旧地游，新型城市遍地楼。改革发展是榜样，瓯城美誉满全球。”（《看法与说法》，66 页）短短数言，既生动客观地描述了昔日改革征途的艰难处境，又满怀欣喜地讴歌了今天改革发展的胜利成果。

（牛旭光）

9. 不戴帽子不行吗？

原文：这几天你们给我的印象是好戴帽子，每到一处总是先说我这是社会主义的。你们反对别人给你们戴白帽子，你们自己也不要抢戴红帽子。不戴帽子不行吗？（1991 年 5 月 19 日听取温州市委工作汇报时的讲话，《学哲学 用哲学》，488 页，中国人民大学出版社，2005）

解读：用“戴白帽子”和“戴红帽子”来比喻姓“资”姓“社”的争论，这和上篇是同一个背景，反映的是同样性质的问题。然而李瑞环并未停留于此，而是在深刻分析上述问题的基础上延伸阐发了另一个与此密切相关的问题，即如何看待私有经济的比重问题。

毋庸讳言，温州发展模式的一个重要特点就是非公有制经济所占比重较大，例如温州的国有工业总产值，1978 年就只占 35.7%，远低于全国的比重，到 1985 年更下降为只占 19.2%。而这一年恰好是“温州模式”提出的时间，非公经济成分的比重问题也就自然而然成为人们议论的焦点，也成为温州模式后来受到质疑的主要原因。对于这个问题，李瑞环摒弃过去那种惯性思维，坚持从实际出发，坚持马克思主义关于生产关系与生产力相适应的基本原理，在对温州的企业进行实地考察之后作出了实事求是的分析。他以温州的化纤再生产为例，说温州人把全国各种各样的化纤废料通过各种渠道弄到温州，然后进行漂洗，干了以后进行弹纺，织成锦纶地毯，三四块钱一米，这在有的国有企业根本不可想象，怎么能够这么便宜呢？就是一家人一起艰苦地干，楼上住家，底下弹花，昼夜不停，就这么个生产法。你说这种做法该不该提倡？因此他认为，“简单地以私有经济比重来确定社会性质是不科学的。改革开放以来，我国私有经济比重是加大了，但不能说我们的国家、我们的社会主义不如改革开放以前了。原苏联、东欧一些社会主义国家公有制经济比重都很高，它们的社会主义却垮台了。”（《学哲学 用哲学》，488 页）

李瑞环的“先生孩子后起名”和这个“不戴帽子”的说法，在当时异常紧张的气氛下可以说是石破天惊，又有如及时雨，给了温州人以极大的鼓舞和支持，因而也被载入了温州改革发展的史册。乃至很多年后，《温州日报》在纪念改革开放 30 周年之际留下这样一段隽永的记述：“温州人不会忘记，正是 1978 年党的十一届三中全会以后确立的解放思想、实事求是的思想路线，改革开放的方针政策，给温州和温州人带来了阳光和雨露。温州人不会忘记，在改革开放 30 年中，敢为天下先的温州人在摸索和磨砺中先行，一位长者在温州最困难的时刻，给了温州莫大的支持和鼓励。这位长者，就是原中共中央政治局常委、原全国政协主席李瑞环。”

（牛旭光）

10. 你要想多吃西瓜，就得研究种西瓜，不能天天光是研究西瓜怎么切。

原文：社会主义优越性的充分发挥和吸引力的不断增强，归根到底，都取决于生产力的发展。打个比方来说，你要想多吃西瓜，就得研究种西瓜，改良西瓜品种，提高西瓜产量，不能天天光是研究西瓜怎么切。（1990 年 8 月 17 日在听取黑龙江省委工作汇报时的讲话，《看法与说法》，34 页，中国人民大学出版社，2013）

解读：生产力与生产关系的关系问题，是历史唯物主义的一个基本问题。历史唯物主义认为，生产力决定生产关系，生产关系一定要适合生产力的发展水平。马克思说：“人们在自己生活的社会生产中发生一定的、必然的、不以他们的意志为转移的关系，即同他们的物质生产力的一定的发展阶段相适合的生产关系。”“而新的更高的生产关系，在它的物质存在条件在旧社会的胎胞里成熟以前，是决不会出现的。”（《马克思恩格斯选集》，2 版，第 2 卷，2～3 页，人民出版社，1995）

在中国社会主义建设的各个历史时期，既有过符合这一规律取得建设成就的历史经验，也有过违背这个规律，从而给社会主义建设带来损失的惨痛教训。李瑞环用“种西瓜”比喻生产即生产力，用“切西瓜”、“吃西瓜”比喻分配、消费即生产关系，形象而又直观地说明了生产力决定生产关系，生产关系要适合生产力。所以，最重要的是琢磨怎么解放和发展生产力，让“西瓜”长得又多又大，才有“切西瓜”和“吃西瓜”可言。这样就把一个复杂的理论问题讲得十分明白、透彻。

从历史教训上说，上个世纪50年代，我国对农业、手工业和资本主义工商业的社会主义改造，是一场深刻的生产关系大变革，是一次触及亿万人利益的大革命。尽管这场变革没有引起剧烈的社会动荡，但是由于理论认识不足，匆匆忙忙上阵，推进过程又操之过急，留下了不少后遗症。事实证明，这是生产关系超前革命的一次社会运动。土改后广大农民分得了田地，一些农民在生产资料私有基础上自发搞起互助组，生产积极性空前高涨。但互助组尚未巩固和全面铺开，就匆忙转入了初级社；初级社才搞了一两年，还没站稳脚跟，就过渡到高级社；高级社还没发展成熟，又兴起了人民公社化运动。手工业和工商业的改造也大抵如此。这种超越社会生产力的水平频繁变革生产关系的做法，使人们的生产积极性受到了极大的挫伤，实际上是犯了社会变革的急性病。正如邓小平所说：“我们都是搞革命的，搞革命的人最容易犯急性病。我们的用心是好的，想早一点进入共产主义。这往往使我们不能冷静地分析主客观方面的情况，从而违反客观世界发展的规律。”（《邓小平文选》，1版，第3卷，139～140页，人民出版社，1993）

从历史经验上说，党的十一届三中全会纠正了长期“以阶级斗争为纲”的错误路线，明确了社会主义的根本任务是解放和发展社会生产力，把经济建设作为各项工作的重心。从此以后的一系列改革措施，比如农村实行的联产承包责任制，城市进行的经济体制改革，从根本上说都是依据生产关系一定要适合生产力发展水平这一原理进行的，都是围绕着如何调动和激发人们的生产积极性而展开的。李瑞环说：“最后搞了家庭联产承包责任制成功了。为什么成功了呢？就是因为它适合了当时的生产力的状况。”（《看法与说法》，181页）包产到户，开始时不少人是想不通的、反对的。许多地方写文章批安徽、批万里，说包产到户是“资本主义复辟”。当时万里也找人写文章准备反驳。文章怎么写？就是从生产力和生产关系写起。包产到户后来得到邓小平支持，他说：“既然能增产，可以先试试”（《看法与说法》，182 页）。问题解决了，这些批判的和反驳的文章都没有发表。

历史的经验和教训证明，“生产力决定生产关系，生产关系一定要适合生产力的发展水平”这一历史唯物主义基本原理，是一条颠扑不破的真理。

（吴秀生）

11. 在改革这台戏中，每个人都是演员，只是角色不同而已。

原文：如果把改革比喻为一台戏的话，每个人都是演员，只是角色不同而已。改革中产生这样那样的毛病，应该从爱护的观点出发批评帮助，而不应该冷嘲热讽，好像自己是局外人。（1984 年 1 月 1 日关于经济体制改革中统一思想必要性的谈话，《辩证法随谈》，38 页，中国人民大学出版社，2007）

解读：改革是一场全面的社会变革，我们每个人都参与其中。李瑞环形象生动地把改革比喻为一台戏，认为每个人都是演员。社会生活如同一个大舞台，每个人作为“剧中人”都有自己的社会角色。现实生活中的个人，各自的背景、处境、条件、愿望和能力等等不同，扮演的社会角色也不同。各色人等，千姿百态，可以因追求共同的目标而汇合成巨大的历史合力，使得社会变革的大戏引人入胜，荡气回肠。

我们都是生活在社会中的人，而社会生活是没有旁观者的，谁也不是社会的“局外人”。社会改革是革故鼎新、推陈出新，是革除积弊、推动进步的过程。改革的过程逐步展开和深入，尽管涉及特定个人的时间有早有晚、程度有深有浅，但终归要关涉每个人的利益。所以，我们要有自觉的主体意识，积极关心和参与社会改革，这也是改革能够取得成功的重要主观条件。

改革旨在克服社会的毛病，它也会产生自己的毛病。那么，改革是否因此就不必要或者不可能了呢？不是的。改革要克服的毛病与改革自身的毛病是不同性质的问题。改革所要克服的是大毛病，是阻碍社会发展的痼疾。相对来说，改革自身的毛病则是小毛病，是在大方向正确的情况下存在的不足，是需要改进和完善的地方。社会改革是我们大家共同的事业，改革的成败关系每个人的切身利益。改革本身是新生事物，新生事物都是不完善的，但它的毛病是成长中的问题。对于改革中的问题，李瑞环强调，我们应当“从爱护的观点出发批评帮助”，使之更好地得到解决。在这里，冷嘲热讽的“局外人”态度是要不得的。

（郭湛）

12. 老是亮着红灯，企业既不能前进，又不能违规，只能绕道而行。

原文：老是亮着红灯，企业既不能前进，又不能违规，只能绕道而行。这样的体制，这样的观念，这样的办法，不改变，不废除，只能阻碍生产力的发展。改革就是开拓，就是创造历史，就是要改掉有些明文规定，就是要冲破不利于生产力发展的各种框框。研究改革，首先要研究经济上所固有的联系和制约的关系，研究解放和发展生产力。（1986 年 8 月 2 日在天津市政府研究加快自行车行业改革步伐问题会议上的讲话，《看法与说法》，8 页，中国人民大学出版社，2013）

解读：社会正常有序的运行，要求有必要的管理和规范。李瑞环把政府对企业的管理制度，比作城市道路上的红绿灯。连孩子们都会说："红灯停，绿灯行，黄灯要注意！"社会管理包括经济管理，要有法律和规则，令行禁止，不可含糊。但我们知道，管理和规范本身并不是目的，我们的目的是保障经济、生产有序运行。如果只知管住管死，不管疏导通行，就如同十字路口总是亮着红灯，不准车辆通过。结果车都堵在那里，不仅不能带来有序，反而会加剧混乱。

在原有的计划经济体制下，企业受到许多旧的管理规范的限制，束手束脚，举步维艰。在企业的列车前方，似乎总是不断亮起不许通行的红灯，严重地束缚了社会生产力的发展。李瑞环一针见血地指出："老是亮着红灯，企业既不能前进，又不能违规，只能绕道而行。这样的体制，这样的观念，这样的办法，不改变，不废除，只能阻碍生产力的发展。"（《看法与说法》，8 页）这些不符合生产力发展要求的管理规范作为一种生产关系，与僵化落后的经济体制和思想观念一起，不可避免地成为改革的首要目标。改革是一场社会变革，必须改变、废除那些阻碍生产力发展的体制、观念、办法，才能解放和发展生产力。

改革具有创新的性质，要不断开拓前进，这就是创造历史。人们的意识要适应和反映社会存在的变化。原有的管理规范和思想观念长期形成并固定下来，具有相对独立性和稳定性，不会自动改变。改革就是要自觉并且有效地解决这些问题，表现为对原有的某些明文规定的废止，同时也要有新的明文规定的确立。"研究改革，首先要研究经济上所固有的联系和制约的关系，研究解放和发展生产力。"（同上）改革政府对于企业的管理方式和制度规范，其直接结果是冲破不利于经济增长的旧框框，从而解放和发展生产力，让中国企业现代化的列车驶上高速路。30 多年来，我们正是这样做的，取得了巨大的成功。现在我们坚持全面深化改革，就是要进一步解放和发展生产力，推动社会的全面进步。

（郭湛）

13. 不讲“微调”，只搞“大修”，没有不吃亏的。

原文：做任何事情，只有对其整体的每个组成部分通盘考虑，统筹安排，才能协调地、稳定地、持续地发展。同样，社会发展中许许多多的事情，如果不注意研究它们内在的和相互制约的联系，不注意其整体的协调发展，不讲“微调”，只搞“大修”，没有不吃亏的。（1988年3月谈城市协调发展，《看法与说法》，123页，中国人民大学出版社，2013）

解读：这是1988年3月李瑞环《谈城市协调发展》中所讲的一个重要观点，就是强调必须协调渐进。协调渐进既是我国社会主义建设中的一个重要教训，也是一个重要经验。

协调渐进是根据事物发展的规律和逻辑总结出来的基本哲学思想。按照马克思主义哲学观点，一切事物、现象、过程之间和内部各要素之间都是互相联系着的，联系既客观存在又普遍存在。事物的联系可以分为自在事物的联系和人为事物的联系。自在事物的联系是在人类之外就存在的，它不以人的意志为转移。人为事物的联系就其本质而言，也不以人的意志为转移。事物的普遍联系导致事物的运动、变化和发展，唯物辩证法的全面性就体现在普遍联系与永恒发展的统一。正因为如此，在李瑞环看来，协调渐进就是对这种客观存在和普遍存在的联系的本质反映。做任何事情，只有对其整体的每个组成部分通盘考虑，统筹安排，才能协调地、稳定地、持续地发展。同样，社会发展中许许多多的事情，如果不注意研究它们内在的和相互制约的联系，不注意其整体的协调发展，没有不吃亏的。

在我国社会主义建设各个领域，忽视协调渐进的情况普遍存在。

这既有体制机制上的问题，有后发展国家实施赶超型发展战略的问题，也有我们思想认识上的问题。例如，在我国经济建设进程中，曾经出现过严重违背经济规律的农村人民公社化、“大跃进”等导致国民经济出现巨大困难的运动，也经历过为了缓解经济大起大落的伤害而被迫进行的国民经济调整时期。每一次经济上的大起大落都造成严重的破坏。许多项目在经济过热时未经充分论证，盲目上马，而在经济调整时被迫下马。这种项目上马下马都会造成经济损失，所谓“上马金下马银”就是说的这种情况。历史经验告诉我们，一定要注意协调渐进。李瑞环在谈到稳定与协调的关系时说：“保持稳定，搞好协调，这是个有关国计民生的大问题，不仅关系到经济建设的稳步发展，也关系到政治局面的安定团结；不仅关系到局部，而且关系到全局；不仅关系到眼前工作的开展，而且关系到长远的发展。”（《务实求理》，5页）

协调渐进就是最好的发展。在我们现实生活中，一些人习惯于用热情代替科学，用理想代替规律，做出许多超越或者滞后于我们这个时代特点和条件要求的事情。这些做法看似具有良好的愿望，但是其结果则不能原谅。李瑞环指出：“人类社会是一个互相联系、互相制约的有机整体，有着不以人的意志为转移的比例关系。因此，要取得社会的进步和经济的发展，必须把各方面的关系理顺，使各种比例基本保持平衡。各方面不协调，畸形发展，就犹如一辆轮子不全的汽车，强行驾驶必然导致翻车。因此，稳定与协调是前进与发展必不可少的条件。只有不断地做好稳定协调的工作，才能求得在稳定中前进，在协调中发展。”（同上）总之，稳定必须协调，协调才能稳定，稳定就是协调。

讲协调渐进，就是要尊重事物发展的客观规律，增强我们对问题认识的预见性和主动性。预见性有助于我们采取主动的办法和措施解决问题，主动性有助于我们积极探索和遵循事物发展的规律。古语道：“谋事在人，成事在天。”这就是讲既要发挥人的主观能动性，又要尊重客观规律。在李瑞环看来，协调渐进是马克思主义的一个基本观点。“具体事物具体分析是马克思主义的灵魂和实质，一切都要以时间、地点和条件为转移。在不同的关系里会表现出多方面的属性。”（《学哲学 用哲学》，6页）不懂这些，研究问题、处理问题、理解和执行上级的指示精神是非常困难的。要么墨守成规，要么一创造就离谱儿。创造性离开了原则，离开了基本原理，只能是瞎折腾。

讲协调渐进，还要善于谋事。要透过现象看本质，对于复杂多样的现象要学会去粗取精、去伪存真。在我们现实的社会生活中，要正确处理一件事情，就要重视其先行后续的连续性和相互制约的整体性。忽视连续性，就不容易搞清楚事物发展的来龙去脉和发展趋势，我们制定政策、采取措施就很容易打乱事物的发展轨迹和趋势，不仅不能顺势而为，还有可能阻碍正常发展；忽视整体性，就不容易搞清楚事物存在的现实联系和相互制约，我们制定政策、采取措施就很容易头痛医头、脚痛医脚，缺乏系统性和整体性。李瑞环指出，“任何时候，研究任何问题，我们都应该从对立统一中把握事物及其发展过程，坚持辩证法的全面性，避免形而上学的片面性。”（《学哲学 用哲学》，202页）片面性、极端化、绝对化曾经给我们的革命和建设带来严重损失，这个深刻的教训是永远不能忘记的。

（贺耀敏）

14. 宏观控制与微观搞活的关系，应该像风筝，放出去了，有线牵着。

原文：不放开搞活，无所谓控制；放开而失去控制，无所谓搞活。宏观控制与微观搞活的关系，应该像风筝，放出去了，有线牵着；而不应该像放生，放出去后回不来。（1988年9月7日在中共天津

市委常委扩大会议上的讲话，《看法与说法》，146 页，中国人民大学出版社，2013）

解读：宏观控制与微观搞活的关系，实际上反映的是政府与市场的关系。关于政府与市场的关系，陈云在 1982 年提出了著名的“鸟笼经济”的比喻：搞活经济是在计划指导下搞活，不是离开计划的指导搞活。这就像鸟和笼子的关系一样，鸟不能捏在手里，捏在手里会死，要让它飞，但只能让它在笼子里飞。没有笼子，它就飞跑了。如果说“鸟”是搞活经济的话，那么“笼子”就是国家计划。当然，“笼子”大小要适当，该多大就多大。另外，“笼子”本身也要调整，比如对五年计划进行修改。但无论如何，总得有个“笼子”。李瑞环的这个“放风筝”的比喻与“鸟笼经济”有异曲同工之妙，而且在认识上有所突破。陈云提出“鸟笼经济”时，我国经济体制改革毕竟刚刚起步，计划经济的影响还在。所以体现在理论认识上，虽然鼓励放开搞活经济，但还要国家计划这个“笼子”套住。形象地讲，“笼子”本身就有限制之意，而“放风筝”的天地更为广阔，更为自由，即搞活经济的内容更多、范围更大。

那么，搞活经济的程度与范围应该怎样把握呢？李瑞环进一步讲：“放开的程度与范围，取决于控制能力。换句话说，放的内容多少、范围大小，要看控制能力的大小、强弱。放得多，放得大，是控制能力强的表现。”（《看法与说法》，146 页）尽管“宏观控制”这个词还带有时代的烙印，后来随着社会主义市场经济的提出这个词逐渐被“宏观调控”取代，但这段论述把“宏观控制”与“微观搞活”既对立又统一的辩证关系讲得清晰透彻，有很强的实践指导意义。此后，随着改革开放的不断发展，我们党对政府与市场关系的认识也不断深化，1992 年邓小平的南方谈话使我们党对市场经济的认识有了重大突破。随后，党的十四大确定我国经济体制改革的目标是建立社会主义市场经济体制。党的十五大提出“使市场在国家宏观调控下对资源配置起基础性作用”，党的十六大提出“在更大程度上发挥市场在资源配置中的基础性作用”，党的十七大提出“从制度上更好发挥市场在资源配置中的基础性作用”，党的十八大提出“更大程度更广范围发挥市场在资源配置中的基础性作用”。党的十八届三中全会更是提出“使市场在资源配置中起决定性作用”。这些重要论断既反映了我们党对市场规律的认识和驾驭能力不断提高，也是基于现实中的市场化程度不断提高，以及国家的宏观调控体系逐步健全和宏观调控能力逐步提高。

在当前的现实社会中，关于政府和市场的关系，既有政府越位和错位而市场作用不到位的问题，比如一些地方政府以宏观调控的名义热衷于上项目、圈地、卖地，甚至不计后果地招商引资，热衷于直接赶农民进城、上楼，用行政手段制造城镇化，热衷于审批以及能产生寻租机会、造成不平等的特殊补贴政策，等等；又有政府缺位而放任市场的负外部性的问题，一些该管的事情没有去管或没有管好，例如在食品安全监管、防治环境污染、营造公平竞争的市场环境、提供公共服务、促进共同富裕等方面，都存在明显不足。对于各级领导干部来说，理清和解决这些问题，既要让市场在资源配置中起决定性作用，又要更好发挥政府作用，这不仅是认识问题，更是实践的艺术，需要全心全意为人民服务的境界、高超的政治智慧和勇于担当的精神。

（王海龙）

15. 中国的马克思主义也是“进口的”，马克思主义怎么会不主张开放？

原文：马克思、恩格斯都是德国人，而他们的活动并不局限在德国。中国的马克思主义也是外国来的，是“进口的”，不是自己国家里生产的。马克思主义怎么会不主张开放？有人把坚持马克思主义与僵化保守等同起来，把坚持改革开放与自由化等同起来，这是完全没有道理的。(1989 年 10 月 14 日在会见中华教育艺术研究会刘吉、曲啸、李燕杰、李永田四同志时的谈话,《看法与说法》,9 页,中国人民大学出版社,2013)

解读:改革与开放是一致的。从不够开放向更加开放的转变,本身也是一种改革。李瑞环旗帜鲜明地说:"马克思主义怎么会不主张开放?"开放同改革一样,是马克思主义题中应有之义。马克思主义认为,人类的知识来源不仅是自己的直接实践,如果样样都要自己直接经验,否则就拒不接受,那是狭隘的经验论。正确的态度是,对于在别人那里是直接经验,对于自己而言是间接经验的东西也要加以借鉴。在借鉴别人的经验时,也要与自己的经验结合起来,相互印证,加以检验。不仅仅固守自己的经验,也努力接纳别人的经验,这是一种开放和包容的态度。特别是在科学技术高度发达的今天,信息和交通把地球缩小了,我们生活在一个"地球村"中,人类的任何知识都应当互相借鉴。马克思、恩格斯当年的社会活动就不只在德国,法国、英国等国都留下了他们的足迹。他们常说自己是"世界公民",而他们的思想和事业的影响更是世界性的。

我们进行革命和建设是以马克思主义为指导的。没有科学理论火炬的引导,就只能在黑暗中摸索。马克思主义理论不是中国"自产"的,而是从国外"进口"的。当然,"进口"的马克思主义也要中国化,要与中国的国情相结合,才成为中国革命和建设的指导思想。在这个过程中,中国以开放的态度接受了来自国外的马克思主义,而传入中国的马克思主义也以开放的态度融汇了中国文化和经验,逐步形成了中国化的马克思主义,成功开辟了有中国特色的革命和建设道路。科学的理论是自觉的实践的指导思想。从这个角度来说,没有革命和建设的理论,就没有革命和建设的实践。我们能够形成中国化的马克思主义理论,使之成为中国革命和建设的实践的指导思想,这是中国革命和建设取得成功的思想保证。

科学的理论不是封闭的，而是开放的。一种理论如果采取封闭的态度，一方面会隔断与历史、现实和实践的联系，另一方面会隔断与其他理论、科学、文化的联系。正像一个人把自己与外界隔绝开来，闭目塞听，拒绝与外界信息的交流，那是不可能有认识的正确性可言的。科学的理论一定是开放性的，放弃开放性就意味着放弃科学性。由此可以说，开放是马克思主义的本性。没有开放就没有马克思主义，就没有马克思主义中国化，就没有中国化的马克思主义，就没有中国特色社会主义理论，也就没有中国特色社会主义道路。封闭与停滞联系在一起，开放与发展联系在一起。只有坚持开放，才能更好地发展。开放和发展的马克思主义与僵化和保守是不相容的。改革开放是新时期中国社会经济发展的必由之路。把改革开放与自由化混为一谈的人，根本不懂得中国当代发展的必然性，也根本不懂得马克思主义开放和发展的内在本性。

（郭湛）

16. 开放是为了增加自己的力量，就像吃一点补药，为的是使自身机能得到提高。

原文：我们在自力更生方面也存在问题，表现在过分地依靠上边，依靠外国。进口那么多的外国水果、汽水、烟酒、小汽车干什么？开放是为了增加自己的力量，就像吃一点补药，为的是使自身机能得到提高，自身机能不提高，完全靠吃补药，健康得了吗？自力更生和改革开放并不矛盾，改革开放还是以自力更生为主，中国不能买来个社会主义现代化。（1990 年 4 月 20 日听取延安地区工作汇报时的讲话，《学哲学 用哲学》，175 页，中国人民大学出版社，2005）

解读：改革开放并不意味着不需要自力更生了，而恰恰是以自力更生为前提的。中国是一个大国，无论何时何事，都必须以依靠自己的力量为基点。这就是古人所说的，“天行健，君子以自强不息。”（《周易·乾卦》）国家、社会好比人的身体，最重要的是要自身机能健康，正常运行。在身体虚弱时，为了增加自己的力量，可以吃一点补药，这是一种开放的做法。李瑞环借用这个大家常用的比喻，指出：开放是为了增加自己的力量，就像吃一点补药，为的是使自身机能得到提高。自身机能不提高，完全靠吃补药，健康得了吗？在自身虚弱的时候，完全拒绝必要的外部支援，显然不是明智的态度。可是凡事都有个度，不能过了度，走极端。如果一个人一味吃补药，不注重增强自身机体的功能，就不可能真正达到健康的状态。

国家、社会是超大型动态系统，比单个人体系统更复杂。然而作为有机体，在结构和功能、存在和发展上，它们确实有许多共通的东西。事不同而理同。把社会有机体比作人的身体，着眼的就是两者之间类似、互通的道理。李瑞环的生动比喻，以人对自身健康之道的真实感受，去理解国家、社会健康发展的大道理，亲切自然，入情入理。尽管严格说来，比喻并不是论证，好像不等于就是，但巧妙的比喻常常使人思路洞开，事理立现，助人理解。善用比喻，由近及远，以小见大，化繁为简，无疑是经验、思想和智慧高度统一、融会贯通的表现。

借助于人体和国家、社会健康发展的道理，我们能够更坚定立足艰苦奋斗、自力更生实现社会主义现代化的决心。这是我们国家、民族生存和发展的根本所在。俗话说：“人无刚骨，立身不牢。”我们的国家和民族靠艰苦奋斗、自力更生，自立于当今世界民族之林。幻想不经过自身不懈的努力，完全靠“进口”、靠花钱买来个社会主义现代化，那是不切实际的。即使一时能够买来表面的现代化，也不可能维持长久，正像不能单靠补药来维持自己身体的机能一样。只有靠自己的力量，靠自己的努力，才能有效利用外部力量、外来帮助，使我们的国家和社会始终健康发展。正如毛泽东在《矛盾论》中说的，“外因是变化的条件，内因是变化的根据，外因通过内因而起作用。”（《毛泽东选集》，2 版，第 1 卷，302 页，人民出版社，1991）李瑞环指出，自力更生和改革开放并不矛盾，改革开放还是以自力更生为主。中国发展需要外因，更要依靠内因，这就是唯物辩证法的道理。

（郭湛）

17. 谁也不会希望总是过冬天。

原文：在中国，夏天有苍蝇、蚊子，但夏天能长出我们所必需的粮食和各种作物；冬天虽然少一些害虫，但冬天也不长庄稼，因此，谁也不会希望总是过冬天。所以，必须从长远和根本、全局和总体的高度看待发展过程中的问题，必须始终牢牢抓住经济建设这个中心任务不放。也只有这样，在发展过程中产生的各种问题才有彻底解决的可能。（1995 年 6 月 22 日会见巴西总统卡多佐时的谈话，《看法与说法》，32～33 页，中国人民大学出版社，2013）

解读：俗话说：“有一利必有一弊。”事物总是矛盾的，具有两面性，不可能只有一面，纯而又纯。因此在看事物时，要用唯物辩证法的矛盾的观点，这样可以客观、全面一些。但辩证法不仅有两点论，同时还有重点论。矛盾的两个方面不是平起平坐、不分上下的，如果那样认为，就会走向二元论、折中主义。把任何事情的利弊都看成同等的，就什么事情都不能干了。实际上，除了在特殊情况下，在矛盾双方短暂的相持阶段，矛盾双方的力量是不平衡的，总有一方起主导的、决定的作用，事物的性质主要由它来规定。所以，只有两点论加重点论，才能帮助我们从本质上认识事物。

我们所做的一切，总的来说就是谋求中国社会的发展。社会发展过程像任何事物一样，难免有利有弊。那么，如何看待发展中的利与弊，做到全面衡量、科学决策，避免徘徊瞻顾、犹豫不前？这就要求我们正确地权衡利弊，“两害相权取其轻，两利相权取其重”。李瑞环以夏天和冬天作比喻：夏天虽然有令人讨厌的苍蝇、蚊子，但夏天能够长庄稼和其他作物；如果总是冬天，苍蝇、蚊子倒是没有了，而不长庄稼人也无法生存。“民以食为天”，物质生产是社会存在的根本，这就是问题的重点所在，是必须着重把握的环节。

因此，在观察事物、考虑问题、作出选择时，必须既坚持两点论，又坚持重点论。处在今日的中国，特别要从长远和根本、全局和总体的高度看待发展过程中的问题，始终牢牢抓住经济建设这个中心。这是我们全部工作的重点。抓重点也不能无视问题，不能只抓重点，不顾其他。对于各类问题，特别是影响全局的问题，必须有效、及时地加以解决。有些问题是由发展带来的，也只有在进一步的发展中，才有可能得到解决。

（郭湛）

18. 不能因为有“蚊子”、“苍蝇”飞进来就不开门。

原文：对外开放，必然会有“蚊子”、“苍蝇”飞进来，打“蚊子”、“苍蝇”不等于就是不开放，也不能因为有“蚊子”、“苍蝇”飞进来就不开门。相反，把“黄色”的东西打掉了，把“蚊子”、“苍蝇”扫除干净，会有利于改善投资环境，把对外开放工作搞得更好。（1989年9月11日在南方四省“扫黄”工作座谈会上的讲话，《看法与说法》，79页，中国人民大学出版社，2013）

解读：在李瑞环所用的比喻中，蚊子、苍蝇虽小，却能说明许多大问题。在讲到“扫黄”是改革和开放健康进行的一个保证时，他又用开门飞进来蚊子、苍蝇，必须打掉这些蚊子、苍蝇，通俗地说明“扫黄”和对外开放是不矛盾的。对外开放是经济发展的必要条件，如同房门必须打开，让新鲜空气进来。但对随之而来的不好的“黄色”的东西必须加以遏制，不能任其泛滥，污染我们的社会环境。

有人担心“扫黄”会影响对外开放，甚至有人认为涉“黄”“产业”有利于经济发展，对一些“黄色”的东西应该手下留情，这是不对的。“黄色”的东西泛滥，败坏了社会风气，破坏了社会正常的秩序，损害了中国人的声誉，不是有利于而是妨碍了改革开放的顺利进行。至于想靠涉“黄”“产业”拉动经济和就业，更是不切实际的幻想。这不是一条正路，而是一条邪路，害人害己，后患无穷。在这条路上走下去，是不可持续的，早晚要翻车。

对外开放是我们必须永远坚持的。李瑞环说：“为了透透空气就要打开窗户，打开窗户就难免进来蚊子、苍蝇，但绝对不能因此就连窗户也不开了。不吸新鲜空气的人，身体是不会好的。中国憋了那么多年，苦头吃得不少，现在怎么能回到闭关锁国的老路上去?”（《看法与说法》，79～80 页）我们既然走上了对外开放的康庄大道，就绝不会再退回到闭关锁国的老路上去。坚持“扫黄”，有利于改善投资环境，对外开放会搞得更好。这样的发展才是我们所要的健康发展。

（郭湛）

19. 没有必要“犹抱琵琶半遮面”。

原文：在社会主义的初级阶段，对于某些资本主义因素，不能采取完全排斥的态度，也没有必要“犹抱琵琶半遮面”，非要贴上社会主义的标签。凡是适合当前生产力发展的，都应允许存在。（1987 年 7 月 4 日谈改革的几个思想理论问题，《看法与说法》，55 页，中国人民大学出版社，2013）

解读：社会的发展是一个历史的过程。马克思从历史观高度概括了社会基本矛盾导致社会革命的规律："社会的物质生产力发展到一定阶段，便同它们一直在其中运动的现存生产关系……发生矛盾。于是这些关系便由生产力发展的形式变成生产力的桎梏。那时社会革命的时代就到来了。"（《马克思恩格斯选集》，2 版，第 2 卷，3 页，人民出版社，1995）马克思设想的社会主义革命，是在资本主义社会生产力高度发达、私有制生产关系严重束缚生产力发展时不可避免地发生的。这样的社会革命应该在西欧多个发达资本主义国家同时发生，才可能取得胜利。

但是，现实历史过程却不是像马克思设想的那样。社会主义革命没有首先在西方发达国家，而是从俄国十月革命开始，首先在东方落后国家取得胜利。苏联解体之后，中国成为东方发展中国家建设社会主义的典型代表。这些在经济上落后的国家走上社会主义道路，处在社会主义初级阶段，首要的任务就是大力发展生产力。而在发展生产、发展经济方面，资本主义几百年来积累了丰富的经验。特别是商品经济、市场经济的机制，经过反复调适包括经济危机的考验，已被证明为行之有效的现代经济发展方式。这是一个从传统社会走向现代社会的发展中国家首先要做到的。因此，经济落后的社会主义国家要对外开放，大胆吸收和借鉴资本主义发达国家一切反映现代社会化生产规律的先进经营方式和管理方法。

中国改革开放以来就是这样做的，取得的成就举世瞩目。既然向别人学习，就得大大方方，无须遮遮掩掩。不要像唐代诗人白居易在《琵琶行》中说的那样，"千呼万唤始出来，犹抱琵琶半遮面。"李瑞环借用这个生动的文学形象，从反面的对比中，深刻地说明了中国在向西方资本主义学习的过程中应有的光明磊落的胸怀。他说，我们必须客观全面地研究资本主义和社会主义，分清各自的功过是非。"同时把两个研究结合起来，保持我们好的，加上他们好的，我们就成了最好的。"（《看法与说法》，53 页）各国在发展中都有自己的长处。善于向别人学习，是一种明智的做法。“海纳百川，有容乃大。”我们采取开放的态度，不仅保持自己的长处，而且学到别国的长处，能够好上加好。这对中国和世界都是大好事，有什么不好意思的呢？

（郭湛）

20. “五小”办“洋务”不会有大起色，最多是老牛换毛驴，太快不了。

原文：在对外开放上眼界小、胆子小、本事小、招法小、步子小，“五小”办“洋务”不会有大起色，最多是老牛换毛驴，太快不了。（1984 年 3 月 29 日在沿海部分城市座谈会上的发言，《学哲学 用哲学》，286 页，中国人民大学出版社，2005）

解读：1984 年 3、4 月间，中共中央书记处、国务院召开沿海部分城市座谈会。会议根据邓小平的建议，在总结前 5 年对外开放工作经验基础上，决定开放沿海的天津、上海、大连等 14 个城市。为了扶植这些城市充分发挥原有的工业技术基础、港口运输、科学事业等方面的优势，中央决定对这些城市在对外经贸活动中的自主权、外商投资企业的优惠待遇、老企业技术升级改造等方面，给予政策倾斜，批准了 12 个有条件的沿海开放城市，参照经济特区的某些做法，举办经济技术开发区。李瑞环代表天津在会上发了言。他说，搞改革开放、办开发区不能“眼界小、胆子小、本事小、招法小、步子小”，“五小”办“洋务”，就像“老牛换毛驴”，太快不了。这个讲话引起了与会者的热烈反响。

正是以超越“五小”的气度，李瑞环在天津经济技术开发区的建设过程中，留下许多脍炙人口的故事。他曾用“开发区就是共产党办的洋务”一话，留住了开发区的将才叶迪生。叶迪生出身于华侨家庭，是我国著名的半导体专家。上世纪 80 年代初，他主持开发的 50 多个半导体新产品，很多被用在火箭、卫星、军工方面。一心只想搞业务的叶迪生被邀请到开发区工作，开始还有点想不通。李瑞环在召集天津经济技术开发区第一次管委会工作会议时，就启发他："对外开放，创办开发区是邓小平同志亲自决策的国家大事，是中国迈向世界的强国之路。天津过去就是洋务运动的发源地，办开发区就是共产党领导的'洋务运动'。天津要尽快缩短与国际的差距，学习国外先进的技术，最需要你们这批懂经济、懂科技、懂各方面知识的人去开发，你去最合适……"（《开发区推动中国经济大飞越》，载《广州日报》，2008-09-20）叶迪生果然被这番话说动，留在开发区，一干就是几十年，为开发区的建设作出了很大贡献。

李瑞环为开发区招商引资，曾经星夜兼程，往返京津。1987 年夏天，美国电信业巨头摩托罗拉公司向中国方面表示过希望到中国建独资企业，而当时中国还没有允许外商搞独资企业的政策。摩托罗拉副总裁带队到天津考察，他们看到天津开发区领导很诚恳，而且对摩托罗拉很熟悉，经过反复比较，表达了到天津投资的意向。得到消息，李瑞环从中央政治局会上下来，3 小时赶回天津宴请外商，达成了这笔大买卖的意向。经过 4 年的正式谈判，1992 年摩托罗拉正式向天津递交了投资表，成为中国第一家外商独资企业。

1984 年 12 月 6 日，天津经济技术开发区作为第一批国家级的经济技术开发区，在天津东部沿海的盐碱荒滩上建立。虽然办公条件极其简陋，但他们艰苦奋斗、开明务实的思想感动了前来考察的各方人士。美国驻中国大使馆商务参赞看后还专门写文章评价："天津的领导层不保守，思想很开明，对华投资感兴趣的商行应该参观一下天津经济技术开发区。"（《"大哥大"落户中国内幕》，载《今晚报》，2008-07-03）这个由"老外"主动宣传天津开发区的事引起了邓小平的关注。1986 年 8 月 19 日，他从北戴河来到了天津，对前来迎接的李瑞环说："我这次来天津，要看看你们的开发区……天津开发区很好嘛，已经创出了牌子，投资环境有所改善，外国人到这里投资就比较放心了。”（《邓小平文选》，1版，第3卷，165页，人民出版社，1993）也就是在这次视察中，邓小平欣然为天津开发区挥毫题词：“开发区大有希望”。这是对天津开发区建设的肯定，是对超越“五小”办“洋务”的肯定，也是对改革开放事业的肯定。

（吴秀生）

21. 请来外地的“洋财神”，重用当地的“土财神”，培养自己的“小财神”。

原文：广揽人才，提高素质。如何广揽人才呢？我想大体有三条渠道：一是引进外来的；二是起用当地的；三是培养自己的。这就是农民常说的，请来外地的“洋财神”；重用当地的“土财神”；培养自己的“小财神”。（1988年2月9日在天津市农村工作会议上的讲话，《务实求理》，437页，中国人民大学出版社，2010）

解读：农村问题是我国社会主义建设中一个必须下大力气解决的问题。邓小平指出：“城市搞得再漂亮，没有农村这一稳定的基础是不行的。”（《邓小平文选》，1版，第3卷，65页，人民出版社，1993）而解决农村问题的一个重要抓手，就是人才。李瑞环用农民的话称这些人才为“财神”，生动地表达了他们带领农民致富的作用。加强农村实用人才培养，造就一支高素质的农村实用人才队伍，是建设社会主义新农村的重要内容。

农村的人才从哪里来？如何提高人才的素质？李瑞环指出，人才来源不外乎三种，第一是外来人才，第二是当地人才，第三是自己培养的人才。要吸引外来人才，就必须使农村具备足够的吸引力。要使农村具备足够的吸引力，就必须放宽人才流动政策，在户籍掌握和经济待遇等方面，给予极大的支持。在积极吸引外来人才的同时，还要充分挖掘现有人才的作用。我国农村中已经涌现出了一大批企业家、能工巧匠和科技能手。这些人都是先进生产力的代表，是加快农村现代化步伐的重要力量，要让这些人充分发挥作用，人尽其才。做到以上两点还不够，还要培养农村自己的人才。要把农村的基础教育抓好，使农村孩子有学上。同时要把农村的业余教育搞好，要通过短期培训班、夜校等方式，发展成人教育，有计划地选拔一些人去深造。

国家首先要加大对教育培训的投入，形成以政府为主导、用人单位为主体、个人为补充的多元化培训经费投入机制。要把农村实用人才队伍建设作为一项重要工作，加强对这项工作的领导，及时研究解决工作中的重大问题。其次要强化培训，不断壮大农村实用人才队伍。在这方面，一是要建立完善的农村实用人才培训制度，二是要根据实际需要开展分类培训。中国现代化是一个产业结构不断调整的过程，也是劳动者职业技能不断培养的过程。农村人才的培养，各路“财神”的涌现，将给中国的发展注入新的活力。

（王喆）

22. 把财力、物力撒了“芝麻盐”，到头来什么事情也难以办成办好。

原文：当前，在人民生活中确实还存在着许多困难，群众要求解决这些问题，应当说是合情合理的。但是客观条件有限，只有那么些钱、那么些物，决定了一个时期只能集中力量解决一批问题。如果项目列得过多，把财力、物力撒了“芝麻盐”，到头来什么事情也难以办成办好，想办多，反而办少，甚至连少也办不成。当然，我们也不能以客观条件为借口，不去尽力而为。（1986 年 3 月 17 日同天津市部分机关干部的谈话，《看法与说法》，300 页，中国人民大学出版社，2013）

解读：不要到处撒“芝麻盐”，一个时期集中力量解决一批问题，这是李瑞环长期坚持的重要工作方法和工作原则。不要到处撒“芝麻盐”，一个时期集中力量解决一批问题，就是要求我们办一切事情必须遵循实事求是、一切从实际出发的指导思想。做任何工作，要想取得成功、达到预想的结果，就必须使自己的思想合于客观实际，否则就会失败。在我国现代化建设中，我们都希望发展速度快些再快些，都希望国家财富多些再多些，人民生活好些再好些，国家综合国力强些再强些。但是只有良好的愿望还不够，还要充分考虑现实可能性和客观条件。脱离了现实可能性和客观条件，这一切都将成为泡影。

1996年3月9日，李瑞环对出席八届全国人大四次会议的天津代表团语重心长地说道：“各地情况千差万别，经济文化发展很不平衡，制定发展目标，开展各项工作，都必须充分考虑自己的情况，而不能脱离实际，盲目求快。快要讲条件，安贫乐道、该快不快不是实事求是，好高骛远、竞相攀比也不是实事求是；快要讲方式，重视效益和质量，不能热衷于铺摊子，追数量，重复建设；快要讲实效，搞建设、求发展，最终要体现到人民生活水平的提高上，绝不能干那些看似繁荣，实际上群众得不到实惠、甚至是劳民伤财的事。”（《学哲学 用哲学》，37页）这样的事例实在是太多了，即便是为人民办实事，也不能超越财力、物力的客观条件所限。如果不顾客观条件，不分轻重缓急，不排先后主次，只顾说起来好听，看起来热闹，提些不切实际的目标，到头来劳民伤财，图了虚名，得了实祸。在这方面的沉痛教训的确不少。

不要到处撒“芝麻盐”，一个时期集中力量解决一批问题，就是要求我们要坚持“重点论”，将“两点论”和“重点论”相结合。毛泽东在《矛盾论》中讲道：“任何过程如果有多数矛盾存在的话，其中必定有一种是主要的，起着领导的、决定的作用，其他则处于次要和服从的地位。因此，研究任何过程，如果是存在着两个以上矛盾的复杂过程的话，就要用全力找出它的主要矛盾。捉住了这个主要矛盾，一切问题就迎刃而解了。”（《毛泽东选集》，2 版，第 1 卷，322 页，人民出版社，1991）李瑞环在长期的领导工作中深深体会到“抓重点，带全局”方法的重要性，1986 年 8 月 19 日，他在送给邓小平的汇报材料中提出“稳定全局，重点突破，以点带面，梯度推进”的经济发展战略思想，深得邓小平的赞赏。

我国建设为什么要采取“重点突破”的方法？李瑞环指出，主要是因为我们的国家大、人口多、底子薄，地区发展程度很不平衡。“如果把有限的资金平均分配，分散使用，其结果必然是大家都想上，谁也上不去。在这种情况下，如能按照区别对待、确保重点、有快有慢、梯次发展的原则分配和使用力量，从眼前看，对某些方面会有点影响，但从全局和最终结果看，可能会更好些。”（《学哲学 用哲学》，243 页）对于全国性工作，他是这样建议的；对于具体的工程建设，他也是这样做的。他在谈到天津铁路枢纽改造工程时说：“工程施工组织的基本工作方法是自始至终注意抓重点，抓主要矛盾。”（《学哲学 用哲学》，244 页）不抓主要矛盾，工作中就会如坠烟海，失去重心，没有秩序，不分巨细，眉毛胡子一把抓；不抓主要矛盾，就不能把握全局，辛辛苦苦、忙忙碌碌而成效甚微；不抓主要矛盾，就不会有正确的部署和计划，不可避免地要打乱仗；不抓主要矛盾，就无法缩短工期，实现多快好省。

不要到处撒“芝麻盐”，一个时期集中力量解决一批问题，就是要求不能总是以客观条件不够为借口，不办事或者少办事，一定要全心全意为人民群众办实事、办好事。他多次强调在各种客观条件不具备的情况下，更要集中精力为人民群众办实事。1990 年他谈到在天津工作时采取过“五线交一”的办法，即：“第一，要办那些使绝大多数群众受益的事；第二，要办群众急需的事；第三，要办长远起作用的事；第四，要办具有两个文明意义的事；第五，要办力所能及的事。”（《辩证法随谈》，371 页）在现实生活中，我们不可能都是在各种客观条件具备的情况下做事，一定要竭尽所能创造条件为人民群众办实事、办好事。谁尽心竭力为群众办实事、办好事，谁没有尽心竭力为群众办实事、办好事，群众的眼睛是雪亮的，群众心里最有数。当然，“竭力”不是竭国家的财力，而是要竭尽我们自己的努力。

（王海龙　贺耀敏）

二

23. 人民是杆秤，历史是杆秤。

原文：对一个政治家来说，只有把民族的利益、人民的利益放在至高无上的位置，作为自己所思所想、所作所为的出发点和归宿，才会在人民心中占有位置，才会赢得人民的真诚拥护，才会在历史上获得应有的地位。人民是杆秤，历史是杆秤，政治家的分量最终都是由他们来衡量的。（1998 年 7 月 14 日会见巴勒斯坦总统阿拉法特时的谈话，《看法与说法》，243～244 页，中国人民大学出版社，2013）

解读：历史是人民群众创造的还是英雄创造的？对这个问题的不同回答，是历史唯物主义和历史唯心主义的一个根本区别。历史唯物主义认为，物质生产是人类社会存在和发展的基础，人类最基本的实践活动就是物质资料的生产实践。人民群众是物质生产实践的主体，也是在此基础上其他实践包括精神生产实践等活动的主体。人民群众是创造历史的动力。正是人民群众的活动，而不是哪一个个人的活动，体现历史发展的规律和历史发展的趋势，决定历史发展的方向和结局。当然，历史唯物主义并不否认杰出个人、伟人、英雄在历史上的作用，但反对夸大个人作用而抹杀人民群众创造历史的作用，强调人民群众在历史发展中起决定性作用。个人的作用最终都要由人民群众和历史来评定。与历史唯心主义的英雄史观不同，历史唯物主义是一种群众史观。正如毛泽东所说："人民，只有人民，才是创造世界历史的动力。"（《毛泽东选集》，2 版，第 3 卷，1031 页，人民出版社，1991）李瑞环在会见阿拉法特时，用"人民是杆秤，历史是杆秤"这个浅显的比喻深刻揭示了历史唯物主义的大道理。

李瑞环类似的说法还有很多，比如，他在1997年6月10日会见德国总理科尔时谈道："作为一个国家的领导人，特别是在世界上具有重要影响国家的领导人，承担着重大的历史责任。领导人首先要看到人民群众创造历史的作用，但也不能忽视自己的特殊地位和重要作用。历史给领导者提供了充分施展才智的机会，而领导者的所作所为又影响着历史的发展，或给人类带来福音，或给人类造成灾难。历史最终都将无情地对每个领导人作出评判。正是因此，许多领导人都十分审慎地对待自己的言行和决策，抓紧时间为人类社会作出更多的贡献。"（《看法与说法》，244～245页）1999年12月3日，他在探望斯里兰卡总理班达拉奈克夫人时指出，中国有句古话："俯者易而蹶者难"。当权的政治家，由于他所处的位置、所掌握的权力，可以做很多的好事、实事，一念之兴、举手之劳，就有可能解民于倒悬，为人民谋取更多的福利。人生有限，政治家当权的时间也有限，要利用条件，抓住时机，为国家、为人民、为人类多做好事。中国人常说："但行好事，莫问前程"，这句话的意思是，做好事并不是为了回报。事实上，只要做了好事，人们就不会忘记他，就会永远怀念他。2001年4月19日，李瑞环参观南非罗本岛博物馆，想到曼德拉的历史功绩，他说：历史是人民创造的，但由于政治家的地位特殊，他的工作影响国计民生，他的行为对社会的发展有加速或延缓的作用，因而他总是不可避免地受到历史的检验和人民的评论。历史是无情的，人民是公正的。只要他为人民谋了利益，办了好事，为国家为民族立了功劳，争了荣誉，人民就不会忘记他。"功过谁评说，后生定先祖。劝君莫论一时遇，九泉之下看荣辱。"（《看法与说法》，242页）

上述四句诗是李瑞环自己的旧作。1980年初，刘少奇平反昭雪后，李瑞环在报纸上看到一幅刘少奇干木工活的照片，深为感慨，便写了一首题为《木匠》的诗，发表在《建筑工人》1980年第1期。这首诗共四段，每段八句，这里引用的是该诗第四段的后四句。第四段完整的内容是："人生共几何，肉骨皆粪土。汗血滴柱石，大厦存千古。功过谁评说，后生定先祖。劝君莫论一时遇，九泉之下看荣辱。”（《看法与说法》，243 页）2013 年 12 月 5 日，曼德拉走完了坎坷而辉煌的一生。全世界人民都深切地缅怀他，几十个国家的政要参加了他的追悼会，历史为他树立起一座不朽的丰碑。

（牛旭光）

24. 实事求是、群众路线是我们的命根子。

原文：实事求是、群众路线是我们事业胜利前进的基本保证，是我们党活跃于中国和世界政治舞台上的鲜明特征，也是我们始终不渝、不懈追求的奋斗目标。只有时刻牢记并努力实现这一目标，才谈得上在各种艰苦复杂的斗争中立于不败之地，才谈得上在各种消极影响和腐蚀面前保持共产党的政治本色。从这个意义上完全可以说，实事求是、群众路线是我们的命根子，我们在任何时候、任何情况下也不能丢掉这个命根子。（1999 年 9 月 9 日听取陕西省委、省政府工作汇报时的讲话，《看法与说法》，967 页，中国人民大学出版社，2013）

解读：俗话说的“命根子”，指的是对于生命的存在和延续最重要的东西。爱护生命，就要爱护自己的命根子。对于中国共产党来说，命根子就是实事求是和群众路线。毛泽东和邓小平在不同的历史时期都反复强调，实事求是和群众路线是我们党一切工作必须遵循的最根本、最重要的原则。实事求是和群众路线是我们事业胜利前进的基本保证，李瑞环称之为“我们的命根子”，真是再贴切不过了。

在将近一个世纪的时间里，我们党活跃在中国和世界舞台上，所做的事情不外乎两件：认识世界和改造世界。认识世界，最重要的是要有正确的思想路线；改造世界，最重要的是要有正确的工作路线。

李瑞环说："实事求是是我们党的思想路线，群众路线是我们党的工作路线。"（《看法与说法》，966～967页）回顾我们党领导人民建立新中国、建设新中国的历史，所有兴衰成败都与这两个问题解决得好不好紧密相关。我们所有成绩的取得都是坚持实事求是、群众路线的结果，而所有失败都是由违背实事求是、群众路线造成的。历史的经验告诉我们，这个"命根子"是在任何时候、任何情况下都不能丢掉的。

"实事求是"最早出自《汉书·河间献王传》，原意是真诚地依据事实，探求古书真义。毛泽东加以新的阐发，把"实事"作为客观存在的事物，把"是"看作事物的规律，把"求"当作研究、探索。（《毛泽东选集》，2版，第3卷，801页，人民出版社，1991）这个意义上的实事求是，就是一切从实际出发，尊重客观实际，研究客观规律，使主观与客观相统一。这是我们想问题、办事情必须遵循的重要原则。进一步的问题是，我们想问题、办事情为了谁？依靠谁？如何做？中国共产党人的回答是：一切为了群众，一切依靠群众，从群众中来，到群众中去。这就是我们的群众路线。群众路线是我们党的根本工作路线。"今后不管碰到什么困难和问题，只要牢牢依靠人民群众，就一定能够克服一切困难，实现我们的既定目标。"（《看法与说法》，219页）中国共产党的政治优势和生命活力就在这里。

（郭湛）

25. 奔驰车翻车撞墙，不是车子不好，而是驾车人的问题。

原文：我们党总结历史的正反经验，提出建设有中国特色社会主义的理论，并制定了与其适应的"一个中心、两个基本点"的基本路线。实践证明，这是一条符合中国国情的发展道路，得到全国人民的拥护。中国的发展说明，马列主义原理和社会主义制度本身没有错。东欧出现的现象则说明，有些国家领导人没有把马列主义同本国实际结合好。奔驰车翻车撞墙，不是车子不好，而是驾车人的问题。（1991 年 7 月 23 日会见布隆迪总统布约亚时的谈话，《看法与说法》，1020 页，中国人民大学出版社，2013）

解读：上面这段话是李瑞环 1991 年 7 月会见布隆迪总统布约亚时讲的。当时正值苏联解体、东欧剧变不久，国际舆论充斥着所谓“社会主义失败、马克思主义破产”的论调。美国的弗兰西斯·福山在其《历史的终结与最后的人》一书中，以苏联、东欧社会主义的垮台来证明“马克思主义已死亡，共产主义已死亡”。也有人把苏联解体、东欧剧变看成是“马克思主义的绝唱”，宣称应当把马克思主义送到历史博物馆里去。原苏共中央政治局委员、宣传部长亚·尼·雅科夫列夫把马克思主义比作“一杯苦酒”，认为被迫吞下这杯苦酒的俄罗斯人民遭致苦难是必然的，他把苏联社会主义的失败等同于马克思主义的失败。当然也有另外一种不同的观点，如德国的哈贝马斯就提出要正确地看待苏联、东欧社会主义的失败。他认为，苏联解体、东欧剧变并不意味着社会主义的失败和马克思主义的破产，失败的只是苏联模式的“社会主义”。显而易见，随着苏联、东欧一大批社会主义国家的相继垮台，马克思主义的命运究竟如何的问题严峻地摆在了人们面前。

那么，我们究竟应该怎样看待这个问题呢？李瑞环在上述谈话中，用中国发展的成功实践无可辩驳地作出了坚定有力的回答：奔驰车翻车撞墙，不是车子不好，而是驾车人的问题。马列主义原理和社会主义制度本身没有错。他在后来的多次讲话和会见外宾时，还反复提出并深刻阐述了这一问题。1999 年 10 月，他在会见越共中央政治局常委范世阅时指出：“马克思主义是我们的指导思想，是我们的理论基础。中国改革开放取得的巨大成就，是坚持马克思主义的结果，是马克思主义理论的伟大胜利。”（《看法与说法》，1027～1028 页）2000 年 5 月，他在会见朝鲜劳动党总书记金正日时又进一步指出：“改革开放 20 多年来，中国发生了翻天覆地的变化，取得了举世公认的成就，包括那些反对我们的人也不得不承认这一点。究竟怎么解释取得成就的原因，说法就不一样了。有人说这是放弃马克思主义的结果，我们认为，这种观点是误解、是歪曲，恰恰相反，中国改革开放的巨大成就完全可以归结为马克思主义的胜利。”（《看法与说法》，11页）在改革开放过程中，我们党结合新的历史条件，准确地理解马克思主义，科学地坚持马克思主义，始终把马克思主义作为自己指导思想的理论基础。我们坚持唯物的观点，重新确立了实事求是的思想路线，明确了我国现在处于并将长期处于社会主义初级阶段；我们坚持发展的观点，大胆解放思想，吸收、借鉴人类一切有益的文明成果，开创了改革开放的新局面；我们坚持实践的观点，冲破“两个凡是”的禁锢，用实践作为检验理论和政策的标准，靠实践回答和解决问题；我们坚持生产力的观点，纠正长期“以阶级斗争为纲”的错误路线，明确社会主义的根本任务是解放和发展社会生产力，把经济建设作为全党全国各项工作的中心；我们坚持生产关系与生产力相适应的观点，确立以公有制为主体、多种所有制经济共同发展的经济制度；我们坚持群众的观点，把不断提高人民生活水平作为改革开放和发展经济的根本目的，依靠和调动广大群众的积极性来推进我们的事业。苏联东欧剧变后，世界上曾出现“社会主义失败论”，认为马克思主义没有用了。中国改革开放成功的实践证明，马克思主义没有过时，它的许多基本原理仍然有着现实的重大意义，社会主义制度仍然是最优越的社会制度。

李瑞环不仅有力地回答了要不要坚持马克思主义的问题，而且还深刻地阐明了如何坚持的问题。他认为，坚持马克思主义就要坚持马克思主义的基本原理，而不能教条式地拘泥于某些个别论断，也不能固守某些确已过时的词句和结论，更不能被某些附加于马克思主义名下的错误论点或“化了装的马克思主义”所迷惑。他指出：“怀疑马克思主义的科学性、摇摆不定是危险的；把马克思主义与实践相割裂、教条式理解、贴标签式应用是会误事的；拘泥于马克思主义的个别论断、墨守成规、停滞僵化是有害的。”(《看法与说法》，1028 页）他还强调，坚持马克思主义必须坚持理论与实际相结合，在结合上下功夫。只有结合实际、结合时代，才能使马克思主义永葆生机与活力。

李瑞环的这些论述，既表明了中国共产党人应有的态度，也体现了对马克思主义真正的理论自信。这个自信不是盲目的自信，而是建立在历史的和现实的深厚基础之上的。也许不无巧合的是，世纪之交发生了三起震惊世界的文化事件，都至少从一个侧面为此提供了佐证：1999 年，由英国剑桥大学文理学院的教授们发起评选“千年第一思想家”，结果是马克思位居第一。其后，英国广播公司（BBC）又以同一命题，在全球互联网上公开征询，一个月后汇集全球投票结果，仍然是马克思第一。2002 年，英国路透社邀请政界、商界、艺术和学术领域的名人评选“千年伟人”，结果是马克思以一分之差略逊于爱因斯坦，但这并不影响马克思作为“千年伟人”的地位。2005 年 7 月 14 日，英国广播公司第四频道以古今最伟大的哲学家为题，调查了三万多名听众，结果马克思的得票率再次荣登榜首。这样的评选结果也许是出乎许多人预料的，但这恰恰说明了真理的普世的和超越时空的力量。尤其是这几次评选活动都发生在“资本主义故乡”，就更加耐人寻味了。

（牛旭光）

26. 一个党究竟是年轻还是衰老，看什么?

原文：一个党究竟是年轻还是衰老，是上升还是衰落，是兴旺还是腐朽，看什么？主要看它和人民群众的关系，而领导干部的行为对党群关系影响极大。我们常讲为人民服务要全心全意，就是说不能半心半意、三心二意和虚心假意。其实，人生在世不在于自己职务上的高低，而在于给社会、给人类留下点什么。（1987 年 6 月 30

日在天津新开河水厂的讲话，《看法与说法》，290 页，中国人民大学出版社，2013）

解读：看一个政党，也像看一个人一样，人们会直观地形成年轻还是衰老的感觉。因为人是一种自觉的生命存在。“他具有有意识的生命活动。”“人……使自己的生命活动本身变成自己意志的和自己意识的对象。”（《马克思恩格斯文集》，第 1 卷，162 页，人民出版社，2009）年轻还是衰老的问题，其实说的就是人的生命活力的强弱。政党是由具有某种共同意志的人们组成的社会共同体，通过有意识、有组织的社会活动实现自己的理想和目标。这样的政党无疑是一种群体生命的存在。“像一个人一样，有他的幼年、青年、壮年和老年。”（《毛泽东选集》，2 版，第 4 卷，1468 页，人民出版社，1991）它的生命活力的强弱，表征着这种社会机体和机制的年轻或衰老。

我们知道，人的年轻或衰老不只与自然年龄有关，而是由生理、心理、文化、社会、生态等多种因素决定的。一个党究竟是年轻还是衰老，也不是只看成立时间的短长，更根本的要看它是上升还是衰落，是兴旺还是腐朽。要使我们的党永远年轻，朝气蓬勃，蒸蒸日上，兴旺发达，最重要的就是保持党的先进性，充满生命活力。到底是不是这样，看什么？李瑞环强调主要看党和人民群众的关系，明确指出了党的生命活力问题的实质。他说：“人民群众是我们力量的源泉，是我们力量之所在。”“必须把群众的自觉与自动、呼声与要求、智慧与力量作为我们决策的基本依据，把符合最广大群众的利益作为制定各项政策措施的第一准则，把有利于调动广大群众的积极性作为一切改革的出发点、归宿及其检验标准。”（《看法与说法》，256、257 页）

党和人民群众的关系，在很大程度上受到领导干部行为的影响。我们党的干部是为人民服务的。为人民服务要全心全意，不能半心半意、三心二意和虚心假意。有些新提拔上来的干部，不是尽心竭力去工作，千方百计办实事，而是讲排场、摆架子，影响了党和人民群众的关系。其实，我们不应该把当官看作是目的，而应该把职务看作是职责，是职位的责任。而承担责任就意味着某种牺牲。小官小责任，意味着小牺牲；大官大责任，意味着大牺牲。想当官而不想牺牲，甚至只想自己捞好处，这样的人一定当不了好官。我们党是执政党，执掌的是社会公共权力，要代表广大人民群众的根本利益。一个领导干部掌握了这样的权力，能够为社会、为人民做有益的事，建功立业，是何等的幸运！如果大多数干部都能这样想，不图虚名，不谋私利，不尚空谈，实干兴邦，党和人民群众的关系就有了可靠的保障，这样的党就是年轻的、上升的、兴旺的。

（郭湛）

27. 政治体制改革好似驾驶一艘大船，转弯时要放慢速度，速度太快就会翻船。

原文：政治体制改革和民主建设必须努力推进，但不能太急，就好似驾驶一艘大船，转弯时要放慢速度，速度太快就会翻船。（1991 年 11 月 1 日会见美国前驻华大使恒安石夫妇时的谈话，《看法与说法》，323 页，中国人民大学出版社，2013）

解读：李瑞环自上世纪 80 年代以来就一直主张政治体制改革必须稳定、稳步、稳妥地进行。这是为什么呢？他认为主要基于以下两方面原因。一是因为民主是相对的、历史的、具体的。民主是与一个国家的经济、文化发展水平相适应的，不能超过其经济、文化的发展水平。匆匆忙忙、脱离国情地搞民主，就会破坏社会的稳定，造成国家的混乱，影响经济的发展。在我们这样一个大国，一旦搞乱了，那将是一场大灾难。这样搞所带来的只能是破坏，而不是建设；只能是“民苦”，而不是民主。二是因为政治体制改革比较复杂。社会是一个有机的整体，政治体制联系着经济体制，经济体制也联系着政治体制，互相渗透，互相制约。如果说经济体制改革涉及广大群众物质利益的再分配，那么政治体制改革涉及机构、人事，涉及头头脑脑，因此要非常仔细，非常审慎。由此可见，李瑞环关于政治体制改革推进速度和节奏的思想与其“协调渐进”的经济发展思想，在哲学基础和领导方法上是相通的。

从国际上看，当年苏联领导人急于推行西式的“民主化”，成为引发其解体的重要原因。而苏联解体后，俄罗斯的政治和社会动荡，经济发展速度和底层百姓的生活水平下降，贫富分化加剧，腐败严重，黑社会猖獗；今日的乌克兰也陷入混乱动荡中。近年来，所谓“茉莉花革命”导致埃及、叙利亚、利比亚、突尼斯等国发生流血冲突甚至战乱，这些国家的人民饱受其苦。历史和现实中的国际教训给我们以强烈警醒，也从反面证明审慎稳妥地推进政治体制改革的极端重要性。

那么，我国政治体制改革和民主建设的方向、原则和思路是什么？李瑞环指出：“群众观点与我国民主政治建设有着密切的血缘关系。把民主政治建设同马克思主义世界观联系起来，同执政党的领导方法、工作作风联系起来，同政府的各项职能和工作联系起来，同人民群众的实践活动联系起来，就使我国社会主义民主政治建设有了科学的理论依据和深厚的社会基础。”（《看法与说法》，304页）真正的民主是人民当家作主。要做到民主，就必须使广大群众有机会参与国家管理、有条件管理国家政权。中国的民主政治建设“要有中国的特色，要符合中国的情况乃至考虑到中华民族的文化传统、道德观念、思维方式等”（《看法与说法》，313页）。这些观点既精彩又深刻，体现了从中国国情、中国国体（人民民主专政）、中国共产党的性质和宗旨出发推进我国民主政治建设的主体性思维，给人以启发，有着很强的现实意义。

（王海龙）

28. 政府要做一个开明的“婆婆”。

原文：必须明确，这次港口下放，不能是简单地把“大婆婆”换成“二婆婆”，更不能同时增加许多“小婆婆”，只有市政府一个“婆婆”，而且市政府要做一个开明的“婆婆”。（1984 年 11 月 28 日听取天津港务局工作汇报时的讲话，《辩证法随谈》，34 页，中国人民大学出版社，2007）

解读：人们习惯把政府称为“婆婆”，这是因为在我国各级政府需要负责许许多多管理事务。那么，政府要做什么样的“婆婆”？李瑞环形象地指出，政府要做开明的“婆婆”。这是他在 1984 年 11 月 28 日听取天津港务局工作汇报时讲的一个重要观点。天津港是一个老港口、国有大型企业，改革开放之前，它属于交通部、天津市等多个部门交叉管理。在改革开放初期，由于港口业务重心移至塘沽，天津作业区任务不足，加之人员众多、设备老化，企业连年亏损。与此同时，天津港的压船问题也一直得不到很好解决，最多的时候天津港锚地压船有 100 多艘，有的船要等上两个多月才能进港卸货，最紧张的时候政府要派出部队官兵帮助卸货。由于天津港在当地的特殊地位和影响力，天津港的改革牵一发而动全身，受到各方面的关注。

李瑞环直接领导了天津港的改革事业。在充分调查研究的基础上，1983 年下半年，他向国务院建议将港口下放给天津市，由天津市来推动天津港的改革发展。1984 年上半年，天津市正式向中央申请天津港权力下放。这年 6 月，国务院批准了天津港采取“双重领导，地方为主，以收抵支，以港养港”的办法。他对天津港的负责人讲，天津港下放市里就是要靠你们自己管理，国家赋予天津市的港口管理权，原则上都交给港务局来管，市政府就是为你们服务。天津港采取了“先救命，后治病”的思路，在国内是首家通过积极筹资进行改造的大型港口，利用资金采购国际先进设备，全面改造和建设港口设施，大幅度提高港口效益。天津港边筹资建设，边扩大经营，改革管理体制，改善职工生活，短短几年实践就有效改变了严重压船局面，开始了良性发展。1986 年 8 月，邓小平到天津视察，在听取了天津港改革经验介绍时说：人还是这些人，地还是这些地，一改革，效益就上来了。这给了天津港改革高度的肯定和极大的鼓舞。

政府做开明的“婆婆”，就是要真正转变政府职能，实行政企分开。在我国各种关系中，政企关系是最基本的关系，改革开放中的一个关键问题就是转变政府职能，实行政企分开。但是，在改革开放之初，这个问题并不是一开始就搞得十分清晰明白，不少地方还存在着这样或那样的模糊认识，说到底就是不知道政企分开怎么搞，无法确定政府和市场的关系怎么处理。李瑞环在指导天津港务局改革过程中，进行了大胆的探索。天津港的改革充分说明了在处理政府与企业的关系时，政府处于关键地位。政府必须适时转变职能，推动社会主义市场经济发展，促进各类企业健康成长。面对企业和市场，政府必须有明确的定位和责任，不能大包大揽，对企业和市场一点都不放手、不放心，更不能替企业和市场做主，违背经济规律办事。

政府做开明的“婆婆”，就是要让市场机制和市场主体真正发挥作用，“开明”不是表面的而是实实在在的。对于企业来说，市场是最好的舞台，面对市场加强管理最有针对性。应该说，我们的绝大多数企业特别是国有企业，在改革开放进程中，都是能够按照市场经济的要求发挥自己的积极性的，政府原来的条条块块的管理思路和管理办法，根本不能适应市场经济发展的需要。1986 年 1 月，李瑞环在全国第四期市长研究班学员座谈会上就指出：“单靠条条，是无法管全、管细的。线条画得再多，也有空白。”（《辩证法随谈》，35 页）

政府做开明的“婆婆”，就是要从凡事都管的威严“婆婆”和层层都管的大小“婆婆”角色中退出来，放手让企业和市场充分发展。□

头上放手实际上管死的不是开明的“婆婆”。李瑞环强调指出，政府放权就是为企业“松绑”。当然，这种“松绑”并不是一切都放手不管了。他在 1984 年 7 月 18 日召开的天津市市区体制改革工作会议上说：“把改革理解为‘松绑’，指的是给基层、企业以更多的自主权，调动基层和企业的积极性、主动性、创造性。‘松绑’不是说可以无拘无束、为所欲为，客观规律不能违背，国家法律不能违反，公共道德必须遵守。”（《辩证法随谈》，34 页）同时，权力和责任是统一的，权力大了，责任也就大了；手脚的绳子是松开了，思想上的压力也加大了。

正是在这种思想指导下，天津市的改革开放事业在 20 世纪 80 年代始终走在全国的前列。

（贺耀敏）

29. 要下河先看出水处。

原文：审慎这个词，天津这几年经常用。先看你慎重的程度，对问题、情况了解的程度，对问题认识的程度，对事物特点、发展把握的程度，可能出现问题的防范等等。要下河先看出水处。这几年，我们讲改革要“迈小步、不停步，少走弯路回头路”，就是指先从那些看准了的改起，从小到大，先易后难，随着人们认识的提高，逐步推进。改革不能贪快，贪快就要翻船，欲速则不达。（1986 年 9 月 24 日在政治体制改革课题研讨汇报会上的谈话，《看法与说法》，316 页，中国人民大学出版社，2013）

解读：这是李瑞环在 1986 年深入思考如何推进我国改革开放事业，特别是推进政治体制改革时提出的一个重要观点。时至今日，这一重要观点对于我们推进全面改革仍然具有很强的指导意义。中国的现代化建设和改革开放事业是一项前无古人的伟大事业，其中尤其是政治体制改革更是如此。中国应该建立具有中国特色的怎样的政治体制？需要通过怎样的途径和措施来构建这一政治体制？既没有国外现成的路径和经验可以学习借鉴，也没有自身丰富的实践经验可以总结出一套完整的方案。只有根据我们自身的实践，不断探索，不断总结，不断提炼。这就必然加重了我们实践探索的难度，需要我们全面审慎地进行探索研究。李瑞环提出“要下河先看出水处”，就是这样的忠告和建议。

经济体制改革的深化离不开政治体制改革的开展，经济基础的发展变化必然推动上层建筑的发展变化，上层建筑的发展变化也势必影响经济基础的发展变化，这是马克思主义的基本原理。随着我国经济体制改革向纵深发展，势必提出来一系列有关政治体制改革的问题。例如，我国农村经济体制改革的展开，在全国广大地区普遍实行了家庭联产承包责任制，原有的人民公社政社合一的体制就不能适应新形势的需要，就必须对农村基层政权进行改革。又如，国有企业改革的深化就必然要求政府改变过去那种政企不分、条条块块管理的旧体制，加快推进简政放权、政企分开，不断改进和完善宏观调控的手段与方式，适应社会主义市场经济体制的新要求。同样，政治体制改革的每一项进展，都会带来经济体制的巨大发展，例如，邓小平“一国两制”的提出就是我国政治体制的重大决策，它对于充分发挥台港澳地区乃至发达国家经济对中国大陆经济的积极推动作用，提供了重要的政治制度保障；我国确立的依法治国、建立法治国家的重大决策，为各种经济主体在中国依法经营提供了坚实的法治环境，法律面前人人平等在我国也得到了较好的落实。可以说，我国经济体制改革的每一项较大进展，都推动着政治体制和政府管理职能的调整；而政治体制和政府管理职能的调整，也促进了经济的健康发展。

政治是经济的集中表现，政治体制改革比经济体制改革更为复杂，涉及面更广。因此，进行政治体制改革，更需要做深入细致的调查研究，更需要开展审慎的分析论证，更需要进行周密的顶层设计，政治体制改革经受不起大的折腾。按照李瑞环的说法，我们讲改革要“迈小步、不停步，少走弯路回头路”，就是指先从那些看准了的改起，从小到大，先易后难，随着人们认识的提高，逐步推进。改革不能贪快，贪快就要翻船，欲速则不达。这是进行各项改革，尤其是政治体制改革必须牢记的要求。

政治体制改革涉及面广、问题多、难度大，但是这绝不能成为不进行政治体制改革的理由。目前，在我国政治生活中的确还存在着不少突出问题，一些干部把人民赋予的权力当作搞特殊化的手段，严重脱离群众；一些干部利用手中的权力，牟取个人或少数人的私利，大搞权钱交易；一些机构权力高度集中，经常干预企业、部门和地方的正常工作，政策随意性大，等等。群众对这些问题意见很大，怎样保证权力正确行使，把权力关进制度的笼子里，都需要建立一套有效的权力运行体系和运行机制，都需要进行政治体制改革。大约 30 年前，李瑞环就指出：“政治体制改革必须要搞，没有必要的政治体制改革，经济体制改革难以持续，甚至会走错路，走邪路，已有的改革成果也会丧失。”（《看法与说法》，316 页）

（贺耀敏）

30. “肝胆相照”，要有“肝”有“胆”。

原文：共产党领导的多党合作和政治协商制度是我国的基本政治制度，所谓基本制度，我理解就是能够影响其他制度的制度，是长期不变的制度。我们共产党和民主党派要“长期共存”，就要以对方的存在、发展为前提和条件。“肝胆相照”，要有“肝”有“胆”，光有“肝”没有“胆”，怎么“相照”？（1993 年 3 月 23 日在全国统战部长座谈会上的谈话，《看法与说法》，397 页，中国人民大学出版社，2013）

解读：中国共产党领导的多党合作和政治协商制度是我国的一项基本政治制度。这个制度是伴随着新中国的诞生而建立起来的。1956年社会主义改造基本完成之后，毛泽东在《论十大关系》中提出“长期共存，互相监督”作为共产党对民主党派关系的方针，实际上也就是多党合作的基本方针。进入新时期以后，胡耀邦又将八字方针发展为“长期共存、互相监督、肝胆相照、荣辱与共”的十六字方针。李瑞环在这里通过“肝”和“胆”的关系，既深刻阐释了多党合作的方针，也尖锐批评了我们党内长期存在的某种“关门主义”和“清一色”的倾向。

众所周知，统一战线是中国共产党领导中国革命取得胜利的三大法宝之一，各民主党派作为统一战线的一支重要力量，在民主革命时期就开始了与共产党的合作，并与共产党风雨同舟，作出了积极贡献。然而在我们党内，却经常有一种不能正确看待民主党派作用并对其进行排斥的倾向。早在民主革命时期，毛泽东就曾带领全党反对这种倾向，反对关门主义、孤立主义和“清一色”思想。全国解放以后，针对党内一部分同志以功臣自居，瞧不起民主党派和民主人士，认为民主党派只是“一根头发的功劳”，毛泽东又严肃地进行了纠正。他认为，民主党派背后代表的是民族资产阶级，由此看，它们就不是“一根头发”，而是“一把头发”，不可藐视。所以民主党派“不但要继续存在，而且还要继续发展”。

社会主义改造基本完成后，我国建立了社会主义制度，民族资产阶级作为阶级不存在了，民主党派主要作为民族资产阶级的政党还有没有存在的理由，一时也成了问题。对此，毛泽东再次作了明确的回答：“究竟是一个党好，还是几个党好？现在看来，恐怕是几个党好。不但过去如此，而且将来也可以如此，就是长期共存，互相监督。”（《毛泽东文集》，第7卷，34页，人民出版社，1999）他还解释了为什么要让几个党长期共存的理由，主要是为了让民主党派监督共产党。因为一个党同一个人一样，耳边很需要听到不同的声音。有了民主党派，对我们更为有益。

后来虽然经历了反右派斗争扩大化和“文化大革命”的曲折磨难，但党的十一届三中全会以后，我们党迅速拨乱反正，恢复了一系列优良传统和作风，领导我国的统一战线和多党合作事业取得新的进展：中国共产党领导的多党合作和政治协商制度作为我国一项基本政治制度得到正式确认，并载入宪法；各民主党派性质得以科学界定，它们已经成为各自所联系的一部分社会主义劳动者、社会主义事业的建设者和拥护社会主义的爱国者的政治联盟；民主党派的地位被明确为“接受中国共产党领导的，同中共通力合作、共同致力于社会主义事业的亲密友党，是参政党”；“共产党领导、多党派合作，共产党执政、多党派参政”，已经成为中国社会主义政党制度的显著特征；共产党同民主党派合作的基本方针，也由原来的“长期共存、互相监督”发展为“长期共存、互相监督、肝胆相照、荣辱与共”。1982 年 1 月，胡耀邦在全国统战工作会议上就曾要求共产党员要“同一切党外人士交朋友，并且从泛泛之交变成真朋友，进而达到肝胆相照，荣辱与共的关系”。在这样的政党格局和合作关系中，任何“清一色”的想法和做法显然都是不适宜的。因为否定了对方的存在和发展，也就否定了与之“长期共存”的前提和条件，多党合作也就成为一句空话。

如果说李瑞环的“肝胆说”着重阐明了共产党和民主党派“为什么长期共存”的话，那么，他提出的“同异说”则进一步说明了“如何长期共存”的问题。李瑞环认为，统一战线是“同”和“异”的矛盾统一体。没有“同”，就建立不起统一战线。没有“异”，就没有必要建立统一战线。统战工作，既要“求同”，也要“存异”，二者不可偏废。统一战线的一个重要问题是“存异”。在统一战线中，有些差异可以通过工作加以限制、缩小乃至转化，但有些差异是应当而且可以长期存在的。比如，党派之间的差异，信仰之间的差异，民族之间的差异，多种经济成分之间的差异，等等。有些人正是由于同我们之间存在差异，才成为统战对象。如果否定这些差异，不能“存异”，也就否定了统一战线存在的理由。

李瑞环还把“求同存异、体谅包容”看作是统一战线工作的中心，认为我们过去出问题常常在这两个方面。从统一战线的历史看，有忽视“求同”的错误，但主要的还是不能“存异”。而能不能“存异”，很重要的一条就在于能不能体谅包容。他说：“做统战工作，就是要宽容一点、谅解一点、豁达一点、‘糊涂’一点，就是要听得进、容得下、想得开。对于有些人提出的不同意见甚至比较刺耳、比较尖锐的意见，要听得进；对于有些人在信仰上、世界观上以及思维方式、生活方式上同我们的差别，要容得下；对于那些反对过我们并被证明是反对错了的人给以适当安排，也要想得开。”（《务实求理》，267 页）他还指出，必须使我们的干部懂得，我们共产党的干部也会有毛病。有的毛病自己看得见，有的毛病自己看不见；有的毛病自己能治，有的毛病还要请人帮忙。我们说“欢迎批评”，这是真心话。这些论述，对于我们在新的历史条件下做好统战工作、发展多党合作事业，仍然是富有启迪和指导意义的。

（牛旭光）

31. 共产党需要其他党派的监督，就像医生一样，有的病还得让别人帮助诊断、治疗。

原文：中国共产党领导的多党合作和政治协商制度是我国一项基本政治制度，“长期共存，互相监督”是毛泽东主席提出的多党合作的基本方针。长期共存是互相监督的前提，互相监督是长期共存的目的。中国共产党有自我批评的优良传统，但也需要其他党派的监督，就像医生一样，有的病自己能治，有的病还得让别人帮助诊断、治疗。（1999 年 12 月 9 日会见日本众议院议长伊藤宗一郎和参议院议长斋藤十郎时的谈话，《看法与说法》，346 页，中国人民大学出版社，2013）

解读：政党是由人组成的历史的、社会的共同体，受特定的历史和社会条件的制约，在认识和实践上总会有自己的局限性，难免会有缺点和错误。中国共产党的先进性不在于没有这种局限性及其导致的缺点和错误，而在于能够自觉意识到自己的局限性，及时发现、勇于改正自己的缺点和错误。李瑞环形象地把政党组织比喻为人的肌体，而政党组织的缺点和错误就像人体的病症。人吃五谷杂粮，难免会生病。重要的是及时正确诊断病情，对症下药治疗，早日恢复健康。一个人如果能够自己给自己诊断和治病，那当然很好，但人自身的局限性制约着这种可能性。这就是俗话说的“自己的刀削不了自己的把”。即使身为医生，由于术业有专攻，有的病自己能治，有的病还得让别的医生诊断、治疗。对于一个政党来说，要诊断、治疗自己的病，即发现和改正缺点和错误，除了自我批评之外，还要虚心接受党外的批评意见。

对于来自党外的批评意见，我们首先要重视人民群众的批评和社会舆论的监督。中国共产党是为中国人民服务的，广大人民群众最清楚这种服务做得怎样，什么地方做得不够，应该如何改进。针对具体存在的问题或现象，各种信息渠道包括传播媒体及时作出反映，形成广泛的社会舆论，从中可以鲜明体现人民群众的意见和要求。虚心听取人民群众的批评意见，准确认清我们党存在的问题和解决的办法，切实有效地克服缺点、改正错误，是服务人民和改进自身的最好途径。中国在远古的时候，“尧置敢谏之鼓，舜立诽谤之木”（《淮南子·主术训》），鼓励百姓提出批评意见。所谓“诽谤之木”，即后来立于皇宫门口的华表，原本是供百姓书写国家政事缺失的。“诽谤”一词指不同的、批评的意见，是有利于改进政事的。秦始皇得天下后，禁止学人议论、批评政事，违者以“诽谤罪”论处。“诽谤”从此成了一个贬义词。尧舜与秦皇的是非功过早已成为历史。我们应该“以史为鉴”，正确处理执政党与人民群众的关系。

当代中国实行的是共产党领导的多党合作和政治协商制度。这为执政的共产党接受外来的批评意见，提供了又一个重要来源。毛泽东提出“长期共存，互相监督”，把它作为多党合作的基本方针。政党之间的互相监督，其实质也就是互相批评。因为共产党是执政党，所以接受各民主党派的批评意见就更为重要。中国共产党有自我批评的优良传统，应当继续坚持和发扬这个好传统，但同时也需要其他党派的批评即监督。

邓小平深刻指出，一个政党需要经常听到不同的声音，最可怕的是鸦雀无声。听不到批评意见并不意味着没有任何意见，更不意味着没有任何缺点；不仅言路堵塞本身就是问题，而且由此积累的问题可能越来越严重。能听到不同的声音，包括批评意见，说明民主生活正常。通过多党合作，互相监督，共产党可以广泛听取各党派的意见，及时发现和改正错误。这样做，有利于集中更多的人的智慧，更好地实现重大决策的民主化、科学化，防止和克服党的干部中的腐败现象。一党领导，多党合作，长期共存，互相监督，确实是中国社会主义民主政治的一个鲜明特点。充分发挥中国特色社会主义协商民主的优势，言路畅通，政治清明，将使中国社会保持稳定、和谐与发展。

（郭湛）

32. 要主动拿镜子照自己，自揭己短。

原文：搞好批评与自我批评，首先是要搞好自我批评。毛泽东在《论联合政府》中指出：“有无认真的自我批评，也是我们和其他政党互相区别的显著的标志之一。”毛主席这里没有讲批评，因为批评别人，任何政党都会，外国反对党专门批评别人。我们承认内因是根据，外因是条件，批评的目的是促进自我批评。没有自我批评，批评就达不到目的。因此我们要主动拿镜子照自己，自揭己短，特别是一把手要带头自我批评。（1999 年 4 月 16 日听取河北省委、

省政府工作汇报时的讲话，《看法与说法》，361～362 页，中国人民大学出版社，2013）

解读：批评与自我批评是我们党的优良传统。批评是人与人之间的相互砥砺，而自我批评则是人的自我超越。在批评和自我批评之间，李瑞环更强调自我批评。他说，搞好批评与自我批评，首先是要搞好自我批评。因为正如毛泽东指出的，有无认真的自我批评，是我们党和其他政党互相区别的显著标志之一。任何政党都有自己的政治主张，都会批评别的政党，外国的反对党就专门批评执政党。对于他们来说，批评别人是自己的首要任务，是自身得以生存和发展的方式，可谓自己最重要的看家本领。至于自我批评，除非生死攸关、走投无路是不肯做的，他们怕这样做会损害自己。

无产阶级政党不仅重视批评别人，更重视批评自己。这个特点来自无产阶级政党革命的批判的本性。革命即意味着批判，批判不仅包括对象批判，而且包括自我批判。马克思指出："无产阶级革命，例如 19 世纪的革命，则经常进行自我批判，往往在前进中停下脚步，返回到仿佛已经完成的事情上去，以便重新开始把这些事情再做一遍；它十分无情地嘲笑自己的初次行动的不彻底性、弱点和拙劣"（《马克思恩格斯文集》，第 2 卷，474 页，人民出版社，2009）。历史经验表明，只有永不骄傲自满、勇于自我批评的阶级和政党，才能不断反思自己所做的事情，努力把自己的事情做得更好，永远得到人民拥护，从而立于不败之地。

李瑞环把自我批评比喻为拿镜子照自己，自揭己短。自我批评是人对自己的反思，反思的对象就是自己的缺点和错误。而要反思自己，首先就要敢于正视自己。我们要知道自己的脸洗得干不干净，最简单的办法就是照照镜子。通过照镜子，发现哪里有污点或毛病，有污点可以擦去或洗掉，有毛病可以想办法治疗。不照镜子，不发现问题，就不能解决问题。做这样的自我批评，主动地检查、发现自己的缺点和错误，进而自觉地加以改正，也是人的自我爱护。孟子说："西子蒙不洁，则人皆掩鼻而过之。"（《孟子·离娄下》）西施是古代越国的美女，如果脸上沾了脏东西，不知道照镜子看一看，还要招摇过市，后果可想而知。为了避免这样的窘态，明智的人还是以经常照照镜子、多做自我批评为宜。假如自己眼神不好，看不清镜子中自己的尊容，就应该欢迎别人帮助你指出哪里有不适当的地方。

别人的批评只有通过当事人的自我批评，才能真正起作用。李瑞环强调，按照唯物辩证法的观点，在事物的发展变化中，内因是根据，外因是条件，外因通过内因起作用。别人的善意的批评目的在于促进当事人的自我批评。没有主体自觉的自我批评，单靠别人的批评是难以奏效的。所以，自我批评不应当是被迫的、被动的应付，而应当是自我自觉和主动的行动。在一个领导班子中，"班长"即一把手要带头自我批评，要敢于在镜子面前正视自己，不回避问题。这是一种自我认识，认识自我需要采取尽可能客观的态度。一把手带头自揭己短，班子其他成员才会剖析自己。客观地认识到自己的缺点和错误，不是要把自己的脸抹黑，而是要把脸洗干净，或者把脸上的毛病治好。批评与自我批评，为的是"惩前毖后，治病救人"。因此，必须坚持"团结——批评——团结"的原则，秉持与人为善的初衷，实现共同进步的目的。

（郭湛）

33. 一个干部在台上的时候，是满台锣鼓响，一片赞扬声；一旦下台，意见就全来了。

原文：一个干部在台上的时候，是满台锣鼓响，一片赞扬声；一旦下台，意见就全来了。为什么？就是在台上的时候不让人家提意见或人家不敢真提。我们现在研究问题，有些命题提出来了，包括民主的问题、集中的问题、政治体制改革的问题等等，但好多研究都还是仅仅证明已经作出的决策和判断。你那个政策出来，它去证明这是对的；当你说这个政策错了，它又证明早就该批。类似的现象很多，而且在重复着。所有这些都反映出我们发扬民主还不够充分，党的自我制约的能力还比较差，因而也就给我们提出了一个如何进一步发扬民主，健全党的制约机制的大问题。（1990 年 2 月 27 日同津冀鲁三省市党委负责同志座谈时的讲话，《看法与说法》，371～372 页，中国人民大学出版社，2013）

解读：领导干部的岗位如同一个舞台，可以在上面演出精彩的剧目，引来满堂喝彩；当然也有演得不好，让大家不满意的时候。李瑞环借助这个比喻，是要透过对一种常见现象的分析，说明其中更深一层的道理。这种常见的现象就是：干部在台上，一片赞扬声；一旦下了台，意见全来了。为什么会这样？就是因为干部在台上的时候，不让人家提意见；或者即使让提，人家也不敢真提。等到干部下台后，原来的障碍撤除了，积累的意见一下子涌了出来。由此可见，领导干部在位时权力在手，没有运用这种权力推动发扬民主，开展经常性的批评与自我批评，反而阻碍了正常的民主生活，压制了对自己的批评意见。这类现象普遍存在，亟待扭转，问题的实质就是如何进一步发扬民主，健全党的制约机制。

现实的状况表明，我们在发扬党内民主方面做得还很不够，党的自我制约的能力还比较差。我们需要努力发扬党内民主，开展经常性的批评与自我批评，健全党的制约机制。为此，我们需要明辨一个观念上的是非：在一个部门、单位或领导班子里，对一些问题有不同意见，这是正常的还是不正常的现象？李瑞环明确指出：“一个班子里对一些问题有不同意见是正常现象。通过讨论或争论，可能统一了认识，也可能统一不了，最后表决，少数服从多数，允许保留意见。这就是民主集中制。这样就可以集中大家的智慧，避免或减少失误。”（《看法与说法》，372 页）有的班子讨论问题很少有不同意见，没有议论、争论，讨论就是表态赞成。有人认为这样很好，说明班子团结。“其实，这样并不好，这样的班子也不是真正团结的班子。什么问题都是完全统一，没有不同的声音，并不正常。一呼百应、一言九鼎，久而久之必犯错误。”（同上）也就是说，没有不同意见不仅不是正常现象，反而是不正常现象。因为表面的团结统一、意见一致，很可能掩盖着缺乏党内民主、压制不同意见的问题。

我们党的组织制度是民主集中制，这种民主集中制是同群众路线相贯通的。只有在党内实行民主集中制，在民主的基础上集中正确的意见，才能真正做到从群众中来，反映广大群众的利益和诉求。与此相关有许多问题需要认真研究和解决，包括民主的问题、集中的问题、政治体制改革的问题等等。为了解决好这些问题，首先应该研究好这些问题。但是，现有的许多研究往往不是针对实际存在的问题本身，研究应该如何作出判断和决策，而是仅仅用来证明已经作出的判断和决策。一个判断和决策出来了，这些研究者就去证明这是对的；上边有人说这个判断和决策错了，他们又去证明它早就该批判。这样的研究缺乏独到的见解，对于有关部门和领导作出判断和决策没有参考价值。真正的研究应该是在实际调查基础上的实事求是的研究，从而依据历史与逻辑得出具有科学意义的结论。有真知灼见的研究成果，对于正确的判断和决策是十分重要的。

（郭湛）

34. 不能怨别人蹬了你，要怨你留给别人的空间太小。

原文：大家在一起总是要多看别人的长处，多给别人留些存在与活动的余地。如果你挤得人家一点空间都没有，互相一伸胳膊、一伸腿就碰上了，不能怨别人蹬了你，而要怨你自己留给别人的空间太小。政协机关应该做团结合作的模范，在团结合作方面给人们树立一个榜样。前几年我到处讲团结，有人说我老是抹稀泥，光讲团结不讲是非、不讲原则。而我认为，在当前的中国能不能搞好团结本身就是个大是非、大原则。（1993 年 6 月 1 日同全国政协机关干部座谈时的讲话，《看法与说法》，447 页，中国人民大学出版社，2013）

解读：人既是一种时间的存在，又是一种空间的存在，是在特定的时空中存在和发展的。每个人自身都拥有一定的空间，而人的活动更需要一定的空间。属于人的空间有一些是个人的，更多的则是公共的空间。自然界和社会都是人类活动的空间。人类的空间随着人类活动的展开而扩大。人既要有个人的空间，又要与别人交往，进入公共的空间。在尊重个人空间权利的前提下，营造大家共有的公共空间，满足人们生存和发展的共同需要，这是社会生活的基本准则。特定的社会空间是相对有限的，共处于这种空间范围中的人们，在自己展开活动的同时要顾及左邻右舍。你在利用公共空间做事情，也要让别人能够利用公共空间做事情。如果一个人只知道自己活动，不给别人留出足够的活动空间，就会发生矛盾甚至冲突。在一个单位或班子中，许多个人恩怨和不愉快，往往正是由此引起的。

出现这种问题，正确的态度不是先埋怨别人，而是要检讨自己，看看是不是自己挤占了别人的空间。李瑞环把这种情形生动地比作拥挤环境中人们之间的肢体碰撞：你挤得人家躲闪不开，一伸胳膊、一伸腿就碰上了。在这种情况下，不能怨别人碰到你，而要想想自己留给别人的空间是不是太小了。政协就是专门负责各党派、各界别政治协商的，通过协商民主实现团结合作，当然包括涉及人们之间活动空间的矛盾的解决。总的来说，自然界的空间是辽阔的，社会的空间也是宽广的。即使在特定的时空结点发生一时的拥堵，只要遵循必要的规则和秩序，加上相互的理解和礼让，都是可以疏导和缓解的。错开偶尔的拥挤或碰撞，人们的活动有足够的空间和自由。

在很多时候，表面看来是社会的物质空间的问题，背后其实是人的精神空间的问题。人们有时太看重眼前的矛盾和纠纷，往往“一叶蔽目，不见太山”，忘记了世界之大、空间之广。一旦人摆脱了眼前的困扰或纠缠，就会重新感受到海阔天空。社会的物质空间是广阔的，人的精神空间更是高远的。难怪人们说：“世界上最宽阔的东西是海洋，比海洋更宽阔的是天空，比天空更宽阔的是人的胸怀！”一个胸怀宽广的人不会挤压别人本来不大的空间，不会因为别人无意中挤着自己而恼怒不已。他们在社会的公共空间中活动，会和谐地与人相处，在自己得到自由发展的同时，也让别人自由发展。对于这样的人来说，是不会发生不团结的问题的。

团结不是个小问题，它事关社会发展和人的发展。李瑞环指出，有人认为讲团结是“抹稀泥”，光讲团结不讲是非、不讲原则，这是一种误解。在当今中国社会发展和人的发展迫切需要团结的时候，讲不讲团结，要不要团结，事实上就是一个大是大非问题，当然也是一个重大原则问题。至于具体的是是非非，也不是完全不讲，而是要考虑放在什么前提下讲合适。讲的目的在于分清大是大非，维护团结的大局，以便齐心合力，做好工作。在这个根本原则问题上，是不能有半点含糊的。

（郭湛）

35. 对党的纪律不能讲“放开”、“搞活”、“松绑”、“特殊”。

原文：我们共产党是讲纪律的。我们始终认为，纪律是执行路线的保证。没有铁的纪律，就不能统一全党的行动，党就不会有战斗力。所以，我们要求共产党员做遵守纪律的模范。在任何情况下，对党的纪律，都不能讲“放开”、“搞活”、“松绑”、“特殊”。

（1985年5月9日在天津市党员领导干部会议上的讲话，《学哲学 用哲学》，217～218页，中国人民大学出版社，2005）

解读：党的纪律是党的各级组织和全体党员必须遵守的行为规则，涉及各个方面，包括政治纪律、组织纪律、群众纪律、保密纪律、宣传纪律、人事纪律、外事纪律等。党的纪律是执行党的路线、方针、政策，维护党的团结统一，巩固党同群众的密切联系，提高党的战斗力的重要保证。“不以规矩，不能成方圆”（《孟子·离娄上》）。在党的纪律面前人人平等，没有例外。所有党员不论职务高低，都必须遵守党的纪律，党内不允许有凌驾于党的纪律之上的特殊党员。习近平总书记在第十八届中央纪委第二次全会上的讲话中强调，要严明政治纪律，自觉维护党的团结统一。政治纪律是党的组织和党员在政治方向、政治立场、政治言论和政治行为方面必须遵守的规则，是党最重要的纪律。政治纪律严明，全党才能在政治上高度统一，在行动上步调一致。

李瑞环认为，讲纪律是共产党的优良传统，纪律是执行路线的保证。没有严明的纪律，就不能统一全党的行动，党就不会有战斗力。所以，我们要求共产党员，特别是党的干部做遵守纪律的模范。纪律是规范性的要求，规定党的组织及党员能够做什么和不能够做什么。既然是纪律，就是对于组织成员行为的某种约束。党员能够按照党的纪律的要求，自觉约束自己的行为，这是党性的体现。在这个原则问题上，是不能有半点含糊的。他说，在任何情况下，对党的纪律，都不能讲“放开”、“搞活”、“松绑”。因为一旦取消必要的约束，纪律便形同虚设，甚至不复存在。在纪律面前也没有“特殊”可言。每个人都有自己“特殊”的情况，如果有“特殊”就可以不守纪律，那么还有谁能服从纪律的约束呢？纪律对于党员的约束，实际上并不是特殊性本身，而是特殊性中的普遍性的东西。共性存在于个性之中，普遍性存在于特殊性之中。每个党员都要立足于自身的特殊性，遵守党的纪律的普遍性要求，在这里是没有“例外”的。

有一些党员干部不懂得这个道理，总觉得自己“特殊”，可以超脱于纪律之外。他们胆大妄为，目无法纪，自行其是；对明确禁止的事情，置若罔闻，我行我素。在他们看来，撑死胆大的，饿死胆小的，谁敢顶谁占便宜，谁守纪律谁吃亏。这种现象如果任其蔓延下去，党的纪律就会被瓦解，党的组织就会陷入混乱，党的战斗力就会丧失。长此以往，党领导的改革开放和现代化建设就会停滞不前。李瑞环痛感这个问题的严重和紧迫，大声疾呼：“这种现象如不扭转，改革能搞好吗？四个现代化能建成吗?”（《学哲学 用哲学》，217～218 页）

党的纪律确实是党的生命线，是党的各级组织和全体党员必须用心坚守和维护的。在这样的原则性问题上如果掉以轻心，就会犯无法挽回的致命的错误，给个人、组织乃至国家、社会造成极大的伤害。纪律体现原则，应当是刚性的而不是弹性的，所以被称为“铁的纪律”。一个目标坚定、组织坚强的政党一定要有“铁的纪律”，中国共产党就是这样的政党。作为这样的政党中的一员，应当有这样的党性自觉。只要大多数党员都能这样要求自己，做到“令则行，禁则止”（《管子・立政》），我们党所领导的改革开放和现代化建设事业就一定能够成功。

（郭湛）

36. 有一种长着“运动细胞”的人，习惯于整人、起哄，搞“左”的那一套。

原文：在我们党内还有一种长着“运动细胞”的人，习惯于整人、起哄，搞“左”的那一套。我认为进行这场斗争的最终目的，是使人们清醒一下，提高一步，团结起来，而不是整人。整人是我们的一大教训，应当警惕起哄的人帮倒忙。因此，在强调反对资产阶级自由化的时候，一定要注意防止可能出现以“左”反右，以僵化反自由化的情况。(1988 年 2 月同天津思想文化工作者座谈时的讲话,《看法与说法》,1005 页,中国人民大学出版社,2013)

解读: 回顾和总结新中国建立以来的历史,特别是思想文化建设的历程,不难发现,在每一次思想政治斗争中,总会涌现出这样一批人,他们自觉不自觉地抱着“以阶级斗争为纲”的思路,把什么问题都上纲上线到严重路线斗争的高度。最为严重的是在“文化大革命”中,几乎新中国建立后 17 年间所有正确路线方针政策都被推翻,几乎所有老干部都被指责为“走资本主义道路的当权派”,几乎绝大部分知识分子都被视为资产阶级知识分子或“反动学术权威”,不少领导干部和知识分子被迫害致死。这种沉痛的教训绝不应该忘记。

“文革”结束后,虽然党在政治上彻底地否定了这场运动,但是在一些人的头脑里,“文革”极左的那一套做法没有彻底肃清,他们并没有真正吸取这一沉痛的教训,仍然习惯于采用“文革”那一套做法。正如李瑞环指出的那样,他们是一种长着“运动细胞”的人,习惯于整人、起哄,搞“左”的那一套。在改革开放进程中,他们对于一些同志在经济体制改革大潮中的积极探索和大胆创新,不是满腔热忱支持和帮助,不是想方设法帮助解决出现的矛盾和问题,而是拿着放大镜去找问题,设置各种限制和障碍,动辄给改革者扣上这样那样的政治帽子。你要改变农村人民公社体制,推行家庭联产承包责任制,他们说你走回头路,动摇农村社会主义制度的基础;你要推进国有企业改革,实行公司制或股份制改革,搞混合所有制经济,他们说你削弱党的领导和公有制,在中国实行了资本主义;你要坚持对外开放,扩大吸引外国资本、技术、人才,融入世界全球化进程,他们说你仰人鼻息、崇洋媚外,把中国拉向半殖民经济地位。凡此种种,不一而足。他们或者抱着经典作家的只言片语,用以衡量早已变化了的现实,对照书本检查实践;或者把传统计划经济那一套东西当作真正社会主义的东西,不愿看到或承认传统计划经济体制已经不适应时代的发展要求；或者把“文革”的一套做法当作正确的路线方针政策，不接受改革开放以来的伟大变革。总之，只要是我们推动的每一步改革进程，他们都会找出各种理由来反对。

邓小平在1992年视察南方的谈话中，对于这种习惯于用“以阶级斗争为纲”的观点看问题的人提出了严重的批评和警告，他说：现在，有右的东西影响我们，也有“左”的东西。有些理论家、政治家，拿大帽子吓唬人的，不是右，而是“左”。“左”带有革命的色彩，好像越“左”越革命。右可以葬送社会主义，“左”也可以葬送社会主义。“中国要警惕右，但主要是防止‘左’。右的东西有，动乱就是右的！‘左’的东西也有。把改革开放说成是引进和发展资本主义，认为和平演变的主要危险来自经济领域，这些就是‘左’。”（《邓小平文选》，1版，第3卷，375页，人民出版社，1993）李瑞环在论述“四和（合）”（和平、合作、合理、和气）时讲道：“由于长时期‘以阶级斗争为纲’，有的人养成上纲上线的习惯，‘头上长角，身上长刺’，动不动搞大批判，使人望而生畏。讲话要注意分寸，尖锐的话、伤人的话尽量少讲。中国传统讲究人缘，讲究合群，不要太‘各’，要使人愿意亲近，不要让人看见就躲。”（《看法与说法》，1200页）。

这些铿锵有力的声音不断地告诫我们，一定要保持清醒的头脑，坚持既反“左”又反右的坚定原则，坚持解放思想、实事求是的思想路线，坚定不移地沿着中国特色社会主义道路前进。

（贺耀敏）

37. “手抓两把泥，脚踩西瓜皮，得抹就抹，得溜就溜”。这种人在关键时候就会误事。

原文：敢于坚持原则，不怕得罪人，应该是选人用人的一个标准。我说过，我们干部里边有这么几种人，一种人本来就不正派，这种人容易鉴别，群众也不会拥护；一种人老老实实、规规矩矩，就是不避邪，正确的东西有人反对他不敢坚持，错误的东西有人坚持他不敢反对，跟谁都是好好好、是是是，可以、可以、真可以，"手抓两把泥，脚踩西瓜皮，得抹就抹，得溜就溜"。这种人在关键时候就会误事。（1986 年 11 月 29 日在推荐天津市委、市政府领导班子人选会议上的讲话，《看法与说法》，860 页，中国人民大学出版社，2013）

解读：20 世纪 80 年代初，我国的现代化建设和改革开放事业刚刚起步。当时从团中央调任到天津市工作的李瑞环，以极大的干劲和热情投身到天津市的现代化建设和改革开放之中。他大力倡导实干精神，提出要使多干实事成为一种社会风尚、行为规范、是非标准、民族气质，并持之以恒，流传后代，成为振兴中华的巨大物质力量。在他看来，少讲空话，多干实事，不只是个工作作风问题，而且是个精神状态和革命意志问题，是个对革命事业的责任感问题，说到底是个世界观问题。

社会主义现代化建设和改革开放是当代中国人民最伟大的事业。要搞好这个事业，就必须彻底改变领导干部的精神状态和革命意志衰退问题。早在民主革命时期，毛泽东就十分注重广大干部和共产党员的精神状态。他在《反对自由主义》一文中，对共产党员提出了明确的要求："一个共产党员，应该是襟怀坦白，忠实，积极，以革命利益为第一生命，以个人利益服从革命利益；无论何时何地，坚持正确的原则，同一切不正确的思想和行为作不疲倦的斗争，用以巩固党的集体生活，巩固党和群众的联系；关心党和群众比关心个人为重，关心他人比关心自己为重。这样才算得一个共产党员。"（《毛泽东选集》，2 版，第 2 卷，361 页，人民出版社，1991）在我们党长期的奋斗中，党的干部和广大共产党员始终保持了良好的风气。但在改革开放之前，特别是"文化大革命"中，由于"以阶级斗争为纲"的影响，干部的风气遭到严重扭曲。许多脚踏实地干实事的领导干部受到不同程度的冲击，他们或者被指责为“只埋头拉车，不抬头看路”，或者被批判为“只促生产，不抓革命”，严重的则被打成“走资本主义道路的当权派”，党的干部路线和干部政策受到极大破坏。

“文化大革命”结束后，不少人谈到过去还心有余悸。我们党的正确的干部路线和干部政策虽然不断恢复起来，但优良的干部作风恢复起来则很困难。不少旧官场的恶习逐渐滋生蔓延，遇事推诿，做人圆滑，成了普遍现象。一些人凡事只说好话，不提意见，上级怎么说都行，不愿意直接表达自己的真实想法；一些人遇到困难瞻前顾后，缩手缩脚，图的是不讲原则的一团和气，不愿意得罪人；一些人热衷于表面热热闹闹、轰轰烈烈，不愿意动脑筋想问题，更不愿意在工作中开拓进取。李瑞环形象地给这样一些领导干部画像：“手抓两把泥，脚踩西瓜皮，见着问题就抹，见着矛盾就溜”。凡此种种，都成为我国现代化建设和改革开放事业的突出障碍。李瑞环严肃指出，这种人在关键时候会误事！

要解决这些问题，就必须使领导干部具有一种崭新的精神面貌和精神状态，就必须坚持解放思想、实事求是，敢于冲破各种束缚社会生产力发展的障碍，就必须敢于探索新道路、总结新经验。这就要求广大领导干部在大是大非面前敢于坚持原则。现代化建设和改革开放事业是我们的前人没有做过的伟大事业，没有也不可能有现成的道路，只能在中国特色社会主义指引下不断探索。这里涉及到许多根本性问题，我们的领导干部必须勇于探索真理，敢于坚持原则。在党内外各种不良风气十分严重的情况下，领导干部应该敢于同这些歪风邪气作斗争。在工作中，总会有一些问题积累了很长时间，解决起来难度大一些；总会有一些问题涉及方方面面，解决起来头绪多一些。对待这些问题要敢于碰硬，敢于担当，迎着困难上，不躲避、不推诿、不松懈；对待好人好事要敢于支持表扬，坚持正确的东西，反对错误的东西，这样才有利于我们事业健康发展。如果对错误的东西不敢批评和纠正，对正确的东西不敢表扬和支持，就不利于弘扬正气、鼓励先进。

今天，全国人民都在为实现中华民族伟大复兴的中国梦而奋斗，来自各个方面的问题和压力会更大，我们面临的困难和挑战会更多。这就要求我们的领导干部必须有更加旺盛的工作干劲，更加积极向上的精神状态，更加严格自律的道德修养，敢于担当，勇于担当，做中华民族伟大复兴事业的弄潮儿。

（贺耀敏）

38. 所谓领导，就是要“领”要“导”。

原文：所谓领导，就是要“领”要“导”，什么叫“领”？就是带领，后面没兵，光杆司令一个，这只能叫个人溜达；什么叫“导”？就是引导，没有群众，这只能叫自拉自唱。（2000 年 2 月 24 日听取浙江省委、省政府工作汇报时的讲话，《看法与说法》，910 页，中国人民大学出版社，2013）

解读：一个领导干部，认清“领导”二字含义非常重要。现在许多领导的工作习惯是大手一挥，只管批示文件和发号施令，热衷于纸上谈兵，很少对下级给予引导和指导，更不要说“以身垂范”了。这些领导虽然身在领导岗位上，但是由于长期脱离群众、远离实际工作，因而对于自身的责任和担负已经忘却了思考，只以为自己高高在群众之上就是领导了。在此情形下，李瑞环关于何谓领导的提醒可谓当头棒喝、发人深省。

那么，究竟何谓领导呢？“领”者，“带领”之谓也。要求人做己先做，身先士卒；想人不为己先不为，树以表率。“导”者，“引导”之谓也。凡事不仅要知其然，而且要知其所以然，深明事理；不仅要知其所以然，而且要说清所以然，动之以情，晓之以理。“领”为以行带人，“导”为以情感人，以理服人。“领导”二字紧密相连，每个领导干部都要一“领”二“导”，而不能仅“领”不“导”，更不能只“导”不“领”。两者相辅相成，相得益彰，缺一而难称之为“领导”。

具体来说，“领”的实质是先干、先做。一种风气的形成，往往与领导带头有很大的关系。作风上是否过得硬，作风转变是否彻底，取决于领导带头是否坚决。“教者，效也，上为之，下效之。”（班固：《白虎通·三教》）领导带头弘扬优良作风，就会在无形中产生强大的引领力量，带动整个风气向好的方面转化。正所谓“喊破嗓子，不如甩开膀子”，说一千道一万，不如做出样子给人看。什么事儿只有先干、先做了，才能取得发言权，掌握主动权。否则，空讲一通不着边际的道理，怎能赢得人心？讲的是一套，干的另一套，何来号召力和凝聚力？就像李瑞环所说的：“自己满脸脏东西，怎么号召人家讲卫生？你在台上讲人，人在台下讲你，你讲的还管什么用？”（《看法与说法》，922页）“身教重于言教”，老百姓是最心明眼亮的。他们的知识层面也许参差不齐，岗位、经历可能大不相同，对政策理论的掌握也不那么多，但领导机关、领导班子、领导干部的言行是否一致，给群众办事是否尽心尽力，他们看得一清二楚。

“导”相对于“领”而言，是“领”的后续与深化。“导”的实质在于引领、导向，是促使人由“必然王国”向“自由王国”转变的过程，是对“领”的升华与提高。领导作为引路人和向导，要高瞻远瞩，为群众指明正确的前进方向；要胸襟广阔，团结一切可以团结的力量；要有威德智慧，能够激发和调动群众的积极性和创造性。要不管权力有多大，地位有多高，都始终牢记自己是人民的一分子，体恤民情，带着朴素而真挚的感情深入群众、亲近群众，多想群众之想，多解群众之忧，多问群众之需，多察群众之苦，多服群众之务。正如邓小平所说：“什么叫领导？领导就是服务。”（《邓小平文选》，1版，第3卷，121页，人民出版社，1993）领导，就是要全心全意为群众办事、服务，一不为名、二不为利，“俯首甘为孺子牛”。

需要指出的是，领导只有相对于群众才能存在，一时一刻也离不开群众。如果脱离群众，成了“孤家寡人”，只能是如李瑞环所说的“个人溜达”和“自拉自唱”。“群众需要领导，没有领导，群众的积极性既不能持久也不能提高；领导要有威信，没有威信就不能实行真正的领导。”（《看法与说法》，868页）因此，完整实践一“领”二“导”的领导内涵，最核心的是时刻保持与人民群众的血肉联系，全心全意为人民群众谋利益，而不能自恃高明，脱离群众，把与人民群众的“鱼水关系”变为“油水关系”，甚至“水火关系”。只有在群众中，我们才能不断生发出全心全意为人民服务的内在自觉性，正确地对待群众，对待自己，对待我们党和政府的工作。

（王宏霞）

39. 选人要注意选那些够这个材料的人。

原文：这几年调班子大家公认的一条，就是选人要注意选那些够这个材料的人，或者说有能力、敢担当、胜任这个工作的人。德才兼备，首先是德，才也重要，比如选书记、选市长，选市委、市政府的头儿，还要看够不够那个格。光说思想觉悟、道德品质，劳模比省长、市长都不差，但他当不了省长、市长。我当过木匠，好举这样一个例子：一块木头，比如是红木、花梨、紫檀，品质很好，但你的尺寸不够，就那么大、那么高，品质再好能做啥？做小板凳都不够。（1986年11月29日在推荐天津市委、市政府领导班子人选会议上的讲话，《看法与说法》，857～858页，中国人民大学出版社，2013）

解读：李瑞环的这段话反映了选人用人的一个重要原则：从工作需要出发。他在1988年1月同天津市委组织部负责人谈话时就提出：“选人用人第一和基本的出发点是工作，是工作需要。”（《看法与说法》，854页）

因为任何部门和单位的工作，都有其区别于其他部门和单位的特点和问题，有其固有的特殊性和复杂性。我们选人用人，就应该从这些单位的实际情况出发，从搞好这个单位的工作出发。凡选配人好的单位，工作变化大、发展势头好；凡选配人不当的单位，则不但工作没起色，而且是非多、事故多、麻烦多。比如，我们要选择一个城建方面的领导人，就应以能胜任为出发点选人，而不能以其他理由为出发点从没有城建工作经验的人中去选，哪怕这个人样样都好，早该提拔。如果因种种理由把不能胜任的人选到领导岗位上，于工作是误事，于大家是不服气，于自己是受罪，于选拔者是失职。

他举例说，宝坻县小靳庄的支部书记人很好，后来让他当了县委书记，他很受罪。“四人帮”垮台后批他，说他没水平、讲错话。他说：“我从来没说我有水平，讲话稿都是你们写的，错不错我也不知道。”(《看法与说法》，858页）在怎样选拔女干部的问题上，李瑞环从工作需要出发，讲过一段很有趣而又耐人寻味的话：“我常说，不能用选儿媳妇的标准去选女干部。在我们这样一个古老的东方大国，人们常常把温良贤淑、容工惠丽作为东方女性的最佳标准，而对直率、勇敢、泼辣的同志常常是不加分析地指责为‘疯疯癫癫’、‘咋咋呼呼’。”(《看法与说法》，859页）选女干部不能以温良贤淑、容工惠丽为尺度，为了做工作，需要有直率、勇敢、泼辣的作风。

李瑞环还讲道：“用‘能办事’作为标准选人，可以减少大的失误，避免上当受骗。”(《看法与说法》，857页）毛泽东就常用“办事”这个词评论人，说某某人“能办事”，某某人“你办事，我放心”。邓小平也同样重视“办事”，如大家熟知的“黄猫、黑猫，只要捉住老鼠就是好猫”、“少讲空话，多干实事”等等。那么，怎样才算能办事呢？李瑞环在1987年12月同天津组织部负责人谈选人配班子问题时作了详细的解释：“能办事是个综合指标。没有忧国为民的精神不行，光有精神没有本事也不行；没有理论、没有实践不行，不会理论联系实际也不行；没有主见不行，过于主观也不行；没有实干、苦干不行，只会傻干不会巧干也不行；不相信群众不行，不善于动员组织群众也不行。总之，有德无才不行，有才无德也不行，德才兼备才行。”（同上）

可见，从工作需要出发，用能办事标准选人，固然是强调“才”的重要，但也绝不否认“德”。实际上，德才兼备中的“德”与“才”在具体的选人用人实践中是统一的，不能把二者对立起来。德很重要，品质不好容易坏事；才也重要，没有才不能办事。有德无才办不成大事，有才无德更容易坏事。在现实中，有些领导干部虽然能力很强、本事很大，但因为理想信念不过关、群众观点淡漠而经不过诱惑，最终腐化堕落，给国家和社会造成很大危害。所以，“能办事”本身就内在地包含了“德”与“才”两方面的标准。与“能办事”的选人标准相关，李瑞环一贯倡导“选人主要看政绩”，主张：“评判一个人，不能只听他说得如何，在领导面前表现得如何，主要应看他是否为人民干实事，看他干事过程的表现及其结果。”（《看法与说法》，842 页）年轻干部上来，必须把他们放到第一线，交任务，压担子，使他们在办实事的过程受到磨炼，经受考验，增长才干，树立威望。只有这样的干部，人们才信得过，自己才站得住；也只有这样，才能把误选、误用的人暴露出来，淘汰下去。

这些观点在今天的干部选拔工作中更有现实意义。今天的中国在几十年的经济高速发展之后，面临着一系列错综复杂的矛盾和问题，比如经济转型升级、解决环境污染、缩小两极分化等等，这就更需要有能力、能办事、敢担当的领导干部。

（王海龙）

40. 火箭式上来不一定好，磕磕碰碰上来不一定不好。

原文：火箭式上来不一定好，磕磕碰碰上来不一定不好。坐飞机不感到山高，登山运动员才感到山高。（1983年7月28日同天津市政府秘书长、办公厅主任的谈话要点，《辩证法随谈》，310页，中国人民大学出版社，2007）

解读：事物发展是有规律的，干部成长同样有自身的规律。1985年10月，李瑞环在与天津大学学生对话时曾说："工作能力、办事能力的提高要有一个过程，不能看得太简单。大学毕业以后，仍然需要很好地学习，而且是更高阶段的学习，只有这样，才能不断提高自己的能力。"（《看法与说法》，848页）年轻干部参加工作以后需要经过的"更高阶段的学习"，就是在实践中、在岗位上经受锻炼和考验，磨砺心性、增长才干。1986年8月，李瑞环在同天津市委领导同志的谈话中说："一个人究竟是行还是不行，不能只看一时一事的表现，也不能单凭领导个人的印象，必须放到基层、放到群众中去考验。"（《看法与说法》，851页）工作能力、办事能力是实践能力。只有在工作、办事的实践中，这种能力才能经受锻炼和检验。李瑞环把这种实际工作、办事的实践比作登山，说登山比坐飞机更能感受山高。

干部选拔的标准是干实事，培养的目标也是干实事。"宝剑锋从磨砺出"，不在基层实践中经受锻炼和考验，干不成实事，也无法提高干实事的能力。基层实践中的困难和挑战，能够磨炼干部的意志，砥砺干部的品质，历练干部的才干。基层艰苦的环境和复杂的局面，可以使干部更加深刻地了解国情、社情，体察民情、把握民意，增强与群众的感情，密切与群众的联系。在此基础上不畏波折，为群众解决一些实际问题，办成一些实事，干部的胆识和处理复杂问题的能力就得到提升，就会得到人民的拥护。像登山那样一步一个脚印走下去，付出艰辛和努力，经历挫折和失败，会逐渐练就扎实的作风和过硬的本领，能够承担急难险重的任务，解决棘手难题。虽然路途上经过磕磕碰碰，但能力、胆识和胸怀都会得到提升。"会当凌绝顶，一览众山小。"（杜甫：《望岳》）这是坐飞机看山峰时无法体验到的。

基层实践的锻炼和考验是干部成长的基础，是干部提高能力的必经之路。年轻干部逐渐成熟进而走上领导岗位，需要经过必要的基层实践历练。不遵循干部成长的规律，没有经过必要的基层历练就提拔上去，一步登天，是急功近利，揠苗助长。有的年轻干部经过一些历练，然后火箭式提拔上去，也会因为基础不坚实，对国情、民情、社情掌握不全面，对形势估计不足，难以应对复杂多变的局面。

（毛术芳）

41. 自吹不好。越吹越灰，越吹越飞。

原文：自吹不好。越吹越灰，越吹越飞。八分成绩说成十分，人们最多给你打六分；八分成绩只说六分，人们反而给你打八分乃至十分。如果你不服，继续加大吹的力度，那么群众会只看你的缺点问题。（1988 年 4 月同天津市新闻负责人的谈话，《辩证法随谈》，353 页，中国人民大学出版社，2007）

解读：在现实生活中，我们常常可以见到喜欢自吹自擂的人。他们就像王婆卖瓜一样自卖自夸，总是大言不惭、自我吹嘘，或是夸大其词、无中生有，故意捏造自己的辉煌事迹。这种大吹大擂和自欺欺人或许一时能唬住一些人，为其罩上一层耀眼的光环。但久而久之，人们自然也就了解到真相，不再轻易相信了，甚至对他们的为人和所说的话都产生怀疑，认为其中都有水分，必须挤掉。

遗憾的是，现在一些领导干部也摆脱不了自吹的毛病。他们好大喜功、急功近利，心态浮躁、追名逐利，喜欢讲大话空话，不爱讲真话实话。有的为粉饰政绩、沽名钓誉，甚至不惜弄虚作假、歪曲事实，虚报浮夸、欺上瞒下，严重违背了客观情况。但群众的眼睛是雪亮的，他们对领导干部真实的所作所为看得一清二楚，自然会有自己的评判。

李瑞环指出："领导必须取得群众的信任，没有群众的信任也就不会成为真正的领导。而这种信任，靠上级封不出来，靠权力压不出来，靠自己吹不出来，靠耍小聪明骗不出来，只有靠真心实意地、尽心竭力地、坚持不懈地为群众办实事，才能逐步地树立起来。"（《学哲学 用哲学》，519 页）所以，那些没干多少实事却喜欢自我摆功的官员不但不能借此提高其官声，而且这种高调还适得其反，引来了群众的反感和恶评，正所谓"越吹越灰，越吹越飞"。

在这方面，毛泽东曾树立了一个光辉的榜样。1943 年，中宣部想宣传一下毛泽东思想，毛泽东却表示："我的思想自觉没有成熟，还是学习时候，不是鼓吹时候。"（《毛泽东书信选集》，212 页，人民出版社，1983）这充分反映了他谦虚谨慎和求真务实的作风。而求真务实是对马克思主义哲学，特别是对其认识论的精神实质的精辟概括，体现了马克思主义所要求的理论和实践、知和行的具体的历史的统一。同时，求真务实也是我们党的优良传统，是每个共产党员都必须具备的政治品格。在自吹之风甚嚣尘上的今天，我们更应大兴求真务实之风。

（卢毅）

42. 不称职的干部要比占茅坑不拉屎严重得多。

原文：我们常讲不要占着茅坑不拉屎，不称职的干部要比占茅坑不拉屎严重得多。领导干部没有功就是过，没有成绩就是问题。现在领导都要讲工作，讲指标，讲效益，一个人的工作好坏联系到整个的局面；其实自己干不了，又不下来，对自己也是一种折磨。同时，在一个班子中，你不称职，又不下来，别人就进不来了，这不利于新的优秀人才的发现和锻炼。（1988 年 1 月 5 日同天津市各民主党派负责人座谈时的讲话，《务实求理》，530 页，中国人民大学出版社，2010）

解读：权力与责任从来都是相生相伴的。有多高的职位、多大的权力，就要挑多重的担子、担多大的责任。领导干部在台上，就是要为底下的群众办事，如果缺乏办事能力，担负不起相应的责任，工作一塌糊涂，如何能为群众排忧解难？他们在台上不干事不说，还耽误了有能力的人上台为群众服务，这样的干部确实可以称作“占着茅坑不拉屎”。但从客观危害上来说，干部不称职比占茅坑不拉屎要严重得多，因为占茅坑不拉屎影响的仅仅是等候茅坑的个体，而干部不称职影响的是一大片。越是重要的岗位影响的面越大，影响的人越多，影响的后果越严重。李瑞环的这一比喻和论述可谓鞭辟入里，揭示了选用不称职干部给我们工作带来的严重危害，我们在选任各级领导干部时应以此为戒。

在干部任用上，要解决“占茅坑不拉屎”的问题，总体来说，需要坚持两个原则，一个是选人原则。李瑞环认为，选人配班子要注意两点：一是要选那些公道正派、实实在在的人；二是要选那些够这个材料的人，或者说能办事、敢担当、胜任这个工作的人。他强调领导干部要德才兼备，其中德是第一位的，没有全心全意为人民服务的觉悟，没有公正廉明的德行品质，手中权力极易用于徇私舞弊、贪污腐败。同时，李瑞环也强调才的重要性：“从某种意义上讲，班子重要的就是因为它要办事，班子好，可以办很多事；班子不好，许多事就办不成。办事，包括肯办事、敢办事、会办事。能办事是个综合因素，没有理论不行，光有理论没有实践经验也不行。”（《务实求理》，524 页）选人是为了办事，办特定的事，因此需要看他懂不懂这种事，能不能办好这种事。总之，德重要，品质不好容易坏事；才也重要，没有才不能办事。

另一个是干部任用流动原则。领导干部要切实形成能上能下的机制，通过制度建设，逐步完善领导干部的常态退出和动态调整机制，畅通入口和出口，形成有序上下和合理进出。李瑞环谈到坚持这一原则的重要性时指出：“要使干部能上能下经常化、制度化。中国目前是个特殊的阶段，要一下子完全解决干部能上能下问题不大可能，但这个方向必须坚持……为什么同时期的人这个能上来做领导而那个就不行，原因只有一条，就是看谁能够给国家和人民办事。因此，凡能给国家和人民办事的干部，也就是称职的干部，可以接着干下去，否则就应该下来。这不是哪个人的问题，而是国家和人民的大利益。”（《务实求理》，529～530页）因此，不能说领导干部犯了过错才下台，查出问题才下课。对于不称职的干部，要敢于降级、调岗、撤职、罢免。称职的继续在台上为群众服务，不称职的就换称职的上去，否则就会影响国家和人民的利益。此乃选人原则的补充，是使“占茅坑不拉屎”的歪风得到遏制的制度保障。

关于这一点，中国改革开放总设计师邓小平也有过相应论述：“怕字当头，不干工作，小病大养，无病呻吟，这样的领导干部，索性请他好好休息，不然占着茅坑不拉屎怎么行？领导班子问题一定要抓紧解决，要找一些能够办事、敢于办事的同志来负责。”（《邓小平文选》，2版，第2卷，25页，人民出版社，1994）这说明，关于领导干部的选用问题，事关中国特色社会主义事业的成败，一直是党和国家十分关注的问题。

（王宏霞）

43. 为什么“万金油”式的人多？

原文：我们为什么“万金油”式的人多，我看是和我们不允许个性存在有很大关系。如果人人都按一个模式、一个标准，管得又严又死，就会把人搞得圆头圆脑、没棱没角，使特点不能发挥，从而埋没了人的才华。一定的实践范围造就一定的人才，有些真正可贵的东西，很可能就是你看不惯的东西，个性的东西，即所谓殊众的东西。王维讲“贱日岂殊众？贵来方悟稀”，是说可贵的东西开始不明显，不注意容易丢失掉。（1988年3月5日关于《天津日报》“您

心目中的领导者形象”专题讨论的总结，《学哲学 用哲学》，257～258 页，中国人民大学出版社，2005）

解读：李瑞环根据长期的领导工作实践和观察，提出了一个深刻的问题，那就是在我们的干部中“万金油”式的人多，他认为这不是一个好现象。这里所说的“万金油”式的人，是指那些看似什么工作都可以做，什么事情都懂一些，但是什么都不精通，无法真正胜任工作需要的人。这种“万金油”式的人平常在没有出现问题时看似很好，没有棱角，不惹麻烦，但到关键时刻往往起不了作用，还会耽误事。在干部中为什么会有很多“万金油”式的人，主要是与我们长期以来形成的对人的评价机制和评价方式有关。我们习惯于用一般标准来衡量和要求所有的人，一把尺子量高矮肥瘦，不太注意保护和鼓励人们发扬自己的特长，保持自己的个性。

在一些人看来，这种“万金油”式的人是多面手，放在哪里都行，好管理，好相处。而那些虽然有专长、有能力，但经常爱向领导和领导部门提意见，或总是坚持自己意见的人，用起来不顺手、不放心。李瑞环就不这么看。他认为，我们每个人都有优点和缺点、特点和弱点，如何看待和评价人的这些方面，小而言之关系到一个人的使用和评价，大而言之关系到事业发展和队伍壮大。他始终主张对人的优点和不足一定要认真分析，科学判断，要以是否有利于我们的事业发展为依据和标准。

李瑞环指出：“人和其他任何事物一样，都是一分为二的。由于时间有限，实践的范围有限，一个人往往是这头长那头短，那头长这头短，有时长是短的原因，短是长的结果，完美无缺的人世界上根本不存在。同时有些优点和缺点是伴生的，如果不注意保护优点，一味死抠缺点，缺点是没有了，但优点也就没有了。”（《学哲学 用哲学》，257 页）对一个人一分为二不是半对半，不分主次是折中主义。一个人七八分是优点，优点很突出，那就是好的，就是我们需要的。相反，一个人如果七分是缺点，那就基本不行。因此，必须把握好优缺点的分量。如果把缺点一味渲染扩大，三变成了四或五或六，再把优点一贬低，优缺点分量就不准了，优秀的人才可能被看作毛病很多的人。所以，看人必须抓主要面，看主要面是缺点还是优点，要估计得恰如其分。

一些“万金油”式的人往往在工作中热衷于做表面文章，凡事只知其然，不知其所以然，不会也不愿意深入到实际生活中去发现问题，研究问题，解决问题，就是没有“琢磨事”的精神。李瑞环正是从这个方面批评“万金油”式的作风。他说：“琢磨事是研究、探索客观规律的过程，也是理论联系实际的过程。琢磨事，必须下真功夫，花大心血，熬夜、吃苦。要有‘众里寻他千百度’的毅力和‘衣带渐宽终不悔’的韧劲。同时还要善于琢磨，学会分析综合，认真把情况搞全了、弄准了，把材料掰开了、揉碎了，把关系理顺了、摆正了，把措施具体了、落实了。”（《务实求理》，501～502页）经常不断地琢磨事，会使我们思维敏捷，可以知道、懂得很多事，提高干事的水平，为国家为人民干成很多实事。我们的干部要成为专门家，成为各个方面的行家里手，那我们的事业就一定会不断走向兴旺发达。

（贺耀敏）

44. 部门林立，相互扯皮，就像一筐螃蟹，我勾着你，你压着我，急得冒沫谁也出不来。

原文：现行的城市管理体制，许多东西已经不适应生产力的发展，甚至是前进的障碍。企业没活力，一切都得按计划行事，生产什么、不生产什么、生产多少，不是看市场，有需要没计划不能生产，有计划没需要照常生产；职工没劲头，干好干坏一个样，固定工资多年不动，虽有差别，微乎其微；政府也没有多少权力，稍大的事情都要跑北京向有关部门请示。部门林立，相互扯皮，办事手续繁杂，效率低下，就像一筐螃蟹，我勾着你，你压着我，急得冒沫谁也出不来。（1983年3月25日就天津市经济改革方案同新华社记者的谈话，《务实求理》，317页，中国人民大学出版社，2010）

解读：我们实行了几十年的计划经济的一个显著弊端，就是部门林立，互相扯皮，效率低下。在实际运行中形成的条条块块“专政”，导致我国社会主义制度的优越性无法体现出来，改革这种僵化的体制是解放和发展生产力的重要一环。李瑞环1981年到天津担任副市长，一年后担任市长。他担任市长后主要抓的工作就是大力推动天津市经济体制改革事业的开展。1983年初，中央领导同志要求天津市率先进行城市经济体制改革试点，先行一步，积累经验。1984年5月，中央确定天津为14个沿海开放城市之一。可以说，在20世纪整个80年代，天津市的改革开放始终走在全国的前列。

当时天津市的改革开放事业并不是具备了什么优越的条件和环境，而是在克服重重困难、披荆斩棘过程中开展的。天津是计划经济体制下三个直辖市之一，长期担负着促进全国经济发展、保障国民经济运行的重任。与全国一样，计划经济体制也是天津的经济发展严重的桎梏，冲破计划经济体制的束缚就是摆在天津市面前的改革任务。1983年3月25日，李瑞环在同新华社记者的谈话中，全面深刻地论述了天津市经济体制改革问题。他概括了计划经济体制的弊端，形象地说计划经济体制导致部门林立，相互扯皮，办事手续繁杂，效率低下，就像一筐螃蟹相互勾连挤压，急得冒沫谁也出不来。要改变这种局面，就必须坚持三个方面的改革，即城市对企业的改革、企业对职工的改革、中央对地方的改革。要通过这些改革，理顺中央与地方、政府与企业、企业与职工的关系，明确各自的责、权、利范围，各自回归到自己的本来位置，解决相互掣肘、相互制约、彼此都难有所作为的工作局面。

城市经济体制改革难度很大，尤其是特大型城市的经济体制改革难度更大。这就是我国经济体制改革为什么首先从农村开始的重要因素，农村经济体制改革相对于城市比较容易取得突破和进展。李瑞环不断强调必须研究城市改革的特殊性，看到城市改革的复杂性，有秩序有步骤地进行。他总结和概括了天津市经济体制改革的经验，提出城市经济体制改革八个方面的特殊之处：一是城市改革必须更加细致、周到，决不能因为改革单位的利益而影响城市的正常生活或损害广大群众的利益。这就是要正确处理好个别单位改革进程与一个地区整体改革进程的协调问题。二是城市各个部门的改革要互相衔接，密切配合。这就是要求把城市经济体制改革作为一个系统工程来进行。三是城市和工业改革必须有全局观点，不要因为一个城市某些单位出了问题而打乱全国的经济秩序。这就是要求对改革一定要有全局观点。四是城市的每一步改革都要有所计划，保证国家多收。城市经济体制改革的根本要求就是解放和发展生产力，破除阻碍生产力发展的各种桎梏。五是城市改革形式是多样性的。城市经济体制改革的基本要求就是实事求是，要根据当地的实际情况进行改革，允许改革的形式多种多样。六是城市改革必须注意到若干方面的同步性。城市是一个联系紧密的整体，改革一定要注意到各个改革措施的同步性，使之相互配合，相互支持，避免失衡。七是城市改革必须以更大的努力去提高人们的认识，改变人们的观念和习惯。这需要做耐心细致的思想工作，需要改革实践切实给人们带来了实惠。八是城市和工业改革具有探索性、渐进性。城市经济体制改革牵涉面广，比起农村更具有体制的牢固性，城市经济体制改革只能是逐步的和渐进性的，不可能一蹴而就。

总之，李瑞环指出，城市改革应从农村成功的改革中汲取经验，敢于冲破一切不适应生产力发展的旧框框，通过改革，打破管理体制上统得过死和分配制度上吃“大锅饭”的局面，充分调动人们的社会主义积极性，把改革坚决推向前进。我们今天的改革面临着比20世纪80年代城市经济体制改革更为复杂的环境，一些旧体制中比较顽固而没有彻底革除的残余、体制改革过程中产生的新问题等等，又积累和形成了新的“一筐螃蟹”。这就要求我们认真总结中国经济体制改革的经验和教训，以更大的勇气进行新一轮改革。

（贺耀敏）

45. 重要的是我们要种好自家的地。

原文：重要的是我们要种好自家的地。我们不要说人家那么多，惹那么多事，东出拳头西出脚。不要当头，不要说什么社会主义国家都垮了，就靠我们了，只有中国能救社会主义了。我们当不了头，也当不起。（1992 年 8 月 10 日听取内蒙古自治区党委负责同志汇报时的讲话，《看法与说法》，1259 页，中国人民大学出版社，2013）

解读：李瑞环这句通俗的比喻，形象地指出了中共中央领导集体当时处理国际国内复杂问题的大思路。20 世纪 80 年代末 90 年代初，中国国内发生严重政治风波，国际上出现东欧剧变、苏联解体，世界社会主义运动出现严重曲折，中国社会主义事业的发展面临空前巨大的困难和压力。在这个决定党和国家前途命运的重大历史关头，邓小平在 1989 年 9 月说：“不要急，也急不得。要冷静、冷静、再冷静，埋头实干，做好一件事，我们自己的事。”（《邓小平文选》，1 版，第 3 卷，321 页，人民出版社，1993）在此精神指导下，中共中央坚持十一届三中全会以来的路线不动摇，把注意力集中在办好中国自己的事情上，遵照邓小平提出的冷静观察、沉着应付、善于守拙、决不当头、韬光养晦、有所作为的方针处理国际问题。经过艰苦工作和有理有利有节的斗争，我们顶住了国际上的种种压力，打破了孤立、制裁中国，以压促变的图谋，成功地稳住了改革和发展的大局。

但是，当时党内意见并不统一。1991 年 7 月，在一个理论研讨班上，有人主张：一方面抓经济建设，一方面反和平演变。随后一些理论家、政治家，祭出“反和平演变”和“阶级斗争”的大旗。直到1992年初邓小平发表南方谈话，指出“中国要警惕右，但主要是防止‘左’”(《邓小平文选》，1版，第3卷，375页，人民出版社，1993)，这种情况才有所改变。1992年8月，李瑞环就是在这种大背景下到内蒙古自治区进行考察，并发表上述讲话的。李瑞环这次讲话用“重要的是我们要种好自家的地”这样再直白不过的话语告诉广大干部群众：“在我们党和国家的全部工作中，只有经济建设这一个中心，不能偏离这个中心，不能搞多中心。经济部门要坚持这个中心，其他部门也必须围绕和服务这个中心。在正常情况下，我们要坚持这个中心，在非常情况下，除了发生大规模外敌入侵，也要紧紧抓住这个中心。”(《人民日报》，1992-08-15) 他还进一步指出：“建国以来的成绩和挫折都证明，只有搞好经济工作，事业才能发展，社会才能稳定，政权才能巩固。”(同上) 现在，我们确实面临许多矛盾，如果不抓住经济建设这个中心，集中力量把经济搞上去，这些矛盾就不可能得到很好的解决。坚持以经济建设为中心，有利于形成更大的共识，最大限度地调动积极因素，凝聚力量，共同奋斗，实现中国发展的战略目标。可以说，“重要的是我们要种好自家的地”这句朴实的比喻中所蕴含的深刻道理，无论对国家还是对个人，在今天仍然具有重要指导意义。

（陈述）

46. 再亲的兄弟也难免吵架。

原文：国与国之间难免对一些问题存有不同看法。再亲的兄弟也难免吵架，再好的夫妻也难免拌嘴，但兄弟毕竟还是兄弟，夫妻还是夫妻。我们相信，只要双方从友好合作的愿望出发，平心静气坐下来谈，平等地谈，问题总能得到解决。(1995年7月20日会见印尼外长阿拉塔斯时的谈话，《看法与说法》，1246页，中国人民大学出版社，2013)

解读：上述这段话，是 1995 年 7 月 20 日，时任全国政协主席李瑞环在会见来中国访问的印度尼西亚外交部长阿里·阿拉塔斯时的谈话。他以亲兄弟为喻，表示中国愿意从两国大局出发，结束过去，进一步发展双方友好合作关系。

中国和印度尼西亚是隔海相望的近邻。两国间有着长期友好交往的历史，但也出现过问题。新中国成立后，印尼是最早同中国建交的国家之一。1955 年 4 月，周恩来总理出席在印尼召开的万隆会议，详细阐述了中国对外关系中执行和平共处五项原则，随后对印尼进行了正式访问。中国支持印尼的正义斗争，印尼也主张恢复中国在联合国的合法席位。但是 1965 年，印尼发生了“9·30”事件。随后，印尼国内形势发生急剧变化。印尼与中国的关系也迅速恶化，直至 1967 年两国中断外交关系。后来经过两国政府的努力，从 1989 年开始进行复交谈判，1990 年 8 月，中国与印尼恢复了外交关系，随后两国的关系得到较快的发展。

在对外交往中，中国始终秉承坦诚相待、开放包容、互利共赢的态度，坚持与周边国家发展睦邻友好关系，致力于维护地区稳定和世界和平。李瑞环在会见阿里·阿拉塔斯时谈道：“中国和印尼是亚洲地区的发展中大国，都面临着发展经济、改善人民生活的共同任务。维护本地区的和平与稳定是我们的一致愿望，我们愿同印尼加强合作，为此作出各自应有的贡献。”（《人民日报》，1995-07-21）谈及中国的对外交往策略，李瑞环说：“中国正在致力于现代化建设，不仅需要稳定的国内环境，也需要良好的国际环境。同世界各国特别是周边国家发展友好关系，这既是中国奉行独立自主的和平外交政策所决定的，也是中国经济建设所需要的。”（同上）

在几千年的历史长河中，中国与周边国家形成了深厚的历史文化渊源。中国和东亚国家同受儒家思想浸润熏陶，同南亚国家共享佛教文化宝贵遗产，与中亚国家拥有丝绸之路的历史纽带，和东南亚国家则有着剪不断的血缘亲情。随着中国与周边国家交往不断深入，共同的文化底蕴和历史传统，在新的历史条件下将不断绽放新光彩，为各国人民相互理解和友好交流、为地区的和平稳定架起新的桥梁，注入新的动力。

（陈述　谢春涛）

47. 当霸王总有一天要“别姬”。

原文：中国将来就是富强了，也不会去欺侮别人，威胁别人。不称霸，是毛泽东的名言；不当头，是邓小平的叮嘱。历史证明，凡称霸的人，无论是搞全球霸权主义还是搞地区霸权主义，都没有好结果。尽管他们也可能得逞于一时，但最后都只能以失败告终，不仅自己落下个罪名、臭名，还给子孙欠下还不清的债。殷鉴不远，希特勒、东条英机都是例子。多行不义必自毙。中国有出名剧叫《霸王别姬》，当霸王总有一天要“别姬”。（1997年6月9日会见德国外长金克尔时的谈话，《看法与说法》，1226～1227页，中国人民大学出版社，2013）

解读：中国永远不称霸，这是中国政府向中国人民的郑重承诺，也是向世界各国的郑重承诺。在中国的文化传统中，对外扩张、谋求霸权，最终都会走向它的反面，那就是长期分裂、战乱不已。中国从来没有把中国自己的崛起建立在其他国家的贫困落后基础之上，中国追求的世界格局应该是和平发展、合作共赢的世界格局。正如李瑞环所说的那样，中国将来就是富强了，也不会去欺侮别人，威胁别人。历史证明，凡称霸的人，无论是搞全球霸权主义还是搞地区霸权主义，都没有好结果。

中国是一个发展中国家，中国的发展和崛起需要有一个和平稳定的国际环境，中国不会主动去破坏这样的国际环境。回顾改革开放前后的中国经济成长可以看到，改革开放使中国获得了可以逐渐融入世界经济的机会，这也为中国经济的快速发展提供了可能。无论是中国人还是西方人，都毫不怀疑这30多年来国际环境为中国创造的良好发展机遇。中国坚持以经济建设为中心，一心一意，心无旁骛，埋头苦干，不折腾，取得了国民经济的持续快速发展；中国坚持扩大开放步伐，通过大量利用外资等途径，积极主动参与国际经济活动，极大地改善了我国的产业结构和经济结构；中国不断深化改革，逐步建立起了社会主义市场经济体制，焕发了包括国家、企业和个人的活力和投资积极性，整个社会充满活力，长期呈现良好的发展态势。

中国是一个爱好和平的国家，中国崇尚和平、和谐、合作的理念，从来没有对外扩张和掠夺的霸权行径。在中国历史传统中，和谐思想和理念发展成为系统完整的思想体系，儒家、道家、佛教都把和谐作为其最重要的理论主张。中国人崇尚的相处原则是“己所不欲，勿施于人”，如果人人如此，则“天下归仁焉”。面对当今越来越多的问题与挑战，中国更是倡导把和谐作为国际关系的主要追求，各个民族和种族、各个国家和国家集团，都应充分尊重其他民族和国家的选择，尊重其他民族和国家的差异性和不同特点，反对强权政治和霸权主义，反对仇恨歧视和恐怖主义，共同促进世界的和平发展。

中国的崛起是和平的崛起，中国寻求与世界上其他国家和地区之间的共同发展，造福于世界各国各地区人民。推动中国与世界的良性互动，实现共赢和多赢，使中国的发展成果惠及世界其他国家。中国社会生产力和综合国力在1978年至2013年间迈上了新的台阶，国内生产总值从3 645亿元增长到56.88万亿元，经济总量上升为世界第二；进出口总额从206亿美元增长到41 600亿美元，为全球出口第一、进口第二；外汇储备从1.67亿美元增长到3.8万亿美元，跃居世界第一；全国城镇居民人均可支配收入从343元增加到26 955元，农民人均纯收入由134元增加到7 907元，人民生活发生了巨大变化。整个世界也从中国的快速发展中获得了巨大的利益。历史的经验告诉我们，各地区、各国人民消除误解、共同发展的最好办法就是增进了解、友好交往。

在今天纷繁复杂的国际环境中，如何才能够克服阻碍各国经济健康发展的种种障碍，推动经济发展造福各国人民，在追求繁荣与富裕的同时不断解决影响本地区安全与稳定的各种威胁，是摆在各国面前的急迫任务。一味抱着冷战思维的霸权主义“霸王们”，总有一天是要“别姬”的！

（贺耀敏）

48. “听蝲蝲蛄叫，还能不种庄稼？”

原文：中国人民永远不会忘记落后就要挨打的教训，过去积贫积弱，任人宰割，今天发愤图强，靠自己的力量维护国家安全。中国决不威胁别人，也决不能再受别人威胁，“人为刀俎，我为鱼肉”的时代决不允许再出现。中国老百姓有句俗话，“听蝲蝲蛄叫，还能不种庄稼?”“中国威胁论”只会激发中国人民同心同德，专心致志，发展更快更好。（1999 年 12 月 11 日就“中国威胁论”等问题接受日本广播协会（NHK）电视采访时的谈话，《看法与说法》，1222 页，中国人民大学出版社，2013）

解读：中国实行改革开放以来，随着经济的快速发展和国家综合实力的提高，美欧和亚洲一些国家（特别是中国周边国家）日益感觉到中国崛起的压力，质疑和担心中国的发展会影响和威胁到本国的利益，便不断制造并渲染所谓的“中国威胁论”，试图通过这种舆论减缓中国的发展速度或在国际舞台中孤立中国。李瑞环在 1999 年访问日本时讲的上述有关内容，就是针对当时甚嚣尘上的“中国威胁论”所作的极其有力和睿智的回应。

李瑞环指出：近年来，国际上有人散布“中国威胁论”，这是完全没有道理的。他认为，判断一个国家是否构成威胁，不在于它发展快慢、是否强大，正像一个人是不是伤害别人，并不在于他的个子大小、身体强弱，而要看他的品德和为人。一个国家对别国构不构成威胁，从根本上说取决于这个国家奉行什么样的外交政策和道德准则。同样的观点，李瑞环早在1995年访问泰国时也曾妙用比喻、铿锵作答。他说：历史和现实都表明，一个国家是否对他国构成威胁，不完全在于实力强弱。这正如一个人，个头很大，未必就会去欺负别人；有的人个头很小，但也会寻衅惹事。散布“中国威胁论”的人，有的他们自己国家就很富，是否他们的国家就一定会“威胁”别人？由此判断出发，他还从以下几方面进行了深入的分析和阐释。

第一，中国发展了决不会威胁别人。中国一贯奉行独立自主的和平外交政策，中国希望同各个国家长期和睦相处，有一个和平稳定的国际环境。我们实行这个政策是郑重的、真诚的，是长期不变的，因为这符合中国人民长远的根本的利益。中国有崇尚“和为贵”的道德传统。100多年以来，中国曾饱受外来势力欺凌之苦，“己所不欲，勿施于人”，爱好和平的中国人民憎恶侵略，绝不会把这种苦难强加给别人。

第二，中国不发展倒会带来麻烦。中国有12多亿人口，如果经济长期不发展，不仅国内得不到安宁，而且人们还会因为饥馑、贫困往国外跑，只要有百分之几乃至千分之几的中国人跑到国外，那将是一个什么样的局面？这倒可能真的成了一种“威胁”。这些年中国经济迅速发展，增强了国际经济合作的能力，和中国交往合作的国家包括日本在内，不都从中获得了利益吗？中国的稳定与发展，有利于世界各国，本身就是对世界和平与发展的重大贡献。

第三，中国的发展不可阻挡。极少数敌视中国的人不断鼓噪“中国威胁论”，其目的就是束缚中国的手脚，不许中国发展，中国要发展就是威胁别人，名曰“中国威胁论”，实为“威胁中国论”。中国人民永远不会忘记落后就要挨打的教训，过去积贫积弱，任人宰割，今天发愤图强，靠自己的力量维护国家安全。中国决不威胁别人，也决不能再受别人威胁，“人为刀俎，我为鱼肉”的时代决不允许再出现。中国老百姓有句俗话：“听蝲蝲蛄叫，还能不种庄稼?”“中国威胁论”只会激发中国人民同心同德，专心致志，发展更快更好。

应该说，李瑞环的这些分析是无可辩驳的，是得到了人们的广泛认同的。但是我们也注意到，在当前的国际舆论中，除了所谓的“中国威胁论”外，还存在一些相对平和又非恶意的批评的声音，比如有人就认为，崛起后的中国近期的大国心态调整、战略调整有些过急、过激，这给国际社会特别是西方发达国家和中国周边国家以“硬崛起”而非“软崛起”的负面形象，因而产生了负面效应，造成负面影响，从而使之对中国的强大、强硬担忧，甚至出现恐慌。这类批评的声音未必完全客观、准确，但从我们工作的角度看却不失为一个提醒，需要我们认真地对待、冷静地思考，真诚地检讨一下我们自身有没有太“各”的地方。要像李瑞环所主张的那样，一方面，对于所谓的“中国威胁论”要予以坚决回击；另一方面，要真正树立起“和平、合作、合理、和气的形象”，不能因自身工作的不足而给“中国威胁论”留下口实。

（牛旭光）

◇◇◇ 三 ◇◇◇

49. 稳住局面、保住吃饭、多方准备、球形方案。

原文：说工作重点是稳定，是说在1989年或者1989年一个时期里，改革、发展要服从稳定、围绕稳定。我在预备会上讲“稳住局面、保住吃饭、多方准备、球形方案”，前两句就是保住老百姓的生活，后两句就是小心谨慎、多方准备，防止和应付可能出现的各种复杂局面。（1989年1月13日在天津市公安分局长会议上的讲话，《看法与说法》，520～521页，中国人民大学出版社，2013）

解读：1989年春夏之交政治风波的到来，是国内外、党内外各种矛盾交织在一起的产物，是国际“大气候”与国内“小气候”所决定的。“山雨欲来风满楼”，1988年底至1989年初，社会上已出现种种征兆和反常的迹象。面对这样的形势，当时主政天津的李瑞环以政治家的敏锐和直觉判断，国家可能要出事，并提出上面所说的十六字工作方针。1989年1月13日，他在天津市公安分局长会议上说：“今年可能面临‘异常复杂的局面，意想不到的困难’，公安战线的工作哪年也不像今年这么直接，今年最直接最突出的是稳定局面。我向你们提出一个要求，要结合实际落实市委扩大会议精神，振奋精神、提高警惕，准备应对可能出现的各种情况。是不是一定会出事，我不敢肯定。有时就是因为你准备得充分，本来要出事，反而倒没出事。至于怎么多方准备，希望你们有个方案。”（《看法与说法》，521页）

李瑞环提出的“稳住局面、保住吃饭、多方准备、球形方案”十六字方针，读起来朗朗上口，简明扼要，蕴含着高超的政治智慧和领导方法。“稳住局面、保住吃饭”体现了“一切为了人民，一切依靠人民”，从人民群众的切身利益出发想问题、办事情的群众路线。因为如果出现动乱，工厂不能开工，商店不能营业，学生不能上课，公共交通不能运营，煤、气、水、电中断，甚至群众生活每天必需的粮食、蔬菜也无法供应，起码的人身安全也失去保证，那最终倒霉的还是老百姓。“多方准备、球形方案”则体现了一种未雨绸缪、防患于未然，从最困难方面着想，争取最好前途的工作方法。“球形方案”的提法是李瑞环的原创。这是一种非常形象的说法，球形无方向性，意指哪里出了问题都可以及时、有效地应对。如果不准备、不设想各种可能的危机和问题，那危机和问题一来就不能对付，而有了这种准备就好办事。“球形方案”中既包含了各种设想到的问题，也包含了许多预料不到的问题，这样当没有想到的问题到来时，才会因为事前有精神准备而不至于惊慌失措。正是因为天津的党员领导干部事先有了应付重大事变或问题的思想准备和工作预案，才使得天津在春夏之交的政治动乱中稳住了阵脚，经受了风雨，保持了稳定，避免了动乱。

在当时那样复杂和敏感的政治形势下，李瑞环能够从党、国家、人民的根本利益出发，透过现象看到即将发生重大事件的可能性并做好准备，旗帜鲜明地主张稳定局面，体现了坚定的政治立场和敢于担当的政治品格。这种面对大是大非敢于亮剑，面对矛盾敢于迎难而上的担当精神，正是今天的各级领导干部最需要学习和培养的。当前我国的经济社会发展一方面取得了巨大的成就，另一方面也面临着大量现实矛盾和困难以及难以预料的风险和挑战。例如，粮食安全形势严峻，产能过剩，政府债务和企业债务过重，金融服务实体经济的能力不强，部分地区雾霾严重，老百姓对房价高、看病贵、上学难、退休双轨制的怨言大，群体性事件频发，社会分配不公，等等。既要解决上述困难和问题，又要保持一定的经济发展速度，确实需要大思路和大智慧，更需要担当意识和情怀。矛盾越多，困难越大，越需要勇于直面矛盾，并能创造性地解决矛盾的领导干部。大浪淘沙，那些在重大原则问题上立场坚定、旗帜鲜明，能够统筹经济发展与社会、民生、生态建设，面对急难险重任务能够豁得出来、顶得上去，在复杂的矛盾和斗争中经受考验和磨炼的领导干部，将会脱颖而出，成为治国理政之栋梁。

（王海龙）

50. 人人都要吃饭，都要拉屎，而人们常常只说吃饭，却很少说拉屎。

原文：世界上的事情是复杂的，有些事情要多做多说，有些事情要多做少说乃至不说，有些事情必须做、经常做但未必经常说，尤其不能不分场合地说。比如，人人都要吃饭，都要拉屎，而人们常常只说吃饭，却很少说拉屎。（2001年2月12日在中央工作会议上的讲话，《看法与说法》，1113页，中国人民大学出版社，2013）

解读：这是李瑞环对我们民族宣传工作提出的重要建议，具有很强的针对性。在我们的日常工作中，有许多事情都需要我们来介绍，但并不是所有的事情都必须大张旗鼓地宣传介绍，要人人都知道。他分析我们民族工作中的各种情况，把“如何做”、“怎样说”作为一个重要的课题提到了人们的面前。李瑞环指出：有些事情要多做多说，有些事情要多做少说或者多做不说，有些事情经常做但是并不是要经常说，更不要不分场合地说。他对“做与说”的分析入情入理，十分深刻，对我们做好其他各方面工作也同样具有启发意义。

我国是一个多民族组成的社会主义大国，巩固和加强民族团结，让各个民族在祖国大家庭中和谐相处、亲如一家、繁荣发展，是我国民族工作的出发点和落脚点。回顾以往的历史可以说，我国的民族工作形势是好的，民族地区总体上是团结稳定的，各民族的大团结局面是稳固的。许多少数民族在最近几十年间得到快速发展，民族地区经济空前繁荣，少数民族生活、教育和医疗水平大幅度提高。相比较世界一些地方出现的严峻的民族冲突与矛盾，中国的民族关系和民族工作是值得称赞的，许多国际人士都对中国的民族政策给予了高度的评价。对于我国和谐的民族关系和民族政策，就是要多做多说，要让每一个中国人都知道，要让国际社会真正了解和理解。

当然，中国各民族的关系并不是没有问题，的确也存在着一些不容忽视的问题，一些问题往往因为特定的国际国内环境变得较为突出。主要是极少数的民族分裂主义分子在境外敌对势力支持下，千方百计地从事破坏民族团结、制造祖国分裂的活动。尤其是近几年来，极个别东突极端分裂分子在新疆和祖国其他地方先后制造了若干起暴恐事件，给人民生活和社会安定团结带来了巨大危害，也给境外少数国家及政客攻击我国的民族政策提供了可能。对于这些破坏我国民族团结的极端事件，我们必须始终保持高度的警惕，必须进行坚决的斗争；对于极个别破坏民族团结、进行分裂祖国活动的人，必须坚定地把他们孤立起来，给予坚决打击，不让任何破坏祖国统一的行径得逞。对于这方面的工作和做法，就应该多做少说或者不说。

中国各民族团结一致是主流和大局，极个别分裂分子的活动是事实，但不是主流，甚至也不是支流。这就是我国民族工作的基本状况。那么，民族地区的中心任务是什么呢？李瑞环指出，经济建设仍然是民族地区的中心任务。首先，坚持以经济建设为中心，努力提高人民群众的物质、文化生活水平，是现阶段及今后很长时期全国人民的共同任务。民族地区的经济发展和生活水平相对落后，民族地区人民求发展、求富裕的愿望更为强烈。其次，现在民族地区的许多问题都和经济问题联系着。经济搞不上去，人民生活不能改善，我们就没有吸引力、凝聚力，社会就很难稳定，其他工作也难以做好。再次，还必须明确，56 个民族的干部都是党的干部，56 个民族的人民都是中国人民，他们的绝大多数是拥护党和政府、反对分裂的；搞分裂活动、反对我们社会制度的人只是极少数。李瑞环说：我们应该作这样的基本估计。第一，这是客观事实；第二，这是对我们几十年工作的肯定。在这个问题上，我们既要自信，也要互信。政策和策略的统一，原则性和灵活性的统一，动机和效果的统一，这是个理论问题，也是个实际问题，是做好领导工作必须研究和把握的问题。对于这方面的工作，就是要扎扎实实地做，大张旗鼓地说，而且要长期做，长期说。

如果基于这样的认识和结论，我们在民族工作中，就必须大张旗鼓地宣讲各民族大团结这个大局，形成牢固的民族大团结的舆论氛围，增进各民族之间的相互理解和信任，凝聚各民族共同实现中华民族伟大复兴和实现中国梦的共同信念。

（贺耀敏）

51. 你吃海鲜我吃萝卜，碗里的东西可以有所区别，但必须有吃的。

原文：政策鼓励一部分人、一部分地区先富起来，另一部分人、另一部分地区不能没饭吃。报上有个消息，今年春节某城市有一户人家光放鞭炮就花了一万多元，可同是这个城市的郊区还有人吃不上饺子。你吃海鲜我吃萝卜，碗里的东西可以有所区别，但必须有吃的。（1993年3月23日在全国统战部长座谈会上的讲话，《看法与说法》，204页，中国人民大学出版社，2013）

解读：改革开放之初，为了打破当时盛行的平均主义“大锅饭”，打破旧经济体制的禁锢，调动劳动者的生产积极性，解放和发展生产力，中央提出允许一部分人、一部分地区先富起来，以带动全体人民共同富裕的工作思路。这是党中央根据中国的特殊国情，在经济政策和社会发展道路上所作出的战略选择。这一政策符合我国各地生产力发展不平衡的现状，也有利于在社会主义初级阶段的中国，在商品经济尚不发达、客观条件千差万别、人们的能力和贡献有大有小的情况下，迅速增加社会财富，提高人民生活水平。在“先富”政策的推动下，中国经济获得快速发展，综合国力在短时间里得到大幅度提升，成效非常显著。但是，在多种所有制经济共同发展和多种分配制度并存的格局下，人们的收入差距日渐加大，中央关注和思考的重点随之转向了防止两极分化、实现共同富裕上。

20 世纪 90 年代初，改革开放总设计师邓小平明确指出：“社会主义不是少数人富起来、大多数人穷，不是那个样子。社会主义最大的优越性就是共同富裕，这是体现社会主义本质的一个东西。”(《邓小平文选》，1 版，第 3 卷，364 页，人民出版社，1993）这就是说，社会主义不仅强调解放和发展生产力，而且强调人民创造的财富属于人民。实现共同富裕，防止两极分化，这才是社会主义的最大优越性。李瑞环关于海鲜、萝卜的上述比喻，旗帜鲜明地表明了中央对于居民收入差距的态度，即允许差距存在的前提是要保障人民群众的基本生存条件。

民生问题是人民群众最关心、最直接、最现实的利益问题。关注民生、重视民生、保障民生、改善民生，同中国共产党的性质、宗旨和目标一脉相承。李瑞环每次在考察地方工作时，都会就地区发展和民生问题同当地干部进行深入交谈。1990 年 1 月，他考察河北，在同省领导班子成员座谈时说：“我昨天跟一个老乡讲，我们一年到头辛辛苦苦，看到你们生活过得好，就满意、高兴，说明我们没有白奋斗。假如说我们奋斗一年，到老百姓家里一看，肉也没有，米面也没有，穿得破破烂烂，你说多少好话，我们心里也不舒服。看一个地方的工作，总要看这个地方的生产发展了没有，群众生活提高了没有，当然生活也包括精神生活。这是最基本的。否则，只讲宏图大略，而老百姓的生活却很苦，这不是我们的主张。”(《看法与说法》，189 页）1996 年 5 月，李瑞环在四川考察工作时，同当地干部说：“防止两极分化，当前最急迫的是对生活困难的那部分群众给予切实的帮助……我们是共产党，全心全意为人民服务是我们的宗旨，人民群众没饭吃，我们理所当然应该管，不论什么理由都得管。如果说连一部分人吃饭的问题也解决不了，最基本的生活不能保证，那算什么社会主义？讲发展，讲发展的快慢，都得建立在大家有饭吃的基础上。”（《看法与说法》，201～202页）1999年7月，他在考察伊春工作时同样明确指出：“对各级领导干部来讲，必须把关心群众生活，特别是关心困难职工生活当作一件大事来抓。许多事情我们可以讲一千个理由、一万个理由，但老百姓吃不上饭，就没有理由。”（《看法与说法》，210页）这些平实的话语，饱含着李瑞环对百姓民生问题的深切关心和对解决贫富两极分化的决心。

中国特色社会主义改革是一项前无古人的伟大事业，是中华民族实现全面复兴的科学实践。在这一过程中，随时都会遇到新的问题、新的任务，要求改革领导者有新的观念、新的思维方式。李瑞环指出：“中国的改革，阻力不在于政治上有什么保守派，而在于有些人思想上僵化，而思想上的僵化又同陈旧的思维方式、思想方法有密切关系。”（《务实求理》，925页）在共同富裕的道路探索上确实要解放思想、发挥各方各面的创造力。不允许一部分人、一部分地区先富起来，结果必然是共同贫穷；但允许一部分人、一部分地区先富起来，这“部分”是多少？先富到什么程度？如何引导和调控“先富”的地区和人群来帮助“后富”的地区和人群？这是当前我们需要深入细致研究和尽快加以解决的重要现实问题。

（王宏霞）

52. 多搞些“雪中送炭”，少搞点“锦上添花”。

原文：“治理之道，莫要于安民；安民之道，在于察其疾苦”。执政的要领是把最困难的人安排好。基层群众的生活困难问题，是一个直接影响社会稳定的大问题。稳住群众、稳住人心、稳住全局的关键是稳住最困难的那部分人。各级干部要牢记党和政府的宗旨，多想些群众的冷暖，少想点个人的“政绩”；多搞些“雪中送炭”，少搞点“锦上添花”；多办些具体的必要的事，少讲点空话、废话。（2001年3月7日在九届全国人大四次会议天津代表团会议上的发言，《看法与说法》，205页，中国人民大学出版社，2013）

解读：社会治理头绪纷乱，必须得其要领才能做好。正如明代著名政治家张居正所言：“治理之道，莫要于安民；安民之道，在于察其疾苦。”（《答福建巡抚耿楚侗》）就是说，为政的要领是把最困难、最贫困的人安置好。安民的要点，就在于解决最困难、最贫困的人的生活问题。帮助贫困的人解决生活困难问题，无异于“雪中送炭”。这是最迫切的救急之举，也是最有效的安民之举。所以，称职的执政者首先要体察民间疾苦，把生活最困难的人安排好。这些最困难的人的问题解决了，安顿下来，社会稳定就有了基本保障。实践证明，稳住群众、稳住人心、稳住全局的关键，在于稳住最困难的那部分人。

当年，毛泽东在延安讲到文艺工作中普及和提高的关系时说：“普及的东西比较简单浅显，因此也比较容易为目前广大人民群众所迅速接受。”“对于他们，第一步需要还不是‘锦上添花’，而是‘雪中送炭’。所以在目前条件下，普及工作的任务更为迫切。”（《毛泽东选集》，2版，第3卷，861～862页，人民出版社，1991）问题的实质在于，我们的文艺是为什么人的？为什么人的问题，是一个根本的问题，原则的问题。我们的文艺是为人民大众的，当然要首先满足人民大众最迫切的需要，这就是“雪中送炭”。在精神生活方面是这样，在物质生活方面更是这样。对于人民大众，能否察其疾苦、“雪中送炭”，是对我们是否牢记和贯彻为人民服务宗旨最直接的检验。

各级干部如果能够牢记党和政府为人民服务的宗旨，就会多想些群众的冷暖，多办些具体的必要的事，把事关人民群众切身利益的实事办好。李瑞环强调，要正确处理吃饭和建设、积累和消费的关系，宁可少上一些项目，放慢一点速度，也要确保群众有饭吃。要下大功夫研究解决分配不公问题，建立公正合理的收入分配制度，健全社会保障体系。要切实做到认识到位，工作到位，真正把每个生活困难的群众纳入视野之内，纳入工作网络之中，也就是把“雪中送炭”的事，把安民的事切实做好。

（郭湛）

53. 要“先挖渠后放水”。

原文：我们搞改革，目的是促进生产力的发展和人民生活水平的逐步提高，因此，要十分注意调动职工的积极性，不能过分强调“危机感”，不允许使大多数人都感到危机。“危机感”强调过分，也有背于社会主义制度的本质。人们多年向往的是耕者有其田，居者有其屋，怎么能够一下子都搞成人人自危了呢？真要是造成一支失业大军怎么得了？要“先挖渠后放水”，也就是要先找出路再减人，哪个厂裁下人来，哪个厂就必须就地消化掉。（1989 年 1 月 5 日谈当前改革中需要注意的几个问题，《看法与说法》，96 页，中国人民大学出版社，2013）

解读：在经济和社会发展中，就业即劳动用工是一个基础性的问题。民生的根本首先在于就业。中国改革开放和现代化建设，开辟了新的产业和就业领域，同时也在改变传统产业和就业格局。产业结构的调整和生产条件的改善，提高了劳动生产率，节省了劳动力，也带来了“下岗”和“再就业”的问题。妥善解决这个问题，不仅事关民生的根本和社会的稳定，而且也是改革的目的和社会主义制度的本质所要求的。作为一个社会主义国家，我们一定要解决好这个问题，也一定能解决好这个问题。

做事情总有个前因后果、先后次序，考虑到后面要做的事情，事前就要做好准备。这就是古人所说的“凡事预则立，不预则废”。李瑞环实际工作经验十分丰富，深谙这个深思熟虑、用心做事的方法论。他用“先挖渠后放水”的比喻，来说明要“先找出路再减人”的道理，浅显、直观而又富于逻辑的力量。人是社会生活之本，社会主义坚持一切为了人，一切依靠人。对人的问题的处理，特别是涉及民生问题，必须慎重妥善，合情合理。在需要大规模的人员分流时，应该事先疏通渠道，使之平稳通过，各得其所。面对事关百姓根本利益的生活和就业问题，一定要遵循毛泽东提倡的方针：“统筹兼顾、适当安排”（《毛泽东文集》，第7卷，228页，人民出版社，1999）。

百姓的生活、就业乃至安居，是事关中国的改革、发展和稳定的大问题。李瑞环强调，“在社会主义市场经济体制诞生、发展和完善的全过程中，始终存在处理好改革、发展与稳定三者关系的问题。改革是动力，发展是目标，稳定是前提。”（《看法与说法》，90页）要把握好改革的力度、发展的速度、稳定的程度，必须把维护人民群众的切身利益作为根本出发点。稳定的程度就是人民群众承受的程度。“政治稳定，经济稳定，社会稳定，说到底取决于群众的稳定、人心的稳定。”（《看法与说法》，95页）通过改革达到经济、社会、文化全面发展，满足人民日益增长的物质和文化需求，才能实现真正的稳定，国家才能长治久安。

（郭湛）

54. 不要随便拆庙，轰得神仙满地跑，小鬼哇哇叫。

原文：前几年精简政工机构时，我在天津讲，不要随便拆庙，轰得神仙满地跑，小鬼哇哇叫。意思是说，一个单位干工作总要有个庙，庙里有神仙，然后再念经。现在你们庙有了，还不错；神仙也有了，下一步主要是把经念好。（1991年6月26日在会见中央外宣小组局以上干部时的讲话，《看法与说法》，649页，中国人民大学出版社，2013）

解读：1988年4月9日，七届全国人大一次会议通过了国务院机构改革方案，启动了新一轮的机构改革。这次改革着重于大力推进政府职能的转变，政府的经济管理部门要从直接管理为主转变为间接管理为主，宏观管理职能予以强化，微观管理职能予以淡化。通过这次改革，国务院部委由原有的45个减为41个，直属机构从22个减为19个，非常设机构从75个减到44个，部委内司局机构减少20%。由于后来一系列复杂的政治经济原因，这一改革并未取得预期效果，同时由于机构裁撤过于简单硬性，引起一部分相关者的不满和怨气，在一定程度上影响了社会的稳定。由此，李瑞环提出“不要随便拆庙”，强调政府机构改革应坚持实事求是的原则，而不要搞“一刀切”。

随着我国经济社会的发展变化，政府职能也在发生不同程度的转变，行政机构每隔一段时间都要进行相应的改革和调整，这是改革上层建筑以适应经济基础的需要，是使市场在资源配置中起决定性作用的重要保障。李瑞环指出：“没有必要的政治体制改革，经济体制改革难以持续，甚至会走错路，走邪路，已有的改革成果也会丧失。”（《看法与说法》，316页）这是对政府机构改革必要性的有力诠释。改革开放以来，我国政府机构改革一共进行了七次，都是随着经济体制改革的深化，围绕政府职能转变精简机构。从历次改革的结果看，随着市场化改革的推进，政府职能在不断转变，政府机构数量在减少，结构也在优化，确实取得了显著效果，但实践中职能交叉、权责脱节、多重管理、多头执法等问题仍然存在，政府机构设置仍没有达到合理、科学、高效的要求。可以说，政府机构改革只有进行时，没有完成时。

在不同时期，政府机构确实存在着不同程度的机构臃肿、人浮于事的现象，为了提高政府工作效率和水平，有些机构的确需要瘦身，有些人员确需分流。但是不能因为机构瘦身、人员分流影响到政府正常职能的行使。政府机构改革首先要考虑的应是是否符合经济发展规律、是否符合工作需要。李瑞环曾经强调指出："政治体制改革，归根结底是为发展经济、发展社会生产力服务。要改革那些不符合我们共产党人和社会主义制度基本原则和宗旨的东西，使我们的政治体制更好地体现为人民服务、体现社会主义的性质和方向；要改革那些不适应经济发展需要的机构设置和规章制度，使我们的上层建筑能够更好地推动社会生产力的发展。"（《看法与说法》，317 页）过去我们的机构设置和调整，脱离开经济发展规律去考虑，往往是"分久必合，合久必分"，这是我们多年的老毛病。机构压了多少次，精简了多少次，压不下来，原因在哪里？需要认真研究和解决。基于此，机构改革一定要从事业发展和工作需要出发，经过实事求是的调查研究和具体分析，根据不同部门的不同情况采取不同的措施，该裁撤的裁撤，不该裁撤的要保留，有些需要加强的还要加强，避免"随便拆庙"之后又再"建庙"，造成反复折腾。

同时，政府改革尤其是机构改革，还要考虑到社会承受力和可能带来的风险，要为精减下来的人员找出路，否则会引起社会不稳定。改革本身就是人民的事业，国家公职人员也是人民的一部分，要给以适当的安排和出路。李瑞环在多个场合强调考虑社会承受力的重要性。1993 年 12 月，他在政协第八届全国委员会常务委员会第四次会议上说："我们必须把维护人民群众的切身利益作为根本出发点，虚心听取群众的意见，悉心体察群众的情绪，把握好总体受益原则和总体承受能力原则，努力使我们的各项决策和措施符合广大人民群众的意愿，赢得广大人民群众的拥护和支持。"（《看法与说法》，90 页）总体受益原则，就是任何一个改革措施出台，要能让多数人受益，不能让多数人吃亏。当然，改革不可能使所有的人都受益或所有的人都同等程度受益，但从总体上讲，改革必须能够使大多数人受益，否则，就违背了改革的初衷，改革也无法进行下去。总体承受能力原则，就是改革必须考虑大多数群众能否承受得了。如果超出了多数人的承受能力，即使是必要的改革，也不能出台，否则就要碰钉子。总之，他强调改革应坚持两大原则：群众总体受益原则和总体承受能力原则。多数人受益就应当办，多数人受损就不能办；多数人承受得了就可以办，多数人承受不了就不能办。

中共十八届三中全会后，新一轮政府机构改革的大幕渐渐拉开。《关于全面深化改革若干重大问题的决定》指出："必须切实转变政府职能，深化行政体制改革，创新行政管理方式，增强政府公信力和执行力，建设法治政府和服务型政府。"可以说，"简政放权"已成为当前政府改革的主旋律。但在这个过程中我们需要引起注意的是，一定要坚持实事求是，并掌握好一定的分寸和力度，不能把一些该管的事也放掉。

（王海龙　王宏霞）

55. 筷子与肉斗，肉到了嘴里；手术刀与人斗，可以去除病灶；扁担与肩斗，可以把水挑进家里。

原文：筷子与肉斗，肉到了嘴里；手术刀与人斗，可以去除病灶；扁担与肩斗，可以把水挑进家里。这些都是斗嘛，为什么一说斗，非要你把我整垮，我把你整垮呢？具体问题要具体分析，不同性质的矛盾，要用不同的方法去解决，这是马克思主义最本质的东西，活的灵魂。（1990 年 4 月 28 日与人民日报编辑、记者的对话，《务实求理》，684 页，中国人民大学出版社，2010）

解读：矛盾的同一性和斗争性是相反而又相成的。一方面，矛盾的同一性不能脱离斗争性而存在，没有斗争性就没有同一性。因为矛盾双方相互对立、相互斗争，因而它们之间才相互依存、相互贯通。

另一方面，矛盾的斗争性也不能脱离同一性而存在，与同一性相互联结并为其制约。矛盾的同一性决定了矛盾双方互为条件、相互依存，在统一体中存在和发展；决定了矛盾双方相互吸取有利于自身的因素，在相互作用中各自也得到发展。矛盾双方的相互贯通规定了事物发展的基本趋势。只有承认这一点，才能真正把握矛盾的普遍性和特殊性、绝对性和多样性的关系，才能更好地化解矛盾、促进发展。

在日常工作中，一些人只看到矛盾的普遍性和绝对性，一说到解决矛盾，似乎非得你死我活、消灭对方不可。这种看法和做法根本不符合马克思主义观点。李瑞环强调，具体问题要具体分析，不同性质的矛盾要用不同的方法去解决，这是马克思主义最本质的东西。他不仅这样说，也是这样做的。例如，1989 年北京政治风波之后，不少人面对“内有困难，外有压力”的形势感到不知所措，个别人对宣传思想工作的形势估计过于严重。针对这种情况，1990 年 4 月李瑞环专程到人民日报社，对编辑、记者发表了重要谈话。他在谈话中提出：当前压倒一切的任务是稳定，离开了稳定，一切无从谈起。要稳定，就必须团结。团结本身就是稳定。协调关系，理顺情绪，尽可能把可以团结的人团结起来，以克服目前国内的经济困难，顶住外来的压力，这是我们当前的大局。他用了“筷子与肉斗，肉到了嘴里；手术刀与人斗，可以去除病灶；扁担与肩斗，可以把水挑进家里”这个寓意深刻的比喻，来说明解决不同类型的矛盾要用不同的方法。这个世界上的许多矛盾并不都是针锋相对、你死我活的矛盾，矛盾斗争的结果并不都是要彻底消除对方，肉到嘴里、病灶除掉、水到家里也是矛盾斗争的结果，这些非对抗性矛盾斗争得到的是有益的结果。

李瑞环提出，对于那些思想上有问题的人，要摒弃过去那种僵化的斗争思维，从团结的愿望出发，采取说服教育、讲理引导的方式，使其思想认识逐步达到正确；对于那些思想没有真正转过弯来的人，特别是知识阶层和学校的中青年教师，要耐心地做工作，乃至需要我们更开明一点，豁达一点，“糊涂”一点。这也正是毛泽东对于正确处理人民内部矛盾所提出的方法："团结——批评——团结"。李瑞环指出，在重大原则问题上，要立场坚定、旗帜鲜明，但是无关紧要的小事太清楚了反而不好。他告诫人们，不要像有的大夫那样，容易看见到处都是病菌，就来回地洗手，搞得神经高度紧张。他在分析总结建国以来历次运动的深刻教训时说："对人民群众内部的思想问题，采取强制的方法、批斗的方法，历来就不能真正解决问题。'文革'期间的什么'不斗则修'、'不斗则退'、'不斗则亡'，天天斗、斗、斗，其结果如何？"（《看法与说法》，544 页）

在李瑞环看来，不仅要在宣传思想工作中，而且在其他工作中也要坚持这样的马克思主义观点。在现阶段，我国民族、宗教领域发生的问题，主要属于人民内部矛盾，但也不排除有的问题带有对抗性质。对于人民内部矛盾，只能用耐心说服、改进工作的办法来解决。绝不能把非对抗性矛盾当作对抗性矛盾，人为树敌；不能把非对抗性矛盾激化成为对抗性矛盾，这样只能自讨苦吃。对一些人借口民族、宗教问题引发事端，制造动乱，我们也不能丧失警惕，必须严肃对待，果断处理。"此类事端，有时是非对抗性矛盾和对抗性矛盾交织在一起，不明真相的群众和别有用心的坏人搅和在一起，增加了我们工作的难度。事实证明，正确地识别和处理这类问题，必须高举维护人民利益、维护法律尊严这两面旗帜。"（《学哲学 用哲学》，615 页）任何人以任何理由损害人民利益、践踏法律尊严，都是不能允许的，都必须坚决制止。

（王海龙　贺耀敏）

56. 中国的小勺多，你别看小，锅再大也经不起捞。

原文：如果不是大家齐心协力来改变家乡面貌、解决人民生活的问题，大家都瞪着眼睛旁观，甚至不仅不帮忙，反而还想捞一把，那么，有多少钱也解决不了问题。不是有人讲"大锅饭和小勺”吗？中国的小勺多，你别看小，锅再大也经不起捞。大家都动手，有钱的出钱，有力的出力，更多的是出点劳动力，克己为公，不捞油水，有困难也可以把事情干成。（1986 年 11 月 5 日答中央电视台记者问，《看法与说法》，1134 页，中国人民大学出版社，2013）

解读：中国是一个发展中大国，人口多是中国的基本国情。对此，我们需要一分为二地来看待。人口多，当然会给国家和社会带来各种各样的矛盾和问题，比如人口与耕地面积等环境资源的矛盾，人口与教育发展的矛盾，人口与就业机会的矛盾，人口与人民生活水平的矛盾，等等。这些困难和压力确实会给国家发展和社会进步背上沉重的包袱，阻碍前进的脚步。李瑞环关于“大锅饭和小勺”的上述比喻所揭示的就是这一类现实问题。但另一方面，人是生产力中最活跃的因素，如果人的积极性得到合理和充分调动，就会产生不可思议的创造力。在人多这一国情之下，充分调动人民群众的积极性，大家心往一处想，劲往一处使，齐心协力谋发展，群策群力搞创造，就会形成“众人拾柴火焰高”的局面，人多就会成为财富，变成一大优势。

1988 年 3 月，李瑞环在天津市人民政府第十届第九次全体会议讲话时指出：“在中国这块土地上当领导人，想问题、办事情，时刻也不能忘记人多这个基本国情，善于在人多上想办法、做文章，使众多的人都能从不同的角度、用不同的方式参加建设，发挥作用。只要我们做到了这一点，许多难题都可以迎刃而解，许多人间奇迹都可以创造出来。”（《看法与说法》，1134 页）这是在对人口问题经过辩证思考后所作出的科学阐发，为我们解决人口矛盾指明了工作思路。

1990 年 5 月，李瑞环在中国职工思想政治工作研究会第六次年会上的讲话中，还对激发群众积极性的重要意义作了进一步阐述：“有了群众的积极性，党的方针政策，治理整顿和深化改革的各项任务，领导者的主意、办法，就能化为群众的自觉行动，取得实际的成果。有了群众的积极性，大家就会开动脑筋，出更多的主意，想更多的办法，从生产、技术、管理、经营上提出种种合理化建议。有了群众的积极性，一些涉及群众自身利益而又暂时难以解决的困难，大家也能体谅，自觉地为国分忧，为企业分忧，许多矛盾就可以缓解，大问题也可以变成小问题。”（《看法与说法》，1137～1138 页）

社会的每一根毛细血管，都不能放弃对肌体健康所负有的责任。不要做旁观者，要做实践者和参与者，每个人的一小步，会汇聚成社会前进的一大步。反之，如果大家冷眼旁观，甚至损公利己，多一个人就多了一份坐吃山空的侵蚀，再大的基业也有被挖空的一天。

（毛术芳　王宏霞）

57. 多做一点“活血化瘀”的工作。

原文：团结才能稳定，团结才能有劲。大家团结一致，劲都往一处使，外边的压力就不可怕了。我们常讲，团结就是力量，团结就是胜利，团结就是生命，现在还可以讲，团结就是稳定，团结就是鼓劲。我讲这些话，是希望宣传报道要多说一点理顺群众情绪的话，多做一点“活血化瘀”的工作。（1990 年 4 月 28 日在《人民日报》国内记者工作会议上的谈话，《看法与说法》，622 页，中国人民大学出版社，2013）

解读：1989 年春夏之交，中国经历了一场政治风波。当时，社会上思想认识比较混乱，党群关系、干群关系比较紧张。李瑞环说：“从来没有这么多人对我们有意见；从来没有这么多人对我们这么多事有意见；从来都是有有意见的，也有做工作的，现在连做工作的也有意见。”（《务实求理》，685 页）这些话真实、准确地概括了当时的群众和干部的思想状况，也凸显了做好群众工作的重要性。

那时在宣传思想领域，有人主张用大批判的方式解决思想认识问题，一些火药味十足的政治批判文章见诸报端或其他媒体。这种做法不仅不能解开人们的思想疙瘩，反而可能乱上加乱，影响安定团结。在这种情况下，李瑞环反复讲团结的重要，强调宣传报道要多做理顺情绪、活血化瘀的工作。面对广大群众情绪纠结不舒畅的实际状况，提出要像中医用药活血化瘀那样理顺大家的情绪，有着很强的现实针对性。这并非权宜之计，而是从国家和社会发展的大局着眼的。他把这个主张概括为四句话："协调关系，理顺情绪，加强团结，发展经济。"（《务实求理》，684 页）他反对用简单粗暴的方式来对待思想认识问题，强调要向群众做耐心细致的思想政治工作。坚持这个工作原则，在当时取得了良好的社会效果。

这个工作原则的理论依据，在于我们党的群众观点和群众路线。邓小平就讲过："群众是我们力量的源泉，群众路线和群众观点是我们的传家宝。"（《邓小平文选》，2 版，第 2 卷，368 页，人民出版社，1994）他说："一定要努力帮助群众解决一切能够解决的困难。暂时无法解决的困难，要耐心恳切地向群众解释清楚"，"要把国家的形势和困难、党的工作和政策经常真实地告诉群众。要坚决批评和纠正各种脱离群众、对群众疾苦不闻不问的错误。"（同上）同时也要加强思想政治工作，改进宣传工作，思想政治工作和思想政治工作队伍都必须加强，不能削弱。

早在天津工作期间，李瑞环就非常重视用"活血化瘀"的方法做群众工作，特别是做教育群众的工作，在当时社会上引起强烈反响。天津市委市政府为人民办实事，有个"五线交一"的方法，每条线都与理顺群众情绪有关。"办多数人受益的事"，使越来越多的群众得到实惠，心情舒畅；"办群众最急需的事"，使群众中意见最突出的问题得到及时解决，受益者人心安定；办长远起作用的事，使群众看到更大的希望，始终保持不断追求、积极进取的精神状态；"办促进精神文明的事"，不断提高人们的素质，逐步形成良好的社会风气和精神风貌；"办力所能及的事"，使群众看到政府的努力，体谅国家的困难，形成艰苦奋斗、顾全大局的好风尚。由于好事实事年年办，群众从切身利益的变化中体会到党和政府为民办事的诚意、决心和能力，使党群、干群关系得以根本好转。

（吴秀生）

58. 对政治风波中犯错误的大多数人，要“开窗子”、“搭梯子”。

原文：对政治风波中错误严重的人，该怎么处理就怎么处理。对大多数人，主要是通过学习，提高认识，不要结下死疙瘩。我在天津说过，要“开窗子、搭梯子”。“开窗子”就是使他呼吸到新鲜空气，“搭梯子”就是给一个台阶叫他下来。（1989 年 8 月 11—18 日考察山西时的谈话，《看法与说法》，51 页，中国人民大学出版社，2013）

解读：1989 年 8 月中国经历了一场严重的政治风波之后，中央制定了文件，在清查清理工作中要求既要做到除恶务尽，不留后患，又要严格区分两类不同性质的矛盾，最大限度地团结一切可以团结的人。对绝大多数由于情况不明而参加了游行与签名活动的人，要采取团结教育的方针。但在清查清理工作中，有人满脑子“阶级斗争”，满眼“敌对分子”，主张进行能严则严、能细则细的“清洗”。

这个情况引起了时任中共中央政治局常委、主管意识形态工作的李瑞环的重视。他认为，参与或支持动乱的多数人，除了受资产阶级自由化的影响和不明真相外，一个重要原因是对我们的工作不满，而我们的工作确有脱离群众的一面。他说：“动乱以后，相当多的人，特别是知识阶层，在学校特别是中青年教师，现在还需要做大量工作。我估计思想没有真正转过弯来的不是个小数目。对待他们，要耐心地做工作，乃至需要我们更开明一点，豁达一点，‘糊涂’一点。”（《务实求理》，684～685页）对政治风波中错误严重的人，该怎么处理就怎么处理。但对大多数人，主要是通过学习提高认识，不要在思想上结下死疙瘩。李瑞环提倡用“开窗子”、“搭梯子”的方法，使他们呼吸到新鲜空气，并且给一个台阶叫他们下来。这个原则有益于创造和保持民主和谐的社会氛围，有益于解除一部分人的思想顾虑，有益于形成安定团结的政治局面，因而得到广大干部和群众的欢迎。

共产党的干部要有宽宏大度、体谅包容的胸怀，要正确看待人的优点和缺点。领导者的责任就是善于发扬人的长处和优点，并在发扬其长处和优点的过程中帮助人克服其短处和缺点。李瑞环说：“由于长时期‘以阶级斗争为纲’，有的人养成上纲上线的习惯，‘头上长角，身上长刺’，动不动搞大批判，使人望而生畏。”（《务实求理》，92页）我们过去运动太多、伤人太多，要捐前嫌、解旧怨、弃小隙、全大局。这是我们能够团结一致、共同奋斗的前提。细微之处见主张。李瑞环在政治风波后提出的“开窗子”、“搭梯子”，是在当时特定历史条件下的一个好主张。由于这个主张，教育、团结、挽救了一大批人，收到了非常好的效果。

（吴秀生）

59. 没个出气孔，气憋得太足容易憋爆炸。

原文：经常和基层同志对对话有好处，有助于了解情况，联系群众。有人说群众中许多意见是谣传，小广播影响人们的情绪。小广播多是大广播不发达的结果，大广播一发达，小广播就没了。找群众对话，有意见摆在桌面上，没有什么可怕的。有些意见可能尖锐些，这不要紧，只要你批评得对，我们就接受；有些批评可能不完全准确，只要有5%也是好事；至于有的人气大放炮，那也没什么不好，给他们有个出气孔。没个出气孔，气憋得太足容易憋爆炸，不断给找个口儿，说完出出气也就完了。（1987 年 12 月 9 日在天津市公用局现场办公会上的讲话，《看法与说法》，353 页，中国人民大学出版社，2013）

解读：主动找基层同志、基层群众，特别是找有意见的群众去对对话，把群众累积起来的情绪加以及时的疏导，并通过现场对话、现场办公的方式就地解决思想认识问题和实际问题，这是李瑞环在天津工作期间倡导的一个重要的工作方法。

直播市长现场办公。20 世纪 80 年代，天津收听率最高的广播节目是市长与市民对话现场直播。市民代表无所顾忌地提问，李瑞环实事求是地回答，主题总是围绕改革、建设中与人民生活密切相关的问题。这个节目成了最受老百姓欢迎的节目。有一次下基层，一位老太太反映煤气供应有问题，李瑞环打断了市公用局负责人用复杂的数字作的回答，说“老太太要的是气打火就着，你说怎么解决吧”。这段佳话被称为李瑞环的“老太太哲学”。还有一次到油田视察，他直接问一线工人还有什么实际困难，一个工人说“别的都还行，就是找不到老婆”。李瑞环现场办公，责成妇联等单位组织鹊桥会、公安局给报户口、市里给电视票等，采用一系列办法促成了好多夫妻，后来还参加了百对大龄青年的集体婚礼。这样的工作方法让群众能够感受到领导干部的诚意，检验了领导干部的水平，使下情上达，避免了群众中不良情绪的不断累积。

走到群众中去直接对话。1985 年 9 月间，在北京、西安等地发生了部分大学生上街游行事件。面对这个群众情绪的第一“信号”，作为市长的李瑞环主动走进天津大学，与学生进行面对面、朋友式的交流，回答了学生提出的各种各样尖锐的问题。学生的情绪逐渐由激昂、冲动转为冷静、理性。有的同学说：没想到市长这样坦率和毫无顾忌地向我们谈问题。（《务实求理》，638 页）此次对话的内容丰富，气氛热烈。学生们最初还有些情绪，准备“应战”，最后被市长说得心服口服了。

许多思想认识问题得到了解决，学生们还因为佩服市长的水平而掀起了学马列的高潮。

这些生动活泼的工作形式，引起了当时中央高层的高度重视。有关单位的同志还专程对天津的对话协商制度作过考察。1988 年 3 月召开的党的十三届二中全会通过的报告中写道："党的十三大以来，许多地方、部门和单位举行了多种多样的协商对话，一般都取得了积极的效果。协商对话不仅是领导与群众之间的沟通方式，也是各社会集团之间的沟通方式。这对在人民内部形成自我调节和约束的机制，保持安定团结的政治局面，十分重要。"这里说的许多地方，首先指天津。报告还进一步要求，各级领导应当爱护群众参与社会协商对话的积极性，在实践中探索规律、提高实效、总结经验，逐步使社会协商对话形成制度。对话协商在群众和干部之间沟通交流了信息，使他们能够直接了解彼此的愿望和要求；同时又使淤积的消极负面情绪得以释放，转化为积极向上的正面情绪。李瑞环把这种坦诚的对话形象地比作"出气孔"，主张给那些气大好放炮的群众痛痛快快说话的机会，既让干部真实地了解了群众需要解决的迫切问题，又让群众憋的气能够放出去。这是个妥善解决社会矛盾的好方法。

（吴秀生）

60. 按锁配钥匙，锈锁先膏油。

原文：深入细致地做个别人的工作，这是我们过去最拿手的一招。党组织依靠骨干，针对不同对象，分析其思想情绪，帮助其解开疙瘩，排忧解难，如同一把钥匙开一把锁。记得当年在基层工作时，我还总结过做后进人的思想工作的经验，叫做按锁配钥匙，锈锁先膏油，大胆给工作，培养自尊心。把思想问题比作锁，是先有了锁，后配钥匙。锈锁先膏油是讲对比较落后的人、难办的人，转化得有个过程，得先点一点儿油，慢慢再捅。你不能太急，不然不是把锁捅坏了，就是把钥匙弄断了。(1989 年 11 月 8 日在京津沪企业思想政治工作研讨会上的讲话，《看法与说法》，672 页，中国人民大学出版社，2013)

解读：思想政治工作是中国共产党的一个优良传统。无论是革命战争年代，还是和平建设时期，思想政治工作都发挥着重要作用。在改革开放年代，一批重视和强调思想政治工作的领导人，根据时代特点又创造和总结出了一些具有鲜明特色的思想政治工作方法。李瑞环是其中的代表之一。“按锁配钥匙，锈锁先膏油”，这是他 1989 年 11 月在京津沪企业思想政治工作研讨会上讲话时所用的一个比喻。

新时期思想政治工作的核心问题有两个，一是在社会主义市场经济条件下还要不要思想政治工作，二是怎样在社会主义市场经济条件下搞好思想政治工作。李瑞环认为：“经济问题说到底是个生产力问题，而发展生产的根本问题是个生产者的情绪问题，也就是我们常讲的职工的思想觉悟和积极性。”(《看法与说法》，679～680 页）这个看法的理论依据是历史唯物主义，经济的根基在于生产力，而生产者是最重要的生产力要素。从这个意义上说，最根本、最核心的作为生产者的人的问题，包括群众情绪的问题，即群众的积极性和创造性的问题。所以，他反对忽视、削弱、淡化思想政治工作的倾向，而把思想政治工作定位于改革、发展、稳定工作的重要一环。改革需要凝聚共识，发展需要精神动力，稳定需要理顺情绪，所有这些都离不开思想政治工作。用他的话说：“不管商品经济、市场经济怎么搞，不管物质鼓励的作用有多大，在中国这样的制度下离开思想政治工作是不行的。”(《看法与说法》，666 页）中国的优势就在于讲政治、讲思想、讲人。

李瑞环在长期的实践中创造了一系列生动活泼的思想政治工作方

法。比如，他认为思想政治工作要用真理的力量和人格的力量去做；要结合经济工作一道去做；要“尊重人、理解人、关心人”；“要允许个性发展，要使人们在追求个人爱好的过程中受到潜移默化的影响”；要依靠骨干力量去做，“形成强大的思想政治工作网”；“要把思想教育寓于娱乐之中，寓于文化知识的学习之中，寓于科学普及的活动之中，寓于各种形式的服务之中”；“要研究教育对象，更要研究教育者自己”；要“破除教育者和被教育者之间的严格界限。通过真诚坦率、赤诚相见的交流、恳谈，形成一种彼此沟通、相互教育的良好环境和气氛”，等等。（《看法与说法》，653～670页）这些方法源于生活，又能回到生活，非常实用。

在这些思想政治工作方法中，“按锁配钥匙，锈锁先膏油”是很有代表性的。李瑞环把人的思想问题比作锈住的锁头。在这种情况下，只知道一把钥匙开一把锁是不够的，必须首先用膏油解决锁被锈住的问题。他强调针对不同人的特点，做具体人的思想工作，把思想工作做深、做细、做具体。在当今社会生活中，我们常常不能及时有力地回答群众在改革中出现的各种思想问题，党风和社会风气出现下滑的现象。这与思想政治工作被淡化、思想政治工作队伍被削弱、思想政治工作方法被僵化有关。正如邓小平所说，“端正党风，是端正社会风气的关键”，“改善社会风气要从教育入手。教育一定要联系实际。”（《邓小平文选》，1版，第3卷，144页，人民出版社，1993）新时期李瑞环有关思想政治工作的思考与探索值得进一步挖掘。

（吴秀生）

61. “抹稀泥”也是堵漏洞、找平直的一种方法。

原文：在新的一年里，整个宣传口，包括文艺、出版战线的工作，都要为十四大的召开创造良好的思想舆论环境，维护团结、和谐的局面。我们想问题办事情都应本着这个精神。能避免激化矛盾的就尽量避免，你说这是“抹稀泥”也可以。“抹稀泥”也是堵漏洞、找平直的一种方法。在目前的形势下，强调团结稳定有特殊的意义，这就是大局。（1992年1月4日在中央宣传、思想工作领导小组会议上的讲话，《看法与说法》，623页，中国人民大学出版社，2013）

解读：避免激化矛盾，不在非原则问题上过分计较，最大限度地团结人，这是一个重大的政治原则。事实证明，大事不糊涂，小事不计较，有利于团结大多数人。李瑞环把“抹稀泥”这个建筑工地上的平常现象加以引申，形象地说明了维护团结稳定的重要性。

李瑞环多次讲到“抹稀泥”的问题。1990年1月，他在与河北省六大班子成员座谈时讲：“领导者的主要精力要放在研究现实、研究面临的工作上，而不应该陷入历史的纠葛之中。要做好工作，台上各部门各方面之间、台上台下之间应该互相信任，互相支持。同志之间要多交心通气，增进了解，团结一致，把事情搞好。当然，真正属于原则的问题，我也不主张抹稀泥，但真正带有原则性的分歧有多少啊？并不多。”（《看法与说法》，531页）在原则问题上确实不能“抹稀泥”，但在非原则问题上不必纠缠计较，宁可糊涂一点。这样，我们才能摆脱以往历史的纠葛，集中主要精力研究现实、做好工作。对于领导干部来说，这是一种大局意识的体现。坚持团结，顾全大局，是比那些小的原则更大的原则。

1992年初，李瑞环与中央宣传、思想领导小组的核心成员座谈时强调，在新的一年里，整个宣传口，包括文艺、出版战线的工作，都要为十四大的召开创造良好的思想舆论环境，维护团结、和谐的局面。在当时形势下，强调团结稳定具有特殊重要的意义。我们想问题办事情都应本着这个精神，能避免激化矛盾就尽量避免。如果说这是“抹稀泥”，那么这样的“抹稀泥”就是必要的。李瑞环诙谐地说，“抹稀泥”也是堵漏洞、找平直的一种方法。如果只是堆石头、码砖块，硬碰硬，没有水泥勾缝，哪里会有坚固规整的建筑物呢？

在原则性的高度上强调团结稳定，主张必要的“抹稀泥”，这是李瑞环一贯的态度。如此意义上的“抹稀泥”，不是文过饰非、不讲原则，做“好好先生”，而是强调团结稳定的重要性，着眼于建设和发展的大目标，讲的是具有更高政治智慧的大原则。这样的“抹稀泥”，目的在于向前看，最大限度地弥合分歧、凝聚共识，为干事创业营造有利局面。

（吴秀生）

62. 报纸是面镜子，你要有气，不能砸镜子，要砸镜子反映的社会现象和不正之风。

原文：报纸是面镜子，你要有气，不能砸镜子，要砸镜子反映的社会现象和不正之风。当然镜子也有哈哈镜，镜子不平，照出来变形。如果是镜子的毛病，就要换镜子、修理镜子，所以新闻界有时候也需要改进和整顿；如果不是镜子的问题，你就要多照照镜子，反思镜子照出来的问题，而不能把气撒在镜子上。简单地讲镜子不对，不是马克思主义的反映论。（1988年2月13日在新闻界谈心服务会上的讲话，《看法与说法》，644～645页，中国人民大学出版社，2013）

解读：上个世纪80至90年代，李瑞环针对当时存在的一些不能正确看待新闻媒体的舆论监督和不能正确掌握舆论监督工具的问题，做过一些具体论述，镜子之喻即其中之一。

我们必须重视舆论监督。李瑞环说：“报纸、通讯社、广播、电视有没有严肃认真的批评，关系到新闻机构的形象和新闻宣传的效果。新闻报道经常有一点严肃认真的批评，提倡什么，反对什么，态度鲜明，就显得有生气，有战斗性。群众的愿望、意见、要求得到了反映，心情就舒畅，积极性就高涨。群众的情绪能够通过正当渠道得到疏解，就不至于来个‘总爆发’，也有助于整个社会的稳定。”（《看法与说法》，611页）如果没有必要的批评，就起不到舆论监督的作用，新闻报道就会显得沉闷、呆板，缺乏生气，缺乏战斗性。

舆论监督是一种社会批评。如何掌握批评报道的度，正确处理正面宣传与批评报道的关系，即歌颂与揭露的关系，事关批评的效果和社会的稳定。李瑞环说：“正面宣传必须占主导地位，批评与揭露性的报道只能占次要位置，并且要十分注意把握分寸。批评的东西太多、太集中，连篇累牍，效果肯定不好。”（同上）中国地方大，如果把阴暗面的报道集中加以登载，给人的感觉就是一片黑暗。尽管其中每件事都可能是真实的，但从整体上看完全不符合我们的真实情况。新闻媒体所遵循的真实性原则，应该是本质上的真实性原则。

从新闻媒体舆论监督的对象——被批评者来说，要有正确的态度。尤其是领导干部和领导机关“要充分理解、积极支持来自新闻单位的批评，增加对新闻批评的承受能力，自觉地拿起批评的武器，依靠舆论的力量，弘扬正气，打击邪气，推动工作”（《看法与说法》，644页）。来自社会的批评能够帮助我们及时发现工作中的缺点和错误，而发现缺点和错误正是克服缺点和改正错误的前提。一个人经常照照镜子，发现脸上有脏东西，可以及时把脸洗干净。我们不会因为照镜子发现脸脏而怪罪镜子，甚至生气砸了镜子，同理，对于新闻媒体的舆论监督也应该持欢迎乃至感激的态度。

李瑞环把对新闻媒体舆论监督的看法提高到马克思主义反映论的高度，有助于我们从世界观和方法论的层面解决这个认识问题。马克思主义哲学的认识论是能动的反映论，首先承认存在决定意识，意识是存在的反映。新闻媒体的舆论监督作为社会意识是社会存在的反映，我们可以通过这种反映了解社会状况，包括人民群众的愿望和要求。同时也要看到这种反映的能动性包括它的复杂性，采取自觉、积极即能动的态度，使新闻媒体的舆论监督更客观、全面和本质地反映社会现实，更具有建设性地发挥其社会作用。

（吴秀生）

63. 许多人并不是鬼，是我们自己疑神疑鬼，结果把人变成了鬼。

原文：我们总说56个民族是一家。要让人家当兄弟，我们首先要把自己摆放在兄弟的位置上。历史上，我们有过大汉族主义的毛病。对分裂倾向，我们要提高警惕，但也不能以此为借口，对大汉族主义放任不管。大汉族主义同样有害于国家统一和民族团结，常常会直接诱发分裂主义情绪。我们应该开明一点，既有自信，也有互信。我们执政50多年了，政权、军队都在手里，如果说还有那么多人反对你，就要认真想想这究竟是怎么一回事！……许多人并不是鬼，是我们自己疑神疑鬼，结果把人变成了鬼。（2002年2月1日听取中央统战部汇报时的谈话，《看法与说法》，470～471页，中国人民大学出版社，2013）

解读：我国是一个多民族的国家。在几千年的历史中，生活在东亚这片广袤的陆地和众多岛屿上的56个民族，共同形成了中华民族。整个中华民族共同体如同一个大家庭，各个民族之间就是兄弟关系。“要让人家当兄弟，我们首先要把自己摆放在兄弟的位置上。”（《看法与说法》，470页）“56个兄弟民族民族情同手足，休戚与共，一荣俱荣，一损俱损。”（《看法与说法》，469页）李瑞环借助这个大家常用的比喻，入情入理地说明我们各民族之间要像同胞兄弟那样真诚相待。

在中华民族中，汉族人数最多，在较长的历史时期处于主导地位。在民族关系中，汉族政治家影响往往最大，因而他们对于民族团结的责任也更大。历史上的一些汉族政治家有过大汉族主义的毛病，对中华民族的团结产生过不好的影响，这些历史的教训是必须记取的。李瑞环强调，对分裂倾向也要提高警惕，我们坚决反对分裂主义，维护国家统一和民族团结。但也不能因为反对分裂主义，就对大汉族主义放任不管。大汉族主义同样有害于国家统一和民族团结，常常会直接诱发分裂主义情绪。我们应该开明一点，既有自信，也有互信。相信自己坚持团结、反对分裂是正确的，也相信兄弟民族广大干部群众是坚持团结、反对分裂的。如果是因为我们的大汉族主义引起人家的反对，就要认真想想自己的问题和责任，认真改正这个毛病。只要我们在民族关系中自觉克服了大汉族主义，就会得到各兄弟民族的理解和支持，国家统一和民族团结就有了内在的保障。

处理民族关系也像人与人的关系一样，要诚恳待人，平等待人，与人为善。本着这样的态度，人与人的关系能够处好，民族间的关系也能处好。李瑞环举自己亲身经历过的人和事，说明这个朴素而又实在的道理：小靳庄的支书在“文革”后期当了宝坻县的书记。粉碎“四人帮”后他受到批判，不理解自己错在哪，就回到家里务农。后来他在村里带领群众致富很有成就，村里党员又选他当书记。当时有的人想不通，认为他有问题不该当选。李瑞环力排众议，认为他是共产党员，多数党员都选他，我们没有理由不同意。他当村支部书记后干得非常好，说明这是一个优秀的干部。还有一个工人出身，在“文革”中当了副总理的孙健，在位时也说了不少昏话。下台后，他说自己糊里糊涂地上去，又糊里糊涂地下来，不明白到底是怎么一回事。整党时，有人提出把他开除出党。李瑞环认为他的问题没有那么严重，专门找有关方面做工作，将孙健留在党内。孙健感动得大哭了一场。他回到单位后，工作同样干得很出色。李瑞环说，举这两个例子是想说明一个道理：许多人并不是鬼，是我们自己疑神疑鬼，结果把人变成了鬼。在对待人的问题上，在民族工作中及其他方面有没有这样的现象？这是值得我们深刻反思和总结改进的。

在处理人与人的关系包括处理民族之间关系时，要诚恳、平等、友善，切忌多疑和误判，避免“疑心生暗鬼”的错误。宋代吕本中说得好：“尝闻人说鬼怪者，以为必无此理，以为疑心生暗鬼，最是切要议论。”（《师友杂志》）人们常常会由于多疑而产生某种幻觉以致作出错误判断，即所谓的“疑心生暗鬼”。中国古代成语“杯弓蛇影”，说的是主人请客人饮酒，壁上悬弓“照于杯中，其形如蛇”，客人饮后觉得“胸腹痛切”，怎么治也不见好。后来主人得知此事，带客人“于故处设酒”，让客人看到杯中蛇影来自墙上的弓，心疑解除，病也就好了。（《风俗通义·怪神》）与此类似，还有一个丢斧子的故事。古时候有人丢了一把斧子，他怀疑是邻家孩子偷的。他暗中观察这个孩子，怎么看都觉得一举一动像偷斧子的人。后来他在自己家里找到这把斧子，再遇到邻家孩子，怎么看也不像偷斧子的人了。人世间毕竟好人占绝大多数，我们在自信的同时要互信。相信别人，在绝大多数情况下是正确的选择。骗子或坏人总是极少数，对他们的行为要学会分辨，不要上当受骗甚至为虎作伥。但我们不能因为世界上有极少的骗子或坏人，就对谁都不相信。假如一个人整天疑神疑鬼，弄得到处关系紧张，结果自己多半会真的成了“有病”的人。所以，我们为人处世应该坦坦荡荡，真诚待人。你尊重别人，别人也会尊重你。多看别人的长处和好处，尊重他人，善待他人，我们的朋友就会越来越多。即使曾经对你有过误解或反对过你的人，也会因为你的包容与真诚而转变态度。

（郭湛）

64. 不要把九牛一毛弄得到处是“毛”。

原文：应当说，错误看待形势的人，有一个共同的特点，就是夸大阴暗面。我们进行形势教育时，说他们是“一叶障目”，看不到本质和主流。他们则说：“我们看到的只是‘九牛之一毛’”。如果我们在纠正不正之风的宣传报道上，不控制数量、掌握分寸，把九牛一毛弄得到处是“毛”，就会给他们提供证据，甚至把本来能够正确看待形势的人也搞糊涂了。我认为这是个大局、大势，应该引起高度的重视。(1986 年 4 月 3 日在中央端正党风座谈会上的发言提纲，《看法与说法》，613 页，中国人民大学出版社，2013)

解读：正确地看待形势和把握形势，是关系全局、整体和发展的大事，也是我们处理局部和全局、部分和整体、稳定和发展关系的基本依据。我们常说的形势，是国家、社会的整体状况和发展趋势。形势是制约人活动的外部环境和总体条件，是人们不能不关注的。客观的形势对人的活动有时有利，有时不利。有利时可乘势而为，势如破竹；不利时则“形格势禁”，迂回曲折。看形势要运用唯物辩证法的观点。首先要讲唯物论，一切从实际出发，客观地、实事求是地观察形势；其次要讲辩证法，从事物的运动和变化中，从主客体关系的矛盾和发展中把握形势。在对影响形势的大量情况全面了解的基础上，通过综合、辩证的概括，可以形成关于目前形势的看法。

在社会生活中，形势并不是像天气一样外在于人的活动，而恰恰是由众多人的活动造成的。在历史唯物主义看来，正是人的历史活动改变了世界，造成历史发展的特定形势，为人的进一步活动提供一定的历史条件。李瑞环指出，从本来的意义上讲，纠正不正之风是有利于人们正确地看待形势的，但如果对有些问题不进行很好的研究和处理，也会影响人们对形势的认识。所以，我们不能只是冷眼旁观形势变化，还要尽自己所能做好工作，做一个社会发展现实过程的积极参与者。党内和社会上的不正之风是影响整体形势的负面因素，我们应该坚决加以纠正，使形势向好的方向发展。如果我们不能及时并有效地解决不正之风问题，整体的形势就会恶化，人们对形势的看法就会更趋向负面的评价。

但是，对形势的看法需要有正确的思想方法。如果思想方法不对头，用孤立、静止、片面的观点看问题，就可能作出错误的形势判断，得出错误的形势估计。而错误地估计形势，无论是把本来大体光明的形势看得一片漆黑，或者是把实际上严峻危险的形势看成一切平安无事，都不利于我们的事业的发展和工作的进行。对形势错误的看法会影响干部群众的心理和情绪，导致不恰当的、消极的或过激的行为反应，给本来艰难行进的改革增加压力和变数。针对中国改革开放之初一部分人对大好形势有错误的看法，在干部群众中弥漫着某种负面、消极的情绪，中央提出要进行形势教育，这是十分必要的。后来我国社会生活中发生的动乱和曲折，也从反面证实了这一点。

李瑞环明确指出，错误看待形势的人，有一个共同的特点，就是夸大阴暗面。这个问题的实质在于，面对发展中难免存在的缺点和错误，如何作出正确的估计和判断。缺点和优点、错误和成绩并存，最重要的是对其数量对比关系要有正确的认识。究竟是缺点、错误大于优点、成绩，还是优点、成绩大于缺点、错误？这里有原则上的不同。社会生活和实际工作中，总是有光明面也有阴暗面，我们要努力扩大光明面，减少阴暗面。在全面估计形势时，到底光明面占多少，阴暗面占多少？对此，不能主观加以判断，而必须依据实际情况，客观、准确地加以估计。只有在对现实形势正确认识的基础上，才能为我们下一步的行动确定正确的方向，科学地作出决策，以正确的行动有效地改变形势。每个人实践的范围不同，了解的情况不同，处在不同的位置或角度观察形势，作出的估计是有差别的。但我们都应当力求实事求是，不能随意夸大光明面或阴暗面。随意夸大常常是由偏见导致的，而偏见往往比无知距离真理更远。

以往我们进行形势教育，有时主要针对夸大光明面、忽视阴暗面的倾向，更多情况下则主要针对夸大阴暗面、忽视光明面的倾向。一般来说，在我们的事业处于前进、发展、上升过程时，对形势的错误认识主要表现为夸大阴暗面。正如李瑞环所说，这时的争论通常是：我们说他们是“一叶蔽目，不见太山”，看不到本质和主流；他们则说我们看到的只是“九牛之一毛”，其实问题多得很，远不止这么一点点。因此，我们的“新闻报道必须坚持以正面宣传为主的方针”（《看法与说法》，608页）。如果我们在纠正不正之风的宣传报道上，不控制数量、掌握分寸，负面的信息过多，把九牛一毛弄得到处是“毛”，就会给夸大阴暗面的人提供证据，把本来能够正确看待形势的人也搞糊涂了。新闻报道、舆论宣传是现实社会生活的反映，在总体上应该符合社会生活的实际状况。这是一个关系大局、大势的原则问题，应该引起各级领导和新闻媒体的高度重视。如果在这个大问题上掉以轻心，颠倒了社会光明面与阴暗面的真实关系，在思想观念上误导广大干部群众，引起群体行为失控，其后果将不堪设想。

（郭湛）

65. 住房改革无论如何不能搞夹生了。

原文：吃饭问题解决后，最大的事就是住房，住房改革必须重视、抓紧；但也不能过急，还得从国情出发，从社会主义制度出发，无论如何不能搞夹生了。要多找一些人反复认真研究，研究世界经验，研究中国特色，研究工薪阶层。这件事慢了不行，快了容易看不准。（1998年7月13日同部分政协委员就经济问题座谈时的谈话，《看法与说法》，120页，中国人民大学出版社，2013）

解读：住房改革是一个关系到千家万户切身利益的大问题。解决不好，不仅会影响到职工群众的生活，影响到他们的积极性的发挥，而且会影响到改革进程。我国于上世纪末开启住房制度改革，在执行过程中有许多经验教训值得总结。其中最重要的是，住房改革事关国计民生，必须从中国国情和基本制度出发，把福利政策和商品政策结合起来，认真研究，稳步推进。李瑞环形象地把它比喻为做一大锅米饭，要抓紧做，也不可过急，不能搞夹生了。

李瑞环对住房改革问题有过深入的思考。他说："住房改革是很好的事，又是很难的事。"（《看法与说法》，120页）解决了吃饭问题，最大的事就是住房。住房改革得从中国国情出发，从社会主义制度出发，反复认真研究，要研究世界经验和中国特色，研究工薪阶层。他认为，不能把职工的住房问题全部推向市场，住宅商品化的水平应当同经济发展水平相适应、相协调、相同步。他在1988年说："迄今为止，我们的社会分配、工资结构中，事实上并不包含建房购房这一块。在目前人民经济收入的条件下，特别考虑到相当多的企业不太景气，绝大多数职工干部的正常收入除了用于家庭日常开支外所剩无几，真正富起来、能够买得起住宅的人毕竟还是极少数。所以，城市居民住房在现阶段主要还是依靠各级政府解决。"（《看法与说法》，119页）就当时的情况看，全面实行住宅商品化还不现实，勉强推行了，也难以成功。

我国在长期的社会主义计划经济体制下，在住宅上实行的是福利制度。在20世纪50—70年代，职工工资中三项费用的扣除并不包括住宅消费，几次工资改革后，工资中虽然含有住宅消费部分，但由于工资偏低，而且工资中的住宅消费与实际住宅消费差距太大，因此，这项费用在工资中并没有实质性的体现。改革开放之后，随着社会主义市场经济的发展，随着人们对住宅需求的质和量的要求的提高，加快住房建设速度，对住宅管理体制进行改革，使之纳入市场经济运行的轨道，逐渐提到议事日程。从上个世纪80年代开始，各地根据当地的实际已经有了一些探索。但是，有关住宅的属性，实现商品化的范围、程度、路径等问题并不清楚。

上个世纪80年代，天津在住房改革上走了一条比较稳妥、合理的路子。当时没有急于走全面市场化的路子，而是让住房商品化水平始终与天津经济发展水平和职工群众的承受能力相适应、相协调、相同步，始终坚持住房改革要有社会主义的方向。为解决群众迫切要求改善住房条件而国力又有限的矛盾，天津采取"人民城市人民建"的方针和“谁受益谁出钱”的办法。在筹措资金上，通过“国家补一点、单位拿一点、施工省一点”，实现了多、快；在开发上，采取改造和开发相结合的路子，实行“拆一建四，分二留二”①，既提高了容积率，又留下一部分作为商品房出售收回了投资，实现了良性循环；在销售价格上，确定一个人均几平方米的基数，基数之内由国家承担，基数之外由居民自己掏钱，走商品化的路子。这个从建设到销售的一揽子方案，得到了职工群众的支持与欢迎，获得了巨大的成功。

李瑞环的观点实际上道出广大职工的心声，也比较符合实际。住房是政府为人民解决基本物质生活条件的重要内容，带有社会保障的成分，因此不是一般商品，是政府应当承担一定义务的特殊商品，政府对居民购买的住宅应有一定数量的投入。住房改革必须符合中国国情，符合社会主义方向。纵观当今世界，没有一个国家的住房制度是实行纯商品政策或纯福利政策的。大多数国家都把改善公民居住条件作为衡量政府工作的一项重要考核指标，是政府行使社会保障职能的重要体现。有学者把住宅称为“黏合剂”，即可以把人民和他们的政府黏合起来，否则社会就不稳定。在我们社会主义国家，更应把解决好住宅问题作为先进的社会制度与不断增长的经济实力相结合的体现。

（吴秀生）

66. 我们的目标不是搞一个摆着好看的花瓶或《镜花缘》里的君子国。

原文：世界上的事都是利害相随、得失相伴，有利必有害，有得必有失。问题在于权衡利害得失，看哪个是主要的。我们的目标是建立一个富强、民主、文明的社会主义国家，而不是搞一个摆着

① 20世纪80年代天津市在旧平房改造过程中实行的建设与分配原则，允许建设单位拆除面积与新建面积的比例为1∶4，分配给职工的住房面积与留作商品房的住房面积的比例为2∶2。

好看的花瓶或《镜花缘》里的君子国。（1998 年 3 月 7 日同全国政协港澳委员座谈时的谈话，《看法与说法》，21 页，中国人民大学出版社，2013）

解读：这个“花瓶”和“君子国”的比喻，体现了李瑞环对什么是社会主义、怎样建设社会主义的深刻思考。改革开放以后，内地经济和社会生活中出现一些困难和问题，比如下岗失业人员增多，贪污腐败、奢侈浪费现象蔓延，社会分配不公现象扩大，一些群众的基本生活发生困难等等。有些人简单地把这些问题的发生归到改革开放上，从而动摇了对改革开放的信心，希望回到过去那种没有黄、赌、毒，没有两极分化的时代。针对这种社会思潮，李瑞环作出辩证分析和清醒判断，提出：对于这些问题，第一要予以足够重视，不能掉以轻心，要深入实际，认真研究这些问题发生的原因，采取切实有效的措施，及时妥善地加以解决；第二决不因此停止改革开放的步伐，要看到这些问题是前进过程中的问题，只有在继续前进中才能解决。

李瑞环以“摆着好看的花瓶”和“《镜花缘》里的君子国”形象地比喻过去那种吃“大锅饭”、共同贫穷的状态，旗帜鲜明地主张要学会在改革发展的动态中解决问题，而不能因为一时出现的问题又回到老路上去。《镜花缘》中的君子国是一个“礼仪之邦”。在那里，“耕者让畔，行者让路”（《孔子家语·好生》），人们无论富贵贫贱，举止言谈，莫不恭而有礼。在君子国的市场交易中，卖主力争的是要付上等货，接受低价；买主力争的是要拿次等货，付出高价。李瑞环将改革开放前的时代与之类比，意在强调：把国民的道德觉悟过于理想化，漠视个人的实际物质利益，难以调动人们发展经济的积极性。

针对有人认为过去比现在强的观点，李瑞环说：“改革开放之前这一类问题确实较少，但那时有那时的问题。我们可以回想一下，那时候经济水平、人民生活、国家实力比今天如何？……有多少人包括对我们有意见的人真正愿意回到过去那种状态下去？”（《看法与说法》，20～21 页）他主张对事情要分析。黄、赌、毒，当然要清除，不能手软，但不能说过去没有黄、赌、毒，过去就比现在强。“和尚庙里倒是没有黄、赌、毒。我到过一个国家，和尚修炼到最高层次，只能拥有7件东西，这7件东西还包括身上背心、裤衩、钢笔在内。一个国家的人如果都这样什么也不想，什么也不要，行吗？”（《看法与说法》，21页）

李瑞环强调，发展经济，不断改善人民生活，这是社会主义的题中应有之义。共产党执政以后，一定要致力于发展生产力，集中力量把经济搞上去，使国家日益强盛，使人民生活不断提高，广大群众才会真心实意地热爱社会主义，社会主义制度才能不断巩固。他以苏联解体、东欧剧变的反面教训为佐证：“经济上长期没有搞好是这些国家的共产党垮台的一条十分重要的原因。工农业生产搞不上去，人民生活问题长期解决不了，吃不饱肚子，怎么会满意？”（《看法与说法》，61页）建设中国特色社会主义，必须处理好国家、集体、个人的关系。这三个方面的利益都必须兼顾，不能顾此失彼，既要有强大的国家、充满活力的集体（单位、企业），也要让人民过上幸福生活。

（王海龙）

67. 谁都知道不是每对夫妻都能百年好合，但我们也不能在结婚的时候就说你们可能过不好、过不到头。

原文：再比如一对新人结婚，我们通常都是祝他们百年好合，谁都知道不是每对夫妻都能百年好合，婚后难免有摩擦、有不愉快，甚至分手，但我们也不能在结婚的时候就说你们可能过不好、过不到头。和谐毕竟是人们追求的美好目标，“天下和静在民乐”嘛！（2010年4月25日同天津市主要领导同志的谈话，《看法与说法》，150页，中国人民大学出版社，2013）

解读：社会和谐是人们一直渴望追求的美好生活目标。生活在古代中国的人希望早日进入大同社会。饱经战乱贫苦的近代中国则希望加快实现国富民强。从《礼记》到《大同书》，都记载了人们对美好社会的向往与追求。2006年，党中央正式提出构建社会主义和谐社会的社会建设目标，并就如何促进社会和谐进行了详细部署。这是在总结中国几千年传统文化基础上得出来的，是在历经100多年磨难基础上凝练的，反映了广大人民的愿望，也体现了社会发展的内在规律。

但理想很丰满，现实很骨感。实现社会和谐、构建和谐社会并非一路坦途。实现理想目标的过程，必然会经历各种艰难险阻和关隘。正如李瑞环的绝妙比喻所说，一对新人结婚，我们都祝他们百年好合，尽管谁都知道不是每对夫妻都能百年好合，婚后难免有摩擦、有不愉快，甚至分手，但我们也不会在人家结婚时就说你们可能过不好、过不到头。新人结婚后，不仅要经历结婚初期的磨合期，还要经历“七年之痒”等诸多挑战，但我们不能因为婚姻中存在这些问题，就对结婚失去信心，讳疾忌医的态度、因噎废食的态度都是不可取的。

建设和谐社会、促进社会和谐，如同婚姻一样，是一个需要不断努力才会完美的过程。期间必是美好和磨难并存，希望和失望同在，需要仔细经营、精心呵护、努力奋斗。和谐是人们追求的美好目标。为了实现心目中的美好理想，历经磨难也值得。人类发展史表明，一帆风顺的事有，但大多数美好的事物都是历经苦难之后才得以实现。因此，为了实现心目中美好的生活，人们得有百折不挠的勇气和斗志。正如古人所说：“千淘万漉虽辛苦，吹尽狂沙始到金。”

进入新世纪，新一届中央领导人提出了民族复兴中国梦的伟大目标。实现这一目标同构建和谐社会一样，都需要苦干、实干。在中国文化传统中，家和国是相互依存的。“天下和静在民乐”。国家、社会的和谐与家庭、人际的和谐，都是我们的梦想，值得我们一代一代为之奋斗。

（沈传亮）

◇◇◇ 四 ◇◇◇

68. 基本理论的学习和宣传，不能像坐跷跷板一样。

原文：这几年基本理论的学习和宣传应该说差得太多，仅仅在政策上解释来解释去，老是解释不到根上去，就好像坐跷跷板一样，这边强调多了，那边就强调少了。一讲正统理论，某些自称搞改革开放的人就说是教条主义；一讲改革开放，又有某些人说是自由化。（1989年10月14日会见中华教育艺术研究会刘吉、曲啸、李燕杰、李永田四同志时的谈话，《看法与说法》，1006页，中国人民大学出版社，2013）

解读：注重理论的学习和宣传是我们党的优良传统。早在革命年代，毛泽东等领导人就提出马克思主义中国化的重大命题。经过艰苦的理论创造，把马克思主义基本原理与中国革命实践相结合，形成了指导中国革命的中国化的马克思主义。中国革命、建设和改革的历史经验表明，只有中国化的马克思主义才能解决前进道路上面临的各种困难，不断开辟中国革命、建设和改革的新局面。毛泽东思想、中国特色社会主义理论都是中国化的马克思主义。改革开放以来，伴随着大规模现代化建设，理论学习和宣传工作不断得到加强，出现了可喜局面。但也存在着不少问题，主要是对理论的解释如何得到大众认同。

李瑞环高度重视理论学习和宣传，对理论学习和宣传工作中存在的问题也洞若观火。他强调指出，理论学习和宣传工作不能像坐“跷跷板”，这边高来那边低。这点到了理论学习和宣传问题的总病根。党的历史上，我们大规模地开展过学习毛泽东思想、学习邓小平理论、学习“三个代表”重要思想、学习贯彻落实科学发展观等一系列活动，成效不可谓不显著，但有些地方保证不了学习效果，一些人撰写的理论文章也跑了偏，对理论的学习和宣传不够深入。其原因就在于没有能够吃透弄通理论，没有能够全面理解和把握理论，没有把灰色理论与火热现实结合起来，因而老百姓觉得理论学习和宣传不接地气。

那么，如何避免理论学习和宣传工作陷入非此即彼、左右不讨好的怪圈呢？李瑞环强调要全面辩证地看待这个问题，这就触及到了理论宣传的内在规律。在理论学习和宣传过程中，一个重要前提是理论解释者要吃透、吃准理论实质，深入研究理论。如果自己是半瓶子醋，解释起来丢三落四、存在偏差，就很难以理服人。跷跷板现象的出现，往往就是没有吃透理论导致的。接下来，理论宣传工作要避免面目可憎，从理论到理论是得不到老百姓认可的。这就涉及到接地气的问题了。李瑞环的讲话很受欢迎，一个重要原因就是句子朴实幽默，比喻恰当，与实际工作贴合得紧。当然，在理论解释过程中，还要遵从唯物辩证法。要讲究两点论和重点论相结合，避免出现这边热那边冷的问题，要论断客观、照顾全面。改革开放过程中出现了不少争论，对这些争论就要全面地看、辩证地看，不能给人留下非此即彼、非黑即白的印象，要有针对性地予以解释清楚。对那些只顾一点不及其余的现象，也要有理性的分析，有理有据地进行反驳。这些年来，理论宣传和学习工作有进步，也正是因为遵从了理论普及的内在规律。

（沈传亮）

69. 不能把理论当作包医百病的灵丹妙药。

原文：在现实生活中，理论落后于实践的现象是常有的。理论只有根据实践，不断地进行纠正、补充和概括，才能正确地反映实践并指导实践。如果把理论当作包医百病的灵丹妙药，万古不变的僵死教条，据此去剪裁、判定生活，只能是束缚实践，把生活拉向后退，把理论搞死。（1986 年 10 月 26 日在中共天津市四届五次全委扩大

会议上的讲话，《学哲学 用哲学》，94 页，中国人民大学出版社，2005）

解读：李瑞环的这个比喻提出了如何科学地看待马克思主义的问题。上世纪 80 年代，对于十一届三中全会以来实行的改革开放，干部群众在认识上并不是完全一致的，还存在着不同的意见和主张。每当中央提出一项重大决策时，总有人说什么离开了老“本本”，背离了“老祖宗”；每当改革开放出现一些暂时的、局部的问题时，总有那么一些议论，说什么“越改越后退，越放越没边”；有的甚至对改革开放的社会主义性质产生怀疑。所以，不少干部群众担心党的改革开放政策会变。同时，也有些同志看到马克思主义某些个别原理和结论不再适合现实情况，就对马克思主义的指导作用产生了怀疑。对于这些重大原则问题，李瑞环做了系统深入的思考，并在 1986 年 10 月 26 日在中共天津市四届五次全委扩大会议上提出，要用实践的观点和发展的观点看待马克思主义，在实践中坚持和发展马克思主义。

李瑞环指出，当理论与实践不一致时，修改的应当是理论。“实践的观点，是辩证唯物主义认识论首要的和基本的观点。按照这个观点，实践是理论产生的基础，是正确思想的唯一源泉。如果不承认依据实践可以修改理论，那就等于否定了实践的基础作用。实践是检验真理的唯一标准。如果不承认依据实践可以修改理论，那么实践就失去了检验的意义。实践又是发展理论的动力和目的，既不断给理论发展提供新的课题，也不断为理论发展提供新的依据。如果不承认依据实践可以修改理论，那么实践也就不成其为动力。也正因为如此，列宁讲实践高于认识，实践高于理论，实践不但具有普遍性的优点，而且还有直接现实性的优点。”（《学哲学 用哲学》，93～94 页）应当而且必须突破那些已被实践证明是不完善的或不适合变化了的情况的马克思主义的判断和结论。因为世界上的一切事物都在发展变化，人们对事物的认识只能是正确反映客观世界的一定过程和一定部分。“既然时代前进了，实践发展了，认识深化了，那么，对于马克思主义经典作家在当时历史条件下所作的某些结论，为什么不可以突破？为什么不可以根据新的实践加以充实，使之更加完备，更加丰富？”（《学哲学 用哲学》，94页）

由此，李瑞环提出要坚持马克思主义，就必须发展马克思主义，就必须根据历史条件的变化，从社会主义现代化建设的实际出发，适时地提出一些新的理论原则，作出一些新的理论概括，用以代替某些被实践证明不准确的结论。他批评有些同志虽然也讲坚持，但却主张不要有任何发展和突破，这种原封不动的坚持、空洞无物的坚持，根本谈不上是真正的坚持。“这种对待马克思主义的态度，只能是窒息社会生活，窒息改革开放，窒息社会主义事业，同时也窒息了马克思主义理论本身。”（《学哲学 用哲学》，95页）而坚持马克思主义，必须坚持理论与实践相结合，结合是运用，结合是目的，结合是坚持，结合是发展。离开结合谈坚持、谈坚决、谈坚定，只能是空话、大话、假话，只能给马克思主义抹黑乃至窒息或断送马克思主义。

当然，强调依据实践修正理论，强调从实践出发突破马克思主义的某些结论，并不是否认理论的重要性和马克思主义的指导作用。李瑞环说：“理论的东西，是反映事物本质、带规律性的东西，具有普遍性、稳定性和再现性。掌握了理论，就可以使我们在千头万绪、纷繁复杂的矛盾现象中分清主次、抓住根本，在变幻莫测的事物发展中把握方向，在困难和问题面前找到解决的基本方法。”（《看法与说法》，1064页）他以中国改革开放的成功实践说明，马克思主义没有过时，它的许多基本观点，它的辩证唯物主义、历史唯物主义的观点仍然有着现实的重大意义，并认为中国改革开放的巨大成就完全可以归结为马克思主义的胜利。他一贯倡导领导干部要提高马克思主义理论基础和修养，并认为：“一个人能否有出息，最重要的是取决于能否刻苦学习，比较全面、系统地掌握马克思主义的基本原理。”（《看法与说法》，1040页）

当前相当一部分领导干部对于中国特色社会主义道路、制度、理论缺乏自觉和自信，对马克思主义和社会主义的信仰不再坚定，其中一个很重要的原因，就是我们的理论建设落后于实践发展。对于新中国成立以来特别是改革开放以来我们所走过的道路、所取得的巨大成就、所积累的治国经验、所创建和发展的制度，在理论上缺乏有说服力的马克思主义解释。在中国共产党执政的条件下，我们如何吸收资本主义创造的文明成果，创新和完善社会主义的市场经济、民主政治和思想文化，更全面地发挥社会主义的优越性，马克思主义的经典作家没有给出现成的答案，需要我们在马克思主义基本理论与中国社会主义实践的结合中去探索。

（王海龙）

70. 不要把那些化了装的东西当作真理。

原文：长期以来，马克思主义被人为地附加了一些东西，已经不是本来的、地道的马克思主义，而是“化了装的马克思主义”。因此，我们必须坚持实践第一的观点，提高识别能力，分清是非，辨别真伪。……不要把那些化了装的东西当作真理。（1987 年 5 月 11 日同天津市政府研究室工作人员的谈话，《看法与说法》，1017 页，中国人民大学出版社，2013）

解读：马克思主义必须坚持，“老祖宗”不能丢。但是，坚持马克思主义，首先是要弄清马克思主义的本意，不能被某些附加于马克思主义名下的错误论点所迷惑。李瑞环所批评的“化了装的马克思主义”，实际上就是毛泽东说的那种吓唬人的“装潢美丽”的假马克思主义。在现实生活中，总有些人津津乐道于马克思主义的个别词句，专门在那里翻“本本”、找“条条”，咬文嚼字，主观地解释马克思主义，自卖自夸。党的历史上是吃过这种假马克思主义的大亏的。比如新民主主义革命时期的三次“左”的错误和“文革”时期的极左思潮，都差点葬送党的生命。史实表明，怎样对待马克思主义是关系党的事业兴衰的一个关键问题。中国共产党的一部奋斗史就是正确理解和运用马克思主义的历史，就是不断战胜曲解、附会马克思主义的历史。

怎样辨别真假马克思主义呢？不是英雄人物说了算，也不是多数人说了算，而是实践证明了才算。马克思主义从实践中产生，并且随着实践的发展而发展。“实践的观点是辩证唯物论的认识论之第一的和基本的观点。”（《毛泽东选集》，2版，第1卷，284页，人民出版社，1991）再好的理论如果离开了实践，只能是海市蜃楼。任何人都不可能穷尽真理，认识真理的过程，就是实践和认识不断循环往复上升的过程。邓小平说的“贫穷不是社会主义，发展太慢也不是社会主义”（《邓小平文选》，1版，第3卷，255页，人民出版社，1993），就是从实践中得出的一个光辉论断。

实践是马克思主义的本质属性。坚持马克思主义要随时注意与实践相结合，在结合上下大功夫，结合是运用，也是目的。离开结合谈坚持，只能是镜中花，水中月。马克思没有也不可能为今天的所有问题都预留答案。面对改革开放和现代化建设的一些困惑和难题，不能关在屋子里冥思苦想，而应该到实践中去寻找答案。上山方知山高低，下水方知水深浅。一个人要知道梨子的味道就必须亲口尝一尝，鞋子是否合脚也必须穿了才知道。总之，只有在实践中才能认识真理、检验真理。

（张太原）

71. 剪除了毒草，香花会更好地开放。

原文：“扫黄”的目的是为了繁荣文艺，而不是打击文艺。剪除了毒草，香花会更好地开放；清除了垃圾，社会文化环境会更加健康。不把那些充斥于文化阵地和文化市场的乌七八糟的东西扫掉，社会主义的、健康的文艺就不可能繁荣和发展。（1989年8月24

日在全国整顿清理书报刊及音像市场电话会议上的讲话，《看法与说法》，700页，中国人民大学出版社，2013）

解读：李瑞环在这里用剪除毒草来比喻“扫黄”，即清除不健康的文艺产品，用香花开放来比喻文化市场的欣欣向荣，十分生动和贴切。他主张坚决剪除毒草，让香花竞相开放，繁荣社会主义文艺。

改革开放以来，在市场经济大潮涌动中，引进西方先进技术的同时，一些腐朽没落的资产阶级生活方式也影响着中国，悄然改变着人们的思想。社会观念的裂变，为黄赌毒等丑恶现象的蔓延提供了滋生的土壤，不但公共娱乐场所成为黄赌毒的栖息地，诸如图书、影视、音像等也逐渐成为黄赌毒泛滥的重灾区。“黄色”制品以其不堪入目的内容，对社会文化和群众的思想造成十分严重的污染，败坏了社会风气。其中，对青少年的腐蚀最为严重。青少年正处在人格思想形成阶段，是非辨别能力弱，对外界充满好奇，容易模仿，极易为“黄色”制品毒害身心，严重的还可能诱发犯罪。1989年李瑞环从天津市调到中央，主抓思想文化宣传工作。他针对当时蔓延在思想文化领域的丑恶现象提出要给予坚决打击，指出：“‘黄色’出版物的泛滥，既是资产阶级自由化泛滥的结果，又对资产阶级自由化泛滥起了推波助澜的作用，所以‘扫黄’是反对资产阶级自由化的一个组成部分。”（《看法与说法》，715页）

在对毒草加大铲除力度的同时，李瑞环根据现实需要又提出：“要一手抓‘扫黄’，一手抓繁荣文艺和活跃群众文化生活。这个方针必须坚定不移。文艺的繁荣单靠抓‘扫黄’抓不出来。任何国家文艺的繁荣，都要靠发展健康的、优秀的文艺创作和演出活动，用健康的、优秀的文艺作品和文化活动占领阵地，使‘黄色’的低级庸俗的东西没有市场。所以，彻底地解决‘扫黄’问题，从根本上说必须用健康的群众喜闻乐见的东西来占领思想文化阵地，满足群众多层次、多方面的文化生活需要。繁荣社会主义文艺是一篇大文章，非下硬功夫解决好不可。”（《看法与说法》，714～715 页）这种两手抓的治理举措，避免了剪除毒草伤及香花的后果，对文化市场的繁荣给予了积极有力的推动，开创了生机勃勃的文化发展局面。

今天，重温李瑞环当年的讲话仍有深刻的现实意义。时下的文化市场，低俗和色情仍然是一些人逐利的手段：随手翻看一些生活类报纸，常有各种明星的生活隐私被“爆料”；随手点击一些主流网站，页面上不时会跳出充斥色情的画面，这些内容对青少年的不良影响可想而知。青少年是国家的未来和希望，引导他们形成高雅健康的志趣和追求，是一切文化工作者的使命。我们的文化工作者应以强烈的社会责任感，为社会大众提供文化精品，传播文明，传播真善美，传播正能量，要将自己的创作自由与社会责任统一起来。媒体亦应反思：是不顾社会后果，漠视公共利益，一味迎合低级趣味，还是在良莠混杂中去伪存真，在众声喧哗中激浊扬清？在价值多元的社会转型期，媒体将何以自处，才能肩负社会责任、不负公众期待？

（王宏霞）

72. 搞得群众没书看、没戏看，就如同搞得群众没粮吃、没菜吃一样。

原文：检验文艺领导工作是否有成绩以及成绩大小，根本标准就是看健康的社会主义的文艺是否繁荣。如果一个地方、一个部门长期出不了优秀作品，出不了杰出人才，甚至搞得群众没书看、没戏看，就如同搞得群众没粮吃、没菜吃一样，这样的领导不能说是称职的，也是不会取得广大群众的拥护与支持的。（1990 年 1 月 10 日在全国文化艺术工作情况交流座谈会上的谈话，《看法与说法》，702 页，中国人民大学出版社，2013）

解读：1989年，李瑞环到中央工作后分管宣传思想和文化艺术方面的工作。不久他提出“一手抓‘扫黄’，一手抓繁荣文艺”，要求各级领导要像抓“菜篮子工程”那样抓文艺生产，给出版社、通讯社、报社、电台、剧院（团）、制片厂等单位下达“出好书、出好报道、出好文章、出好节目、出好戏”的指标，以量化指标的办法促进文艺繁荣。宣传文化界实施的“五个一工程”，就是从这时开始的。

李瑞环认为，同物质食粮一样，文艺是人民群众的“精神食粮”。文艺是人民群众精神生活的一部分，我们必须努力解放和发展文艺生产力，满足人民群众对于精神文化的需求。他说：“文艺有娱乐、审美、认识、教育等多方面的作用。”“文艺的根本任务，是满足广大人民群众日益增长的文化生活的需要。因此，我们在提倡多创作健康有益、群众喜闻乐见的作品的同时，也不反对政治思想上无害、艺术上较好、群众喜闻乐见的作品，只要不违反国家宪法和法律，就不要横加干涉。”（《看法与说法》，690页）这些话从理论上回答了文艺的功能、目的、标准等问题，为正确理解和把握文艺工作的“双百”方针和“二为”方向提供了理论依据。

李瑞环还亲自挽救了不少濒临“流产”或“枪毙”的文艺作品，曾有文艺工作者亲切地说，“瑞环大叔，爱你没商量”。上个世纪90年代，北京的一批电视人要拍电视剧《北京人在纽约》，资金不够，想通过银行贷款解决。那时银行放款拍电视剧还无先例。情急之下，他们想到了李瑞环，于是给他写了封求援信，开头称呼就是“瑞环大叔”。李瑞环在接到这封信后，不但没有为年轻人的“不知深浅”而生气，而且还十分热情地帮了这个忙。后来《北京人在纽约》成了一部热播剧，获得了多个奖项，借银行的钱也连本带利还了，取得了社会效益和经济效益双丰收。1992年，另一部电视剧《编辑部的故事》播出也不是一帆风顺的。当时有些领导认为这个题材太玩世不恭。正当这部取材于社会热门话题的作品面临被“毙”危险时，剧组意外得到了中央领导李瑞环的支持。这年元旦李瑞环视察北京电视艺术中心时，有人大胆问他对这部电视剧的看法，他说政治上没问题，内容上也是人民群众喜闻乐见的，是反映社会的一个窗口。这部电视剧如期播出，并轰动一时。

（吴秀生）

73. 想吃辣椒就买辣椒，想吃西红柿就去买西红柿。

原文：要继续坚持文艺为人民服务、为社会主义服务的方向和百花齐放、百家争鸣的方针。在不违背四项基本原则的前提下，要允许各种不同风格、流派的文艺作品存在和发展，以满足人们的不同需要，正像有的人想吃辣椒就买辣椒，想吃西红柿就去买西红柿一样。决不能以个人的好恶和欣赏兴趣的不同，就随意否定一部文艺作品或一种艺术形式。（1989 年 10 月 7 日同天津市新闻、文艺、出版工作者座谈时的插话，《看法与说法》，724 页，中国人民大学出版社，2013）

解读：作为党的第三代领导集体的成员之一，李瑞环曾在中央分管过思想文化领域的工作，他支持创作自由、作品多样。他认为，在革命战争年代，文艺服从和服务于民族救亡图存的需要，即使其表现形式较为单一，也是可以被人民群众理解和接受的。在和平建设和改革开放年代，老百姓富而思文、富而思乐，要求艺术工作者提供内容更为广泛、形式更为多样的文艺作品。这种趋势也是自然地、历史地形成的。既然老百姓有多样性的需求，就要求我们解放思想、繁荣文艺，满足人们的需要。

首先要有包容的态度。要允许各种不同风格、流派的文艺作品存在和发展，以满足人们的不同需要。俗话说："萝卜青菜，各有所爱。"有的人想吃辣椒就吃辣椒，想吃西红柿就吃西红柿。物质需要各不相同，精神需要也不能强求一致。李瑞环说："有害的东西必须清除，有益的东西必须保护，益大害小的要修改，即使无益但也无害的东西也未必去反对，绝不能以反自由化为名，以个人好恶为标准，把几年来很不容易得来的好东西搞掉。”（《看法与说法》，725 页）我们不能以个人的好恶和欣赏兴趣的不同，就随意否定一部作品或一种艺术形式。这是由审美需要和艺术创作的差异性、多样性决定的。

其次要尊重艺术生产方式的特殊性。“这种生产方式是一种高度民主、非常自由的精神活动，与过多的干预、机械的强制不能相容。这种精神产品又要求是丰富多彩、多种多样的，最忌简单划一、强求一律，来不得任何公式主义和命令主义。”（《看法与说法》，694 页）如果动辄揪辫子、打棍子、扣帽子，把气氛搞得十分紧张，其结果只能是扼杀文艺。同物质生产一样，精神生产也有自身的规律性，必须“按照艺术生产规律办事”（同上）。

坚持创作自由，是马克思主义文艺思想的一条重要原则。马克思在批判对精神生产的压抑和禁锢时曾说：“你们赞美大自然悦人心目的千变万化和无穷无尽的丰富宝藏，你们并不要求玫瑰花和紫罗兰散发出同样的芳香，但你们为什么却要求世界上最丰富的东西——精神只能有一种存在形式呢？”（《马克思恩格斯全集》，中文 1 版，第 1 卷，7 页，人民出版社，1956）列宁、毛泽东也有过必须保证个人创造性和爱好的广阔天地，允许各色政治态度的文艺作品存在的论述。1956 年，毛泽东正式提出文艺要坚持“百花齐放，百家争鸣”的方针。实践证明，要想让人民群众自由地享受精神食粮，必须坚持创作自由的原则。

（吴秀生）

74. 给疮伤开刀，不碰着一点点好肉也不可能。

原文：“扫黄”，一开会，一动员，可能很快就会形成声势，没有必要的声势也不行。问题在于一扫起来，稍不注意，就可能过头，界限就可能分不清了。而一旦出现这种情况，就会遭到社会的非议，形成阻力，就可能造成欲进不能的局面。当然，给疮伤开刀，不碰着一点点好肉也不可能。但是，掌握这两者之间的界限，毕竟是重要的。（1989 年 8 月 9 日在听取文化部汇报时的插话，《看法与说法》，727 页，中国人民大学出版社，2013）

解读：改革开放以来，我国经济体制逐渐由计划经济向社会主义市场经济转变，解放了生产力，促进了生产的发展，国民经济空前繁荣。随着经济转型和社会发展，原有的价值观念松动，对社会成员的约束力减弱，与新的社会行为模式相适应的价值观念还在形成之中，尚未被社会成员普遍接受，导致出现价值规范的“真空”。这给“黄色”毒瘤膨胀以可乘之机，一度几近灭迹的“黄色”现象又呈蔓延之势。“如果听任这种瘟疫传布，将诱使许多意志不坚定的人道德败坏，精神堕落。”（《邓小平文选》，2 版，第 2 卷，338 页，人民出版社，1994）1989 年，全国性“扫黄”活动开展起来。

“扫黄”是为了净化社会主义文化环境，为健康的文化艺术提供发展的空间，最终是为了繁荣社会主义文艺。但在具体实践中，健康与不健康的东西不总是泾渭分明一望便知的，不全面仔细辨识，就可能在下手切除毒瘤的同时误伤健康的皮肉。因而，在“扫黄”时，分清并严格把握健康与不健康的界限是关系“扫黄”能否实现其初衷的大事，也是一件难事。李瑞环指出：“要分清了再扫，而不能扫完了再分，更不能不加分析地横扫一气。这就需要下很大功夫，一开始就搞得很细致，防止误伤好人。”（《看法与说法》，715 页）分清界限不是一件容易的事情，需要花大力气，下大功夫，尤其是在似是而非、模糊不定的时候，需要谨慎再谨慎。这种时候，确定合理的界限愈发重要。就好比做手术去除疮伤，总会触及健康皮肉，此时尤其需要定睛细察，仔细剥离，留下健康的，挖除受损的；如果不管不顾，就会伤及无辜，把本来顺乎民心的事情办坏。

在社会主义文化建设过程中，要严格把握政策界限。有害的东西必须去除，但在铲除毒瘤的同时，不仅不能伤及健康文艺，而且要促进健康文艺的繁荣发展。健康文艺繁荣发展了，“黄色”的东西就失去了卷土重来的机会，“扫黄”的成果才能巩固。

（毛术芳）

75. “共唱一台戏”，“补台”而不“拆台”。

原文：按理说，京剧界应该是最讲团结的，任何一出戏的成功演出，都是红花绿叶互相帮衬的结果。正因为如此，人们常常把“共唱一台戏”、“补台”而不“拆台”作为搞好团结的形象比喻。（1990 年 12 月 27 日在纪念徽班进京二百周年振兴京剧学术讨论会上的讲话，《看法与说法》，752 页，中国人民大学出版社，2013）

解读：一粒沙堆聚不成高塔，一滴水汇流不成江河，任何个人的力量在集体面前都是细微和渺小的，只有凝聚在一起，才会产生源源不断的强大力量。因为团结，一切困难都可以迎刃而解，任何险阻都能够跨越。从古到今，有许多讲述团结的箴言民谚，诸如“天时不如地利，地利不如人和”、“二人同心，其利断金”、“人心齐，泰山移”、“众人拾柴火焰高”、“三个臭皮匠，顶个诸葛亮”等等，“共唱一台戏，补台而不拆台”即是其中之一。这些生动形象的比喻浸透着中华民族的经验和智慧，激励着一代代炎黄子孙团结一致、奋发图强。

李瑞环在主管全国文化宣传工作期间，基于对民族优秀文化的深刻理解，热忱致力于京剧艺术的振兴繁荣。针对影响京剧界团结的一些历史遗留问题，他借用“共唱一台戏”、“补台”而不“拆台”的比喻，疏导群众思想，化解了许多历史积怨和内部矛盾。1990 年 12 月，在纪念徽班进京二百周年振兴京剧学术讨论会上，李瑞环指出："振兴京剧归根结底要靠京剧界自身，靠京剧工作者的齐心合力、艰苦奋斗"。"在当前京剧发展遇到诸多困难的情况下，京剧界在同行之间，不同流派之间，领导和群众之间，演员职员之间，都不应该计较个人之间的恩恩怨怨和是是非非，而要同心同德，形成合力，把劲使在发展繁荣京剧艺术事业上。"(《看法与说法》，751～752 页）通过化解和疏导，成功地把京剧界的思想统一到推动中华京剧艺术传承和光大上来，使京剧界呈现出一派繁荣景象。

我们知道，矛盾是普遍存在的，不过由于事物性质不同，矛盾的性质也就不同。矛盾着的对立面既统一，又斗争，由此推动事物的运动和变化。懂得了这个对立统一规律，就可用以观察和处理问题，正确认识矛盾性质，从而主动积极地去解决矛盾、促进团结。1990 年 4 月，李瑞环在参加《人民日报》国内记者工作会议时说："筷子与肉斗，肉到了嘴里；手术刀与人斗，可以去除病灶；扁担与肩斗，可以把水挑到家里。这些都是斗嘛！为什么一说斗，非要你把我整垮、我把你整垮呢?"(《辩证法随谈》，383 页）他用大家熟知的生活现象阐释斗争的多样性，强调通过解决矛盾和协调关系可以实现团结。

在改革全面推向深入的今天，时时处处存在着这样那样的矛盾，求大同，存小异，维护团结，是各项事业顺利前进的保障。正如毛泽东在《关于正确处理人民内部矛盾的问题》中所说："国家的统一，人民的团结，国内各民族的团结，这就是我们的事业必定要胜利的基本保证。"(《毛泽东著作选读》下册，757 页，人民出版社，1986）对各级党政领导干部来说，要想搞好事业，就要团结各方面的力量，在遇到矛盾时不能绕道回避，要在讲大局中求统一。尤其对领导班子而言，更需要做到相互补台而不拆台，相互补位，相互配合。只有这样，才会工作起来拧成一股绳，取得事业的成功。

（王宏霞）

76. 如果周仓拿着盒子炮、关公拿着报话机，岂不叫人笑掉大牙。

原文：民族文化采用现代科技手段，既要积极，又要谨慎。吸收现代科技手段，是为了更好地丰富和发展民族文化的特色，而不是削弱它、冲淡它、破坏它。要使二者科学地结合起来，为广大群众所接受和欢迎。比如京剧就是姓“京”，不管运用什么现代科技手段，都必须以不破坏它的艺术特色为准绳。如果周仓拿着盒子炮、关公拿着报话机，岂不叫人笑掉大牙。（1990 年 1 月 10 日在全国文化艺术工作情况交流座谈会上的讲话，《看法与说法》，761～762 页，中国人民大学出版社，2013）

解读：京剧是国粹，是一门精美、典雅的艺术形式。但是在当今时代，京剧正在受到无情的冲击。有的演出团体在京剧中加入话剧、歌剧、电影、电视的元素，追求大场面带来的视觉冲击；有的剧场将京剧与交响乐、迪斯科、霹雳舞混杂在一起呈现给观众；一些景点出现所谓旅游式的京剧、杂耍式的京剧。李瑞环说的“周仓拿着盒子炮”，“关公拿着报话机”，指的是无视艺术内容与形式的内在统一，随意对艺术要素加以改变或拼接的做法。京剧的发展到底应该走什么样的路子，业界产生了严重的分歧。一派认为，京剧艺术应当与现代科技结合，走经济化甚至娱乐化的路子；一派则坚决反对那种改行或变种式的所谓改革。出于对民族文化发展规律的深刻理解，李瑞环在不同场合多次呼吁京剧艺术要走先继承后发展的路子。

李瑞环认为，传承和发展京剧艺术首先要老老实实学习前辈，保持京剧的原汁原味，在继承的基础上创新，必须反对违背艺术规律的所谓“改革”、改行或变种。在他看来，就像魏晋时期二王（王羲之、王献之父子）的书法在历史上达到不可企及的高度一样，京剧在艺术上达到的高度也是空前的，应当倍加珍惜、好好继承。先继承后发展，既是回归京剧艺术本体的路子，也是保护中华民族这一宝贵的非物质文化遗产的基本要求。

艺术是人们思想感情的表达与传递手段，艺术门类的差别就在于传递思想与感情的媒介不同。表演艺术是以人的身体为媒介的，艺术家的所有手段本质上就是合目的性地、自如地运用自己的声音、表情和动作来进行创造性的表情达意。表情的表现力表现在控制眼神和面部肌肉的功力，声音的表现力表现在控制声带发声部位的功力。优秀的表演艺术家无不表现出对身体媒介卓绝的控制力。他们与普通艺术家的差异或许在毫厘之间，但正是这些差别造就了艺术的伟大与平庸的天壤之别。这种艺术传承，只有通过“身法与心法”“口传心授”，才能原原本本地得以保留，别无他途。

从传统艺术发展规律来说，京剧艺术只有先讲原原本本的继承，才有可能谈发展。必须排除那些干扰艺术本体的因素，使京剧艺术坚持走真正的艺术之路。京剧就是京剧，不能走政治化的道路。当年“文化大革命”中的京剧“样板戏”，走向了完全政治化，偏离了艺术轨道。那时的“挺胸、昂首、握拳、瞪眼”完全由政治标准来设定，与人内心的情感和行为没有关系。在市场经济条件下，京剧也不能走经济化、娱乐化的道路。“周仓拿着盒子炮”、“关公拿着报话机”的现象，不应当在京剧舞台上出现。否则，只能断送京剧这门典雅的艺术形式。

（吴秀生）

77. 本着“先救命后治病”的原则，抓住重点，急事先办。

原文：与一些历史较短的国家相比，我国文物的显著特点一是年代久，二是数量多。由于年代久，许多文物经历了几百年、上千年，称得上饱经风霜，抵御自然侵蚀的能力大大降低，有些抢救一下就保存下来了，不抢救就没有了；早抢救几年甚至几个月就保存下来了，晚几年甚至几个月就没有了，而历史文物是无法再生的，一时的延误就有可能造成千古遗恨。由于数量多，加上我们过去的欠账又比较多，即使投入的力量有较大的增长，与实际需要相比仍然会有相当大的距离，这就需要按轻重缓急进行比较排队，本着“先救命后治病”的原则，抓住重点，急事先办，把有限的力量首先用于抢救那些快“断气”的孤品、珍品上去。只有这样，我们的文物保护工作才能做到有重点、有区别、有标准、有成效。（1992年5月8日在全国文物工作会议上的讲话，《看法与说法》，770页，中国人民大学出版社，2013）

解读：中国历史悠久，文物众多。这些历史文物历尽沧桑，饱经风霜，许多缺乏保护，处于危险之中。保存还是毁坏？对于我们的历史文物，这是一个迫在眉睫的问题。“历史文物是无法再生的，一时的延误就有可能造成千古遗恨”！李瑞环大声疾呼，主张要像抢救遇险的人的生命那样，抢救濒危的历史文物。文物保护方面的欠账较多，许多问题亟待解决，但最急迫的还是首先抢救那些快“断气”的孤品和珍品。这就是“先救命后治病”的原则。在特定抢救历史文物的关键时刻，稍加迟疑延误，就会造成无可挽回的损失。

保护文物是国家的大事、社会的大事，是精神文明建设的重要内容。历史文物是历史唯物主义直观、生动、形象的教材。它把各个时代社会的制度、生产、生活以实物形式展现在人们面前，“帮助我们了解社会发展规律和历史演变进程，了解中华民族长期居于世界领先地位的古代文明，了解近百年来中国人民前赴后继、争取民族独立解放的英勇斗争”。“历史文物是联结中华民族的强大精神纽带。有些珍贵文物已成为举世公认的中华民族的象征。”（《看法与说法》，779页）保护好历史文物，是历史的、时代的责任，也是全民的、全社会的责任。我们要尽最大努力，保护好传到我们这一代手里的文物，将它继续传给我们的后代子孙。

总的说来，在文物事业中，必须坚持“保护为主、抢救第一”的方针，做到有重点、有区别、有标准、有成效。文物部门要改进作风，深入实际，扎实工作，提倡知实情、想实招、办实事、求实效，作出全面的、切实可行的规划，然后一件一件去办。李瑞环常说：“历史的人干历史的事”。我们不要超越历史阶段去干未来才能干的事，也不能逃避历史责任，不去干我们应当而且可以干的事。“如果我们这些‘历史的人’没有干‘历史的事’，使祖先留下的这份遗产在我们手中糟蹋了、损坏了，那就不是一般的工作失职，而是上无以对祖先，下无以对子孙，成为千古罪人。”（《看法与说法》，771 页）如此神圣责任，岂可等闲视之！

（郭湛）

78. 房子长久无人住就坏掉了。

原文：从某种意义上说，保护文物的最终目的是为了利用；有些文物没有利用就不能很好保护。比如房子，长久无人住就坏掉了。（1990 年 4 月 19 日听取陕西省委、省政府工作汇报时的讲话，《看法与说法》，777 页，中国人民大学出版社，2013）

解读：民间有句老话：房子不怕住，就怕空。农村有些老房子，歪歪斜斜，摇摇欲坠，好像来一股强风就要被刮倒似的；但是只要有人住，每日烟熏火燎，就可以长期屹立不倒。然而，一旦人去屋空，不需多少时日，先是墙裂地陷，接着砖断梁折，最终是断壁残垣，一地瓦砾。1990 年 4 月，李瑞环在听取陕西省委、省政府工作汇报时，用这个比喻形象地谈了文物保护和利用的关系问题。

文物是人类在历史发展过程中遗留下来的遗物、遗迹，它是人类宝贵的历史文化遗产。李瑞环特别重视珍惜与保护中华民族文化瑰宝，1990 年 1 月，他在全国文化艺术情况交流座谈会上说：“无论是东方还是西方，世界各民族都有自己独具特色的文化。文化离不开人民的生活、习惯、思想、感情。而各民族人民语言不同，历史发展不同，地理环境各异，经济和社会发展形态有别，所以，文化总是具有鲜明的民族形式、民族风格。”（《学哲学 用哲学》，678 页）一个国家要实现文化的繁荣，必须注重研究和继承民族文化的优秀遗产。对于中国来说，继承和发扬我们民族的优秀文化传统，是实现中华民族伟大复兴的历史文化前提，具有特别重大的意义。

“保护为主，抢救第一，合理利用，加强管理”，这是大家耳熟能详的文物保护工作方针。保护、抢救、管理这三条多无异议，唯在合理利用这条的理解上，却是说法不一。有的说要原封不动地保存，藏之南山，留给后世；有的说要全方位开发利用，服务当下，为今所用。1992 年 5 月，李瑞环在全国文物工作会议上指出：“保护文物的目的最终还是利用。实践证明，合理、适度、科学的利用，不仅不会妨碍保护而且有利于保护。”“但是，所有的文物利用，都要服从国家有关法规，在保护文物安全的前提下进行，都应当有助于保护。”（《学哲学 用哲学》，688 页）在文物工作中，处理好保护和利用的关系，在利用中坚持合理、适度、科学的原则，会更有利于文物的保护。

（刘宝东）

79. 只有不同的调味品的结合，才能做出美味佳肴。

原文：和的思想、和为贵的思想不是不分是非，不是无原则的苟同，而是和而不同。它认为世界万事万物都是由不同方面、不同要素构成的统一体，在这个统一体中，不同方面、不同要素相互依存、相互影响，相异相合、相反相成。只有不同的调味品的结合，才能做出美味佳肴，只有不同的音调的交响，才能奏出动听的音乐。（1996 年 1 月同全国政协八届四次会议文稿起草人员的谈话，《务实求理》，84 页，中国人民大学出版社，2010）

解读：李瑞环在这句比喻中道出了中华传统文化中“和”的思想的精髓。“和”的思想源远流长，是中华民族传统文化的基本精神所在，也是中华民族孜孜以求的理想境界，其内核即“和而不同”。“和而不同”源于《论语·子路》：“君子和而不同”。其中，“和”即不千篇一律、共生共长，“不同”即互相促进、相辅相成。和而不同，其实质就是承认多样，承认差异，承认不同，追求人和事物内在的和谐统一，而不是表象上的相同和一致。而承认多样、差异和不同，就意味着承认矛盾和冲突，甚至对抗。

由于长期以来对“和”的思想的以讹传讹，使很多人误以为提倡“和”，就是不分是非，不分善恶。2002 年 5 月下旬李瑞环出访英国，他在英中贸易协会举行的欢迎午宴上所作的题为《和睦相处　和谐共进》的演讲中，对“和”的思想作了如下解释：“‘和’不是盲从附和，不是不分是非，不是无原则的苟同，而是‘和而不同’。‘和’的思想，强调世界万事万物都是由不同方面、不同要素构成的统一整体。在这个统一体中，不同方面、不同要素相互依存、相互影响，相异相合、相反相成。”（《务实求理》，95 页）他在全国政协八届四次会议前同文稿起草人员谈话时也曾有过相关论述：“和的思想、和为贵的思想是做好协调工作的依据、凭借。重视协调、加强协调工作是弘扬和为贵优良传统的必然要求，符合事物的客观规律，符合马克思主义辩证法的实质，符合时代的发展潮流，也符合中华民族的优良传统。”（《务实求理》，86 页）这些理解，充分诠释了中国传统文化中“和”的思想的本质特性，并且与马克思主义的辩证法观点有机地结合起来。

马克思主义哲学认为，对立统一规律是宇宙的根本规律，不论在自然界、人类社会和人们的思想中，这一规律都是普遍存在的。“矛盾着的对立面又统一，又斗争，由此推动事物的运动和变化。矛盾是普遍存在的，不过按事物的性质不同，矛盾的性质也就不同。对于任何一个具体的事物说来，对立的统一是有条件的、暂时的、过渡的，因而是相对的，对立的斗争则是绝对的。”（《毛泽东文集》，第 7 卷，213 页，人民出版社，1999）毛泽东早在 1937 年的《矛盾论》中，就指出事物的矛盾法则，即对立统一的法则，是唯物辩证法的最根本的法则。一切事物中包含的矛盾方面的相互依赖和相互斗争，决定一切事物的生命，推动一切事物的发展。没有什么事物是不包含矛盾的，没有矛盾就没有世界。

对立和统一分别体现了矛盾的两种基本属性，对立属性又称斗争性，统一属性又称同一性。这两种属性是相互联结、相辅相成的，它们在事物的发展中具有重要作用。但是在一段时间里，人们片面强调矛盾的普遍性和斗争的绝对性，而忽视矛盾、斗争的统一性和多样性，所以只看到矛盾双方同归于尽或者新事物取代旧事物的方式，而没有认识到对立面之间互相制约而取得平衡的方式。因而，他们不但据此否定“和”的思想，而且还歪曲了马克思主义。这种片面认识和歪曲理解一度甚嚣尘上，造成了国人思想和价值观的混乱，也造成了中国社会的动荡。即使在改革开放以后，这种极端、片面的思维模式依然影响甚广。李瑞环指出：“那种将矛盾简单化为你死我活的僵化思维，不但在理论上违背马克思主义辩证法的精髓，而且在实践中危害甚大。”（《务实求理》，84 页）

李瑞环本着“拨乱反正”的精神，以极大的理论勇气，致力于纠正长期以来人们对于“和”的思想的错误认识，以及将“和”的思想与马克思主义基本原理对立起来的看法。他指出：“对立统一规律讲事物在一定条件下的转化，但重要的是在一定条件下，量变发展到质变的情况下。通常情况下，对立双方尽管不断发展变化，但大多只是渐进性的量变。任何矛盾都有其存在和发展的过程，任何矛盾在其发展过程中都存在着多种互相依存、互相对立的关系。‘一阴一阳之谓道’，而这种依存与对立的关系，并不破坏矛盾的统一体，恰恰相反，是矛盾存在的依据。”（同上）他还以磁铁的例子来作进一步阐明：“一块磁铁总有南北两极，这两极总是不可分割地联系着，即使将它切断、打碎，它仍然是南北两极同时存在，要想得到只有南极而没有北极或者只有北极而没有南极的单磁极是不可能的。如果把它的一极磁性消除了，那么它的另一极磁性也将同时消失。太阳系的形成和运动就是对立的力互相作用而获得平衡的结果。正是相互起相反作用的离心力和向心力，使太阳系的众多行星保持在其轨道上旋转。由于作用和反作用的统一，地球非但没有被吸引到燃烧的太阳上，也没有远离太阳奔向浩渺的太空。”（同上）这样的论述，在坚持矛盾的斗争性的同时，也坚持了矛盾的同一性，不仅符合马克思主义辩证法的观点，而且也与中国传统思想精髓一脉相承，对于当下的中国和谐社会的构建以及和谐国际关系的构建都有着十分突出的现实意义。

（王宏霞）

80. 不能有了汉堡包、比萨饼而丢了我们的饺子和馅饼。

原文：在科学高度发达，特别是交通、信息十分便捷的条件下，做到既学习别人的优点，又保持自己的特色是很不容易的，然而这是必需的。不能有了西餐而丢了中餐，不能有了汉堡包、比萨饼而丢了我们的饺子和馅饼。当然，汲取他人成果要同本国、本民族的实际相结合，发扬自己的长处和优势，增强人民自立于世界民族之林的自信心。遵循这样一些原则，人类社会就能够和平稳定，就能够丰富多彩，就能够共同进步。(1997 年 5 月 25 日同《会见希腊总

统康斯坦丁·斯特凡诺普洛斯的谈话参考要点》起草人员的谈话，《看法与说法》，1244 页，中国人民大学出版社，2013）

解读：当今世界是经济文化急剧交流和融合的时代。如何看待这种交流与融合，直接关系着一个国家的经济文化安全和发展。李瑞环用“不能有了汉堡包、比萨饼而丢了我们的饺子和馅饼”这个比喻强调，我们在汲取和借鉴其他国家和民族所创造的优秀文明成果时，一定要保持和弘扬中华民族自己的特色。那些“汉堡包、比萨饼”要引进，这会使我们的生活更加丰富多彩，但那些“饺子和馅饼”也绝不能丢弃，因为它们是我们中华民族传统的重要载体，蕴含着民族文化的密码和中国人民最深沉的情感。李瑞环曾经这样说：“民族是多种的，文明是多元的。每一种文明之所以能够存在和发展，都有其理由和根据，都有其价值和作用。各种文明都是人类文明的组成部分，都对人类文明做出了贡献。在人类几千年的历史上，不同文明之间尽管有过摩擦、碰撞和冲突，但交流、借鉴和融合始终是发展的主流。”（《辩证法随谈》，138～139 页）

中国近代以来由于实施“闭关锁国”政策，严重落后于整个世界的发展，对于自工业革命以来的世界变革了解很少，失去了与西方发达国家同时起步的历史机遇。落后就要挨打，灾难深重的近代中国成为西方列强口中的一块“肥肉”，谁都要来抢一块。所以，学习和借鉴其他国家和民族创造的优秀文明成果，是中国进步与发展的重要条件。但是，我们在对外开放和国际交流与合作中，不能妄自菲薄，失去自我，似乎外国的一切都比中国的好。中国是一个文明古国，有着丰富多彩的历史文化和文明传统；中国是一个发展中的大国，中国特色社会主义道路是一条符合中国国情的发展道路。1986 年李瑞环就指出：“在对待中国历史文化的问题上，我们应该自信、自爱、自重、自强”（《看法与说法》，572 页）。这自信、自爱、自重、自强，可谓掷地有声。

毛泽东对中国传统优秀文化有着深厚的修养，毛泽东思想蕴含着丰富的中国传统优秀文化因素。阅读他的文章和著作，特别是像《实践论》、《矛盾论》，我们会为他著作中所体现的博大精深的中国文化精髓所感染。李瑞环指出：“毛泽东同志对我国的民族文化有极深的造诣，并在长期的革命和建设实践中加以灵活的运用。他的讲演和论著对祖国语言、历史典故、诗词语汇的运用自如和赋予新意，是众所周知的。”(《务实求理》，755 页)

李瑞环主张大力弘扬中华民族优秀文化，并对此有系统的论述。1990 年 1 月 10 日他在全国文化艺术工作情况交流座谈会上，就弘扬民族优秀文化作了较系统的论述。建设有中国特色的社会主义新文化，一定要植根于中华民族文化的深厚土壤，深入地研究中国的历史文化，弘扬中华民族文化的优秀传统。繁荣文艺，既是稳定社会的一种手段，也是社会稳定的一个标志。要实现文化的繁荣，必须注重研究和继承民族文化的优秀遗产，优秀的民族文化不能丢掉。他强调文化总是具有鲜明的民族形式、民族风格，“丢掉民族的优秀文化遗产，不仅是民族自身的悲剧，也是人类的损失”(《务实求理》，752 页)。中华民族文化是一个丰富博大的有机整体，既包括汉民族的文化，也包括各少数民族的文化。既包括悠久的古代文化，也包括近代和现代文化，其特点是源远流长、博大精深、影响深远。中华民族文化对于人类的进步和发展产生了广泛深远的影响，丰富了世界思想文化宝库。例如，四大发明、古代辩证法、教育思想、军事思想等。他号召大家在珍惜、保护和发掘中华民族的优秀文化遗产时，在继承的基础上，有所创造，有所前进。

2014 年 2 月 24 日，习近平总书记在中共中央政治局第十三次集体学习时讲道：中华文化源远流长，积淀着中华民族最深层的精神追求，代表着中华民族独特的精神标识，为中华民族生生不息、发展壮大提供了丰厚滋养。2014 年 5 月 22 日，他在上海召开了外国专家座谈会并指出：中国要永远做一个学习大国，不论发展到什么水平都虚心向世界各国人民学习，以更加开放包容的姿态，加强同世界各国的互容、互鉴、互通，不断把对外开放提高到新的水平。这就是说，我们要在继承和发展中华优秀文化的同时，以海纳百川的宽广胸怀向世界各国人民学习。

按照李瑞环的看法，学习和借鉴世界上其他国家的优秀文化成果，处理不同文明之间的关系问题，必须坚持三条原则：一是要相互尊重，承认人类文明的多元性，肯定他国、他民族的历史地位和贡献，尊重各国人民的意愿和选择，不能把某一国的做法作为唯一模式强加于人，反对各种形式的霸权主义。二是要相互学习，各国、各民族都不能满足于自己以往的成就，应该实行开放政策，通过交流合作，认真汲取和借鉴其他国家、民族所创造的优秀文明成果，不断为自己的文明注入新的活力。在经济关系中尤其要反对各种形式的保护主义思潮。三是要保持特色，在今天科学技术高度发展的条件下，做到既要学习别人的优点，又保持自己的特色很不容易，汲取他人成果要同本国、本民族的实际相结合，发扬自己的长处和优势，增强人民自立于世界民族之林的自信心。这一点对于我们今天的对外开放来说，仍然具有重要的意义。

（贺耀敏）

81. 武松是英雄，那是因为他打死了老虎，他要是打了一只猫，就算不上英雄了。

原文：像中国这样的乒乓球大国，称雄世界那么多年，不受一点挫折不可能，受挫折也不一定是坏事。整个世界竞技运动的发展都是以对方强大为提高自己的前提。对方强了你打不过，你就要想办法，就可以发展；如果对方越打越软，就促进不了自己的发展。比如说武松是英雄，那是因为他打死了老虎，他要是打了一只猫，就算不上英雄了。非得出了若干老虎，人们想法对抗，才能出打虎英雄。（1991 年 5 月 13 日接见参加第四十一届世界乒乓球锦标赛的中国代表团时的谈话，《看法与说法》，1147 页，中国人民大学出版社，2013）

解读：李瑞环不仅自己热爱体育运动，而且十分关心我国的体育事业。他长期担任中国乒乓球协会名誉主席，对中国乒乓球运动的蓬勃发展倾注了大量心血。在中国乒乓球队高奏凯歌、勇夺冠军的时候，人们能够看到他对中国乒乓球队的热情鼓励和祝贺，在中国乒乓球队遭遇挫折、处于低谷的时候，人们更能看到他对中国乒乓球队的亲切问候和关怀。他经常与中国乒乓球队的队员们一起总结成功的经验，分析失误的教训。这一段讲话就是李瑞环在中国乒乓球队处于发展低谷、遭遇严重挫折的时候对大家的谈话。

在 20 世纪 80 年代，中国乒乓球队在世界锦标赛中取得了巨大的成功。在世界锦标赛男子团体、女子团体、男子单打、女子单打、男子双打、女子双打和男女混合双打 7 项大赛中，中国乒乓球队都取得了骄人的成绩，1981 年在南斯拉夫举办的第 36 届世乒赛中，中国队斩获全部 7 项冠军；1983 年在日本举办的第 37 届世乒赛，1985 年在瑞典举办的第 38 届世乒赛，1987 年在印度举办的第 39 届世乒赛中，中国队均获得了 6 项冠军。可见，在这一时期中国乒乓球队处于事业发展的全盛时期，出现了乒乓球界戏称的“中国打世界”的局面。但是在此之后一段时间，中国乒乓球队遭遇了前所未有的挫折，1989 年在德国举办的第 40 届世乒赛中，中国队丢掉了男子团体、男子单打、男子双打和男女混合双打冠军，仅获得 3 项冠军。1991 年在日本举行的第 41 届世乒赛中，中国队还是仅获 3 项冠军，丢掉了男子团体、女子团体、男子单打、男子双打冠军。这对于中国乒乓球队和热爱中国乒乓球队的国人都是巨大的打击，中国乒乓球运动也遭遇到了空前的低谷。

第 41 届世乒赛于 1991 年 5 月 6 日闭幕，5 月 13 日李瑞环就接见了参加这届锦标赛的中国乒乓球代表团，发表了重要讲话。他深刻分析了世界乒乓球运动发展的趋势和特征，深入阐述了中国乒乓球运动发展的问题，为大家指明了中国乒乓球运动发展的前景和途径，这次谈话成为中国乒乓球运动的一次重要转机。

首先，他指出任何事物的发展都不可能不遭受挫折，受挫折不一定就是坏事。实际情况也是如此，在中国乒乓球队称雄乒坛的时候，其他国家的乒乓球运动员都在认真研究适应和克服中国乒乓球队打法的办法，“中国打世界”的过程，也是世界研究中国队打法的阶段。所以，在一定时期遭受一点挫折看来是一件坏事，但是对于中国乒乓球运动水平的提高来说，或许不一定就是坏事。

其次，他深刻地分析了世界乒乓球运动的发展趋势，指出整个世界竞技运动的发展都是以对方强大为提高自己的前提。对方强了你打不过，你就要想办法，就可以发展；如果对方越打越软，就促进不了自己的发展。世界锦标赛是一项竞争激烈的顶级赛事，它是强手切磋和提高的平台，与高手过招，水平提高就快。如果始终难逢对手，自己的水平也很难提高。中国乒乓球队就是要深入研究对手的打法，要想办法克服它。

最后，他热情地鼓励中国乒乓球队和运动员要做“真武松”，真武松就要打真老虎。如果没有真老虎，怎么会有真武松？他用武松和老虎的辩证关系来说明提高自己的水平的重要性，不仅对于中国体育运动十分贴切，对于我们搞好其他方面的工作也具有普遍的指导意义。这样充满哲理和智慧的轻松谈话，给了刚刚回到祖国的中国乒乓球队以极大的鼓舞和勉励，扫去了一度笼罩在运动员心头的阴霾。

从这届世界乒乓球锦标赛之后，中国乒乓球队又开始了新的长征，新人层出不穷，成绩越来越好。1993 年在瑞典举办的第 42 届世乒赛中，中国队获得 4 项冠军；1995 年在天津举办的第 43 届世乒赛中，中国队重新斩获全部 7 项冠军。从此，中国乒乓球队的优势更是一发不可收拾，长期引领世界乒乓球运动的潮流。

（贺耀敏）

82. 没有好的种苗，不可能有好的收成。

原文：注意选好苗子。农民种地非常讲究有好种子和好苗子，没有好的种苗，不可能有好的收成。运动员没有好的苗子，再努力培养也不会有大的作为。个头高就去打篮球，个矮就不要去打篮球，如同京戏一样，个头高的唱大武生好，个矮的唱武丑好。乒乓球如何选苗，大家长期以来进行了不断探索。（1999 年 8 月 13 日接见中国乒乓球队时的讲话，《学哲学 用哲学》，167 页，中国人民大学出版社，2005）

解读：李瑞环重视体育事业的发展，根据体育运动发展的规律，十分注重培养人才工作，不断强调要从娃娃抓起，要选好苗子。特别是从 20 世纪 80 年代后期开始，大约有 10 年的时间，中国乒乓球队处于事业发展的低谷。这时，他更是反复强调乒乓球运动一定要从娃娃抓起，选好苗子，精心培养。1991 年他曾讲过："'撒大网、建基地、抓小孩'，就是要从普及开始，百里挑一、千里挑一，选早、选好，然后送进基地进行强化培训。当时乒乓球面临一点危机，男队成绩滑坡，女队后备力量缺乏。后来体委重视了选苗，时间不长就出现一批优秀的年轻选手。这一条经验很重要，也不简单。"（《学哲学 用哲学》，167 页）1999 年，他继续强调指出：运动员没有好的苗子，再努力培养也不会有大的作为。正是在李瑞环的亲自指导下，中国乒乓球运动才开始走出低谷，实现了新的飞跃。

选好的苗子对于体育运动十分重要。体育运动特别是竞技体育本身就是对人的体能和技能的激烈考验，对运动员各个方面素质的要求也相当高。没有良好的先天条件，许多体育项目是根本无法参与的。例如，篮球运动对于运动员的身高就有基本的要求，姚明打篮球就有身高带来的天然优势，让姚明去踢足球就无法发挥他的优势；乒乓球运动对于运动员的灵活性就有基本的要求，我国著名运动员容国团、庄则栋、郭跃华、江嘉良等都充分展示了他们的球技和灵活性，但是让他们去参加田径赛跑就无法发挥他们的优势。其实许多体育运动项目都是如此，好的苗子才能成长为好的运动员，先天不足就不可能成为优秀的运动员。这并不是说人的主观能动性不重要，而是说没有这个基础和条件，仅有主观能动性是远远不够的。

中国乒乓球队从前所未有的低谷中走出来，关键的一条就是抓紧培养了一批优秀运动员。在深刻反思和总结中国队参加世界乒乓球锦标赛的失误教训时，李瑞环就指出，后备队伍缺乏是一个重要因素。中国乒乓球队正是从20世纪90年代初开始抓紧培养接班人和后备力量，精心挑选优秀运动员，让他们积极参加各种比赛，勇于挑大梁。之后相继涌现出了以刘国梁、孔令辉、王励勤、王皓、张继科等为代表的优秀男子乒乓球运动员和以邓亚萍、王楠、张怡宁、李晓霞等为代表的优秀女子乒乓球运动员，正是这一批优秀运动员的崭露头角，改变了中国乒乓球运动水平下滑的局面，在各项世界锦标赛中为祖国赢得了荣誉。

“选好苗子”是李瑞环指导我国乒乓球运动所提出和总结的成功经验，这一经验对于其他领域的工作也具有重要的指导意义。从大的方面说，我们党的事业能不能兴旺发达，最重要的一条就是有没有一大批既忠诚于党的事业、又具有开拓创新能力的可靠接班人，没有这样一大批党的事业的可靠接班人，任何其他的事业都无从谈起。从小的方面说，我国具有丰富多彩的优秀文化传统，有许许多多老字号、老品牌，许多老字号、老品牌面临着严重的萎缩局面，其中最主要的因素就是后继无人，没有多少人愿意学习这些传统手工艺技术，一些传统手工艺技术面临失传的危险。要发扬这些民族优秀文化成果，就必须解决选好苗子的问题，目前政府推动的认定国家级非物质文化遗产传承人就是一个比较好的做法。

（贺耀敏）

83. 我们写文章顾虑很多，面面俱到，穿鞋戴帽，光光溜溜，油油滑滑，攥也攥不住，摸也摸不着。

原文：我想，看一个体制、一个政策、一个领导好还是不好，最大的一条，就是能不能把人的积极性调动起来，能不能把各方面的潜能发挥出来。我们写文章顾虑很多，面面俱到，穿鞋戴帽，光光溜溜，油油滑滑，攥也攥不住，摸也摸不着。我们很多节目也是这样，总是瞻前顾后、左顾右盼。冯骥才等几个人弄《宰相刘罗锅》的时候，我看了感觉不错，就告诉他们，先找个胆大的电视台放，一天放两集，越快越好。放完了老百姓都说好。我说，这个时候谁说不好谁就是和珅，结果谁也没出来说不好。（2002 年 3 月 7 日看望政协文艺界委员时的讲话，《看法与说法》，743～744 页，中国人民大学出版社，2013）

解读：李瑞环把那种因为顾虑太多，写得畏首畏尾、吞吞吐吐的文章，比作滑滑溜溜、难以捉摸的泥鳅一样的东西。写作者之所以如此，自然有他的苦衷。这个比喻从反面说明，我们应该为作家、艺术家提供能够潜心创作的环境，把大家的潜力最大限度地发挥出来。这里就涉及到怎样把握文艺的政治标准问题。

1986 年 6 月，李瑞环在天津市召开的文艺创作座谈会上说：“四项基本原则是我国宪法规定的社会生活各个领域都必须遵循的原则，文艺当然也不能例外，问题在于如何正确坚持、正确遵循。四项基本原则作为重大的政治原则，应该从总体上去认识、去把握，而不能要求文艺作品简单地去图解，也不能用来直接地规范具体的艺术创作，更不能把对现实生活的某些批评指责为违背四项基本原则。”（《看法与说法》，728 页）文艺“为人民服务，为社会主义服务”的道路十分广阔，作家、艺术家可以从时代的发展和人民的需要出发，选择各自熟悉和擅长的文艺题材和样式。喜欢写现实的写现实，喜欢写历史的写历史，喜欢写人生的写人生，喜欢在伦理道德上作些探求的，也可以探求。只要不违犯宪法和法律，不违反四项基本原则，不宣传“黄色”的东西和鼓吹封建迷信，各种题材、各种风格、各种表现手法都应允许存在。

上述比喻涉及到的问题，也与怎样正确理解文艺的社会效益有关。一段时间以来，人们往往把文艺的社会效益仅仅局限于某种单一的政治效益，并以此作为标准来衡量文艺作品的价值，这显然是片面的。还有些人把社会效益与经济效益、艺术价值对立起来，认为追求社会效益会损害经济效益，也会降低文艺作品的艺术价值。李瑞环指出：“文艺的社会效益是一个非常宽泛的概念。给人以思想启发和人生思考，具有社会效益；使人赏心悦目，增添生活情趣，也有社会效益；帮助人们开阔眼界，增长知识，‘多识鱼虫草木之名’，同样也具有社会效益。歌颂四化建设的新成就，宣传改革、开放的新步伐，介绍人民如何奋勇建设自己的新生活，使人们受到鼓舞，增长信心与干劲，具有社会效益；反映工作中的矛盾，揭露生活中的阴暗面，指出前进中的困难，唤起人们的警觉，激励人们同困难和邪恶现象作斗争，同样具有社会效益。”（《看法与说法》，731 页）总之，一切能够提高和满足人民群众文化生活需要的艺术创作，都能产生这样那样的社会效益，都应当允许存在和发展。

上述比喻也涉及到怎样认识文艺的目的。李瑞环说：“文艺的根本目的应该是最大限度地满足广大人民群众精神生活的需要。说得更明白一些，我不同意只是把文艺作为教育群众的一种手段的看法。文艺应该是通过其特有形式，千方百计地提高和丰富人民群众的精神生活，为他们提供美的享受。”（《看法与说法》，711 页）基于此，他认为既要突出主旋律，又要坚持多样化。只有坚持多样化，才能更好地表现主旋律。1991 年 1 月在同电视剧《渴望》剧组人员座谈时，他提出“贴近群众、贴近生活、贴近实际”（《看法与说法》，736 页）的文艺创作原则。这些思想和观点直到今天仍具有很强的现实意义。近年来，美国大片和韩剧风靡全球，在中国观众中有很大的市场，这些艺术片收视率很高，又在潜移默化中传播着他们的价值观。他们为什么能做到？这些国外大片、电视剧背后起作用的是怎样的艺术创作规律？这些问题确实值得我们深思。

（王海龙）

五

84. 实际生活这本大“词典”最丰富、最准确、最生动、最易懂。

原文：有些同志学习时喜欢查书，从这本书查到那本书，从这个词典查到那个词典。现在有一些争论，都引经据典，谁是这样说的，谁是那样说的。你说他引的不对，是断章取义，他说你引的不准，是歪曲原意，来回争，来回查。查书无可非议，是学习理论不可缺少的重要方法。我体会还有一种方法，就是到实际生活中去查一查。实际生活这本大“词典”最丰富、最准确、最生动、最易懂。(1997 年 6 月 29 日在中国人民政治协商会议第八届全国委员会常务委员会第二十一次会议闭幕会上的讲话，《看法与说法》，1094 页，中国人民大学出版社，2013)

解读：李瑞环把实际生活比作一本大“词典”，提倡“到实际生活中去查一查”，以形象的比喻向我们揭示了实践观点的重要性。

实践的观点是马克思主义认识论之第一的和基本的观点，也是我们党的实事求是思想路线的理论基础。物质是第一性的，意识是第二性的。观念的东西不外是移入人的头脑并在人的头脑中改造过的物质的东西，而正确的认识则是对客观实际的正确反映。所以，任何人做任何事情，要取得成功、达到预想的结果，就必须使自己的思想符合客观实际，否则就会失败。1978 年展开的轰轰烈烈的真理标准讨论，实际上核心就是如何对待实践观点的问题。实践是正确思想产生的源泉，是检验真理的唯一标准，又是发展理论的动力和学习理论的目的。掌握和坚持实践的观点，说话办事、处世为人就敢于解放思想，坚持实事求是，做到一切从实际出发，冲破唯书、唯上的教条主义束缚。讲实践第一，当然不是否认马克思主义理论和各门科学理论对实践的指导作用。离开这种被实践证明为真理的理论的指导，我们的实践就会是盲目的实践。但是，指导我们实践的理论，又必须不断在实践中接受检验。在此意义上将实践视为一本大“词典”，是最恰当不过的。

李瑞环对马克思主义哲学有着非常深刻和透彻的学习与理解，尤其十分重视学习和掌握实践的观点。1989 年 10 月，他说：“学习和掌握实践的观点之所以特别重要，是因为我们在建设有中国特色社会主义过程中面临的许许多多问题，从本质上讲都是个实践问题。10 年改革开放，方向是正确的，成绩是巨大的，经验是丰富的，但就整体来说，尚有许许多多必然王国未被我们认识。有些改革实践，其诸多矛盾的孕育、显露、发展、斗争、转化直至最终解决，需要较长时间，在这个过程完结之前过早和轻易地下结论都是不严肃的。解决这些矛盾，既不能指望从国外飞来什么包医百病的灵丹妙药，也不能简单地沿用那些已经大大落后于实际生活的过去的经验，而只能依靠千百万人民群众的实践。在实践过程中，肯定会有这样那样的失误，但失误常常是正确的先导。检验正确与失误要靠实践，纠正失误也要靠实践。”（《务实求理》，939 页）如果要求改革开放一帆风顺，什么失误也不出，这是唯心主义的先验论。如果把改革开放中的一切失误都说成是不可避免的，这是不可知论。正确的态度是，把实践的观点贯彻到底，不仅勇于实践，而且勇于用实践标准来检验改革开放的理论、观点、方针、政策、方案、计划是否合乎客观实际。在回顾总结的基础上，发扬正确的部分，纠正失误的部分，加强不足的部分。如此循环往复，我们的改革开放事业就会不断推向前进。

在进入新世纪，回顾总结中国进行的改革开放这一巨大的社会主义实践时，李瑞环深有感触地说，改革开放以来，许多成功的路子和办法都是在实践中创造出来的。使我国农村面貌发生了根本变化的联产承包责任制，是农民群众的伟大创举；从建立经济特区到实行全方位开放，也是边摸索、边试验的产物。现在，我国的改革开放和现代化建设又到了一个重要阶段，面临着大量问题需要解决，比如，如何搞好国有企业，如何妥善安置就业，如何切实发展农村经济、提高农民生活水平，如何有效遏制消极腐败现象，如何正确协调错综复杂的利益关系，等等。“面对这许多困惑和难题，是关在屋子里憋办法，还是到实践中找办法？是在书本里讨出路，还是到实践中找出路？正确的答案只有一个：注重实践，到实践中去。”（《务实求理》，975 页）

李瑞环强调要注重实践，同时在实践中要注重总结经验。针对实践与总结的关系问题，他说：“实践可以产生理论，但不能自然而然地产生理论。从实践中得到的感性认识，必须经过加工改造、认真总结，才能上升为反映事物本质的理性认识。”（《务实求理》，977 页）战争年代，我们用打一仗总结一次经验的方法从不会打仗到会打仗；新中国建立后，我们也是用边干、边学、边总结的方法从不会搞建设到会搞建设。我们党的两次大的思想飞跃，得益于两次大的总结。今天我们要取得建设中国特色社会主义事业的成功，也只有靠不断在实践中总结，在总结获得的认识引导下实践。

（王宏霞）

85. 实践不等于就是理论，如同木头可以做桌子，但不等于桌子。

原文：我们党总是教育党员注重实践，并在实践的过程中不断总结经验。也就是我们经常讲的将丰富的感性材料，加以去粗取精、去伪存真、由此及彼、由表及里的改造制作，完成由感性到理性的飞跃。实践出真知，实践出理论，但实践不等于就是理论，如同木头可以做桌子，但不等于桌子，必须经过加工制作一样。这个“加工制作”就是总结经验的过程。我们周围的许多同志，同样的年龄，同样的工作经历，天赋条件也差不多，但是为什么进步程度却差异很大？一条原因就在于是不是善于总结经验。（1985年12月17日在天津市城区综合治理研讨会上的讲话，《看法与说法》，1194页，中国人民大学出版社，2013）

解读： 李瑞环十分重视从实践中总结经验，强调实践出真知，实践出理论，但实践不等于就是理论，并用木头与桌子的关系来生动地比喻总结经验的重要性。在他看来，谁怕用功夫，谁就找不到真理。

马克思主义哲学认为，主体与客体、思维与存在的统一，不仅是一个理论问题，更是一个实践问题。认识的本质是以实践为基础的主体对客体的能动反映。人在实践中从生动的直观上升到抽象的思维，再从抽象的思维回到实践，这就是认识真理、认识客观实在的辩证途径。毛泽东十分重视用马克思主义认识论指导认识活动，指出"一切比较完全的知识都是由两个阶段构成的：第一阶段是感性知识，第二阶段是理性知识，理性知识是感性知识的高级发展阶段"（《毛泽东选集》，2版，第3卷，816页，人民出版社，1991）。也就是说，要从感性认识上升到理性认识，关键是运用科学的思维方法对感性认识的材料进行加工和改造。这个加工和改造就是毛泽东所概括的"去粗取精、去伪存真、由此及彼、由表及里"（《毛泽东选集》，2版，第1卷，180页，人民出版社，1991）的过程，只有这样才能完成由感性到理性的飞跃。而实现这样的飞跃，通俗地讲就是要善于总结经验。

重视总结经验，善于总结经验，这是中国共产党的优良传统。毛泽东早就指出，人类总得不断地总结经验，有所发现，有所发明，有所创造，有所前进。1965年，毛泽东曾对程思远说："我是靠总结经验吃饭的。"这样一句看似玩笑的话，恰恰说明了毛泽东的工作方法。1962年，在扩大的中央工作会议上，他说："对于建设社会主义的规律的认识，必须有一个过程。必须从实践出发，从没有经验到有经验，从有较少的经验，到有较多的经验，从建设社会主义这个未被认识的必然王国，到逐步地克服盲目性、认识客观规律、从而获得自由，在认识上出现一个飞跃，到达自由王国。”（《毛泽东文集》，第8卷，300页，人民出版社，1999）邓小平也是在深刻地反思和总结了我国的历史经验与教训后，才下定决心推进中国的改革开放事业的。1988年他在会见外国元首时说：“总结历史，不要着眼于个人功过，而是为了开辟未来。过去的成功是我们的财富，过去的错误也是我们的财富。我们根本否定‘文化大革命’，但应该说‘文化大革命’也有一‘功’，它提供了反面教训。没有‘文化大革命’的教训，就不可能制定十一届三中全会以来的思想、政治、组织路线和一系列政策。”（《邓小平文选》，1版，第3卷，272页，人民出版社，1993）

李瑞环对毛泽东、邓小平倡导的总结经验的论述体会很深，也一贯提倡总结经验，并对总结经验的意义和方法有过深刻而丰富的论述。1984年他就指出：“我们有许多成功的工作，凡成功的就一定有许多正确的东西，只有通过认真总结，不占糊涂便宜，才能从中找出规律性的东西，即事物的本质，打一仗、进一步，用以指导实践，使之成为宝贵的财富；我们也有许多失败和挫折，有些甚至付出了巨大的代价，只有通过认真总结，不吃糊涂亏，才能找出它的内在原因，吃一堑、长一智，避免重犯过去的错误，使之成为成功的先导。”（《辩证法随谈》，280～281页）在现实工作中，我们有许多领导干部往往不注意总结经验，一件事情办得很成功，也不去思考一下这件事情为什么办得很好，成功的经验是什么；同样，一件事情办得不顺利甚至失败了，也不去探究一下为什么会受挫。其结果是好的经验没有总结提炼出来，没有上升为理论成果，错误的教训也没有总结出来，以后还是经常犯同样的错误。

是否善于总结经验往往也在一定程度上决定了干部的进步程度和能力水平。在我们的干部队伍中，一些人年龄差不多，经历差不多，天赋差不多，实干精神也差不多，但是进步快慢却差得很多，这其中一个重要原因就是善不善于总结经验。进步比较慢的人通常有一个特点，叫干就干，干完就算，稀里糊涂，马马虎虎，不愿意动脑筋想问题，不愿意深入实际总结经验。所以他反复告诫领导干部："要养成总结经验的习惯，提高总结经验的能力，经常和及时地总结经验。这是领导者必须具备的素质，也是应尽的责任。"（《学哲学 用哲学》，123 页）这些话，今天读来依旧对我们有着很大震撼和启发。

（王海龙　贺耀敏）

86. 脑袋长在自己肩膀上，不能放在别人的胳臂上。

原文：要注意左邻右舍，但切忌听风办事。要注意参考别人的做法，但必须注意自己的条件，不能盲从，不要攀比，不随声附和，不听风是雨。脑袋长在自己肩膀上，不能放在别人的胳臂上。（1985 年 5 月为《天津日报》撰写的特约评论员文章，《学哲学 用哲学》，69 页，中国人民大学出版社，2005）

解读：邓小平有句名言，他说："中国的事情要按照中国的情况来办，要依靠中国人自己的力量来办。独立自主，自力更生，无论过去、现在和将来，都是我们的立足点。"（《邓小平文选》，1 版，第 3 卷，3 页，人民出版社，1993）这实际上告诉我们一个道理，照抄照搬、听风是雨是万万要不得的。鞋子合不合脚，只有自己穿上感受一下才知道。新中国成立初期，由于缺乏社会主义大规模经济建设的经验，不得已向苏联学习，很多方面工作都带有明显的苏联烙印。毛泽东很早就发现了这一问题，并提出他们走过的弯路，我们不能走的思想。但直到改革开放后，中国自己的路才被开辟出来，这就是今天所说的中国特色社会主义道路。这是从国家层面上看独立自主的重要性。

在一个具体地方、一个具体部门中也要如此。既要吸取别人的长处、弥补自己的短处，也要坚持自己的特点、从自己的实际出发，来想事情作决策。这是因为，各地方、各部门实际情况各不相同。即使在同一行业，不同部门仍存在区别。因此，李瑞环提出："脑袋长在自己肩膀上，不能放在别人的胳臂上"，强调要注意参考别人的做法，但必须注意自己的条件，不能盲从，不要攀比，不随声附和，不听风是雨。

无论是在国家的宏观层面还是某部门的中微观层面，都需要贯彻自主求实的精神，增强独立性，注意从自己的实际出发，但同时也要观察左邻右舍，注意事物的关联性和统一性。这实际上给各级领导干部提出了提升领导能力的问题，符合马克思主义哲学辩证唯物主义的思想方法。总之，做人做事既要独立自主、保持独立思考，还要注意左邻右舍，经常向周围的部门或人学习。这样才能把事情办好，把工作干好。

（沈传亮）

87. 我们应当不断完善大脑这个加工厂，使其能生产多种多样的产品。

原文：我们应当不断完善大脑这个加工厂，使其能生产多种多样的产品。要在这个加工厂里形成各种储存库，有不断吸收新材料的原材料库，有经过一定加工的零配件库，有经过较大加工的半成品库、成品库，一旦需要，重新思索，组合制作，就会变成新的产品。（2001 年 12 月 6 日在全国地方政协工作经验座谈会结束时的讲话，《学哲学 用哲学》，186 页，中国人民大学出版社，2005）

解读：大脑是人类思考的工具。它就像一个加工厂，首先把从外界收集到的材料输入，然后通过感性认识和理性认识，经过去粗取精、去伪存真、由此及彼、由表及里的判断与分析，最后得出结论，加工制作出自己的产品。在这个过程中，大脑的思考功能贯穿始终，起到了关键的作用，这是其他环节不可替代的。因此可以说，思考是每个人生活的需要，更是一切工作的必需，无论什么人、从事什么工作都离不开思考。苏格拉底就说："人之所以为人，就是因为他有思想!"巴尔扎克也说："一个能思想的人，才算是一个力量无比的人。"李瑞环结合自己多年来丰富的经验，反复告诫大家："总结经验主要不应是文字上搬来搬去，而应是脑子里想来想去。我们现在有些总结搞得不好，或只有材料没有观点，或只有观点没有材料，或观点和材料不统一，一个重要原因就是缺乏思索。"(《看法与说法》，1184 页)

作为一个领导干部，需要面对各个方面的工作，问题往往千头万绪、纷繁复杂，那就更需要勤于思考、多动脑筋，充分发挥大脑的加工厂作用。这是我们党在长期革命、建设和改革实践中形成的优良作风，也是对领导干部最基本的要求。在这方面，毛泽东和邓小平是两个光辉的典范。他们创造性地把马克思主义与中国的具体国情结合起来，分别开辟了中国特色革命道路和中国特色社会主义道路。他们之所以能成功，很大的一个原因就是他们长期在思考着中国革命与建设的道路，始终做一个有心人，真正做到了生命不息、思考不止。李瑞环深刻领会毛泽东、邓小平的思想方法，用他自己的话说就是"坚持辩证唯物论的认识论，从理论的高度总结成功的经验，使其具有普遍意义，不占糊涂便宜；以科学的态度分析失误的原因，使其成为成功的先导，不吃糊涂亏"(同上)。

思考是一种能力，更是一种习惯。然而，现在有些领导干部却成天忙于出席各种迎来送往的应酬活动，没有时间静下心来认真思考和研究问题，最后把肚子吃大了，脑子里却空了。如今不少人都有这样的认识：当前最缺的就是勤于思考、善于思考，遇事有自己独到见解、多谋善断的干部。因为思考能力的培养需要长期积累，关键时刻的灵光一现，是靠平时大量的思考日积月累而成的。很难想象，一个平日庸庸碌碌、懒于思考、脑子空空、缺乏知识储备的人，关键时刻能拿出好主意、派上大用场。这就像一个加工厂，如果仓库里空空如也，什么也没有，怎么可能迅速拿出有用的产品呢？

（卢毅）

88. 一块木头是什么？这就要看具体情况。

原文：一块木头是什么？就是一块木头，这个回答并没有错，但它还是什么？这就要看具体情况。拿它来做家具就是原料，拿它来烧火就是燃料，拿它来挑水就是工具，拿它来和坏人斗争就是武器，拿它来行凶打劫就是凶器，拿到法庭就是证据，但它还是那块木头。这就是质的多样性。（1997年6月29日在中国人民政治协商会议第八届全国委员会常务委员会第二十一次会议闭幕会上的讲话，《看法与说法》，1094页，中国人民大学出版社，2013）

解读：具体问题具体分析，是马克思主义的精髓。世界上一切事物不仅充满矛盾，而且每一事物的矛盾又各有特点。只有对客观事物作具体的分析，才能正确认识事物，才能订出改造世界的正确方案。所谓具体分析，就是研究每一个物质运动形式在其发展长途中的每一个过程的特殊的矛盾及其本质。“不但要在各个矛盾的总体上，即矛盾的相互联结上，了解其特殊性，而且只有从矛盾的各个方面着手研究，才有可能了解其总体。”（《毛泽东选集》，2版，第1卷，312页，人民出版社，1991）也就是说，要充分注意全面性和多样性，才能从总体上把握事物。

为此，就要反对片面性。所谓片面性，就是不知道全面地看问题，只了解一方，而不了解另一方；只知局部，不知全体。李瑞环信手拈来一块木头，令人信服地说明了片面性思想方法的局限性。在这里，片面性就是只知木头就是木头，而不知它还可以是原料、燃料、工具、武器、凶器、证据等；或者只知木头可以抱着跳水，而不知木头还可以用来做武器。一块木头是什么，要看具体地让它做什么，就是要懂得事物质的多样性。众所周知，马克思主义应该与具体实际相结合，然而具体实际是多种多样的。因此，马克思主义的表现形式也必然是多种多样的。对于中国来说，就是结合中国的历史、文化和现实需要，不断地创造出马克思主义中国化的最新成果。

在现实生活中，运用马克思主义要学会多种联系，联系工作、联系生活，联系常见和熟知的事例，联系得越具体越好。“许多问题用列宁所说的那种最平凡、最常见、每天碰到无数次的小事去理解，用自己最熟悉的实际去理解，就比较容易弄清楚。”（《看法与说法》，1094 页）这就是说，要把抽象的理论化作具体工作中的工具，用它来解决丰富的生动的实际问题。问题往往是多种多样的，运用工具的方式也应是多种多样的，不能千篇一律。为此，就要学会多方面运用工具的本事和手艺。本事不同，工作效果也就各异。

（张太原）

89. 两张桌子、两个凳子是按一个图纸做的，看着像是一样，其实不一样。

原文：世界上的东西都有个性，也都有共性，共性寓于个性之中，没有绝对一样的东西。两张桌子、两个凳子是按一个图纸做的，看着像是一样，其实不一样。一个牌子、一样大小的灯泡，看起来完全一样，严格检查还是不一样。双胞胎外人怎么看都是一样，其实不一样，他父母他爱人就能区别出来。认识事物，首先的主要的就是认识事物的个性或特点，认识“不一样”。（1999 年 9 月 9 日听取陕西省委、省政府工作汇报时的讲话，《学哲学 用哲学》，294 页，中国人民大学出版社，2005）

解读：“一花一世界，一叶一菩提。”“世界上没有两片相同的树叶。”“龙生九子，各有不同。”上述这些带有哲理性的话道出了一个规律：世界上所有的东西都存在共性和个性，是共性与个性的辩证统一。但人们认识和观察事物，往往先看到的是差异、不同。无论是看那鲜艳欲滴的花朵，还是欣赏那奔腾不息的江河，我们都试图找到它们之间的差别，以此定位它们在我们心目中的位置。正如李瑞环所说，人们认识事物，首先的、主要的就是认识事物的个性或特点，认识它们的“不一样”。

毛泽东指出，我们共产党的领导干部主要责任是出主意、用干部。时下，如何才能把主意出好，是考验一个干部是否符合改革开放事业要求的标准。而把主意出好的基础，是辨别事物的不同，发现事情的个性，然后有针对性地提出解决问题的方案。有“不一样”的认识，才有“不一样”的办法。只有认识到具体事物各自的特点，才能具体问题具体分析，对症下药地解决实际问题。不能因为人家是双胞胎，就不分彼此地采取“一刀切”的办法；不能因为同是学生，就不搞因材施教。

李瑞环的生动比喻告诉我们，办事情既要看到共性，更要看到个性。干事业办事情经常会遇到大量同类的问题，有时为了管理方便，往往会出台一些“一刀切”的政策、规定或办法。这样管理者倒是方便了，但受管理者却因个性差异受苦了。过去和现在，这样的规定和政策出了不少，常常受到人们诟病。之所以如此，是因为这些规定违背了事物存在个性的规律。重视个性、量体裁衣、具体问题具体解决，是干好事业的基础和前提。有的人错误地认为，管理者主要是努力从个性中发现共性，以更好制定解决问题的方案。实际上要想解决问题，管理者还必须在共性的问题中发现个性，制定针对性方案，才能真正解决问题。比如同是盖房子，如果一个建筑公司把楼盘都建成200平方米以上的大房子，显然就降低了给消费者的选择空间，结果可想而知。正是因为考虑到消费者的不同偏好，所以多数开发商选择了房子多元化策略，既有大房子，也有小房子。忽视个性、忽略特点，往往会把好事办糟，达不到预期效果。尊重个性，发现差异，才能把主意出好，把事情干好。这正是李瑞环借用上述比喻所要告诫我们的。

（沈传亮）

90. “事小道理大，个小帽子高”。

原文：“无论事大小，认识先抓好”，这是我们的传统。现在的问题是，一些人把抓认识当成了坐而论道、不干实事的借口。他们只讲空理论不讲实道理，只讲大原则不讲真问题；“事小道理大，个小帽子高”。你急得坐立不安，他说你不懂政治。（1985 年 5 月为《天津日报》撰写的特约评论员文章，《务实求理》，498 页，中国人民大学出版社，2010）

解读：一些同志在日常工作中习惯于高谈阔论、不干实事，片面强调理论和原则的重要性，不关心具体问题的解决、具体事务的落实，是官僚主义的典型表现，即毛主席曾经总结过的“懒汉式”、“机关式”官僚主义。李瑞环在 1985 年 5 月为《天津日报》撰写的评论员文章中深刻批评了这种作风，指出一些同志在实际工作中“把抓认识当成了坐而论道、不干实事的借口”，面对具体问题，态度往往是“事小道理大，个小帽子高”，片面强调原则，而不去抓“小事”即具体问题的解决，结果使想干事、愿意干事的人坐立不安，还要背上“不懂政治”的评价。

抓好认识，坚持原则，是我们从事各项工作的重要指导思想，是被实践证明行之有效的工作方法。但就各项具体事务而言，抓认识、讲原则不是最终目的，而是解决问题过程中的一环，是起点而非终点。马克思指出，“通过实践创造**对象世界**，**改造**无机界，人证明自己是有意识的类存在物”（《马克思恩格斯选集》，2 版，第 1 卷，46 页，人民出版社，1995）。只有将通过认识形成的观念、思想付诸行动，以认识指导行动，认识才能起到改造客观世界、解决具体问题的作用。我们强调“实践是检验真理的唯一标准”，真理尚且有待实践的检验，何况“坐而论道”形成的“认识”！原则是我们始终要坚持的，马列主义原则、社会主义原则、集体主义原则，都是我们各项工作中必须坚持的大原则，是不能动摇的。但原则只是纲领，具体问题才是条目，当前我们亟待解决的各类社会、民生问题，大多是“条目”而不涉及“纲领”。在具体问题面前一味拔高，处处拉出原则来做挡箭牌，给“小事”戴上一顶顶“高帽子”，动辄搬出“大道理”，无非是一些人不愿、不想干实事的官僚主义表现。

前文提及的李瑞环撰写的评论员文章，原题为《知行结合——六谈少讲空话，多干实事》。知行结合是我国古代哲学中的重要命题，是传统文化中非常重要的实践论观点。马克思主义的知行观，强调理论联系实际的重要性，坚决反对教条主义和主观主义。坚持抓认识、处处讲原则是我们的优良传统和作风，但我们更强调知与行的结合、理论与实践的统一。无限拔高认识的重要性，脱离实践，逃避具体问题，贬低干实事的人，给他们戴上“不懂政治”的帽子，这是一种需要我们警惕并克服的不良倾向。

（李伟）

91. 线条画得再多，也有空白。

原文：单靠条条，是无法管全、管细的。线条画得再多，也有空白。（1986 年 1 月 9 日在全国第四期市长研究班学员座谈会上的讲话，《学哲学 用哲学》，286 页，中国人民大学出版社，2005）

解读：这是 1986 年 1 月李瑞环与全国第四期市长研究班学员座谈时，在谈到如何发挥区街的作用时阐述的他关于城市建设一个重要思想。在我国政治、经济、社会以及城市管理体制中，条条块块始终具有特别的含义，条条往往指的是垂直的管理体制和隶属关系，块块往往指的是横向的管理体制和相互联系。在李瑞环看来，城市服务和城市管理中，一定要高度关注块块的作用即区街一级的改革，城市服务和城市管理仅仅依赖条条是很不够的。这是因为人民群众生活主要在区街之内，也就是过去人们常说的块块之内，人们在家里活动的时间大体上又占到日常时间的三分之二。因此，不研究块块的工作，不搞好块块的工作，人民生活也是管不好的。李瑞环认为，块块的工作很琐碎，是综合性的，从副食品供应、打扫卫生、计划生育、治安保卫、生活困难补助，到中小学教育、托幼养老等等，块块都发挥着重要的作用。他指出，应该把更多的管理城市、组织生活的权力放给区里，把大城市变成小城市，只有这样管理起来才比较容易。过去工作重点都放在垂直管理的条条上，尽管机构越来越多，管理队伍越来越大，还是无法管好城市，也就是他说的“线条画得再多，也有空白”。这段讲话距今已经 28 年了，我们今天再回顾我国城市管理的改革发展进程，回顾城市社区建设的历史进程，更加深刻地感到李瑞环的先见之明。

李瑞环关于“线条画得再多，也有空白”的论述，同样也适用于我们观察中国经济体制改革的进程。新中国成立后，由于实行计划经济体制，形成了条条管理的格局。一般而言，所谓条条是指从上到下的纵向关系。条条管理，就是在处理中央和地方之间关系时，中央的宏观调控部门强有力地管控和约束着地方部门。在运行过程中，条条管理有其优长即便于中央发号施令，但存在的弊端也日益明显。由于中央计划部门掌握着资源分配大权，因此带来了地方跑“部”“钱进”的怪现象。正因为在强力控制下，地方选择余地小，因而失去了发展积极性，进而失去了发展活力。一味强调条条管理，迟早会出问题。中国经济发展在改革开放初期面临的困境，不能说与条条管理没有关系。条条管理既存在管得过多过死的弊端，也存在管不到的漏洞。正如李瑞环所说，单靠条条，无法管全。中国在一定时期实行的计划经济体制可谓高度集中，条条可谓厉害，但依然会有缝隙，依然有非法却得到百姓认可的小商小贩的存在。计划经济体制下单靠条条治理，是使中国陷入短缺经济、经济发展缺乏活力的重要原因。

鉴于此，改革开放以来，在处理中央和地方关系上，中国进行了大胆改革，渐渐形成了今天条块结合的治理方式。进入新世纪，中国还开始了大部制改革，以规避条条治理存在的弊端。由于权力具有自我扩张的性能，条条管理的冲动至今还一直存在。因此，李瑞环提醒说，线条画得再多，也有空白。这点出了条条管理的弊病。实际上是要求在治国理政过程中，执政者要更加尊重治理规律，因地因势制宜，在适合条条管理的领域采取条条管理，在适合块块管理的领域采取块块管理，在适合条块结合的领域采取条块结合方式管理。当然，这些治理形式，都要于法有据。千万不能再头脑发热，失去定力，一味加强条条而忽略块块，或者一味加强块块而忽略条条。无论哪一种片面做法，都不可能解决中国发展的问题，甚至会导致出现又一轮“一放就乱、一收就死”的怪圈。

（谢春涛　贺耀敏）

92. 许多问题的解决就如同老中医看病。

原文：解决我们面临的各种困难和问题，研究理论、“本本”当然重要，但是许多问题的解决首先还是实践问题。这就如同老中医看病，尽管有许多成方验方，但对每个病人也要先望、闻、问、切，先开一个方子吃上，然后根据疗效再开一个方子试试，这样不断地试验、调整，最后形成一个确定的方子。我们对于目前许多不熟悉、不了解的问题，对于许多有待探索的问题，也要采取这种办法。（1996 年 5 月 10 日听取辽宁省委、省政府工作汇报时的谈话，《看法与说法》，1111 页，中国人民大学出版社，2013）

解读：李瑞环在这个比喻中将解决问题与老中医看病相类比，就是强调实践的重要性。进行改革开放和现代化建设，总是要遇到许多过去不熟悉的问题和难题。我们既要去翻翻书本，看看经典作家是怎么论述的，借鉴其他国家和地区的经验与教训，看看别人是怎么解决的；更要深入实践作深入细致的调查研究，像老中医一样经过一番望、闻、问、切，在实践中寻找解决问题的方法，并在实践中不断丰富和完善这个方法。

认识的来源是实践，认识的标准是实践，认识的动力是实践，认识的目的也是实践。实践的观点是马克思主义哲学首要的和基本的观点。李瑞环在长期的工作中，始终坚持马克思主义实践观点，反复强调："正确的思想、正确的方法不是在屋子里憋出来的，而是从实践中产生的。"（《看法与说法》，997页）他用老中医的实践观来说服大家一定要尊重实践、调查研究。我们知道，中医博大精深，蕴含着丰富的哲学智慧和深刻的辩证思维。中医治疗讲究望、闻、问、切，就是要通过一番实际的调查研究来确定病因病灶，然后再开出药方，辨证施治。使用著名成方验方时，也要结合患者的具体情况有所增减，这种治病方式体现的就是一种实践思维。李瑞环倡导"在实践中找出路"，不要一遇到事就首先从"本本"中找答案、找依据，用"本本"和教条束缚住自己的思想。1999年2月，他在会见越共中央总书记黎可漂时谈道："搞社会主义市场经济是一件新事，一定会遇到许多新的问题，对于这些问题，既不能回避，也不能简单从事。唯一的就是在实践中找出路，靠实践把问题找准，靠实践探索解决问题的办法，靠实践深化认识。"（《看法与说法》，989页）实践出真知，实践出办法，靠实践解决问题。

人的认识来源于实践，但这不是说人就是被动的，人在实践活动中具有自主性和能动性。只有更好地发挥这种自主性和能动性，才能更好地认识客观世界。李瑞环提出："普遍存在的问题要在方针政策上找原因，反复出现的问题要从发展规律上找原因。"这是认识世界、解决问题的关键所在。对于个别出现的问题、普遍存在的问题和反复出现的问题，首先要从认识论的角度加以区分，这有利于把握事物的本质，用相应的方式解决问题。在改革开放过程中，一些问题是个别出现的问题，不具有普遍性、典型性，解决这些问题就是要抓住本质，对症下药。社会生活中大量的问题都是这一类问题。一些问题则不是存在于一个地区、一个部门，而是存在于许多地区、许多部门，这就要求我们解决这些问题时要从方针政策上找原因。例如在企业重组改革过程中出现的职工离职下岗问题，这不是个别性的问题，需要政府制定统一的方针政策调整。一些问题不仅普遍存在，而且处理不好反复出现，这就要求我们要在规律性上找原因。例如农产品价格较大幅度的反复波动、整个经济形势的忽冷忽热等问题，都是困扰中国经济发展的反复出现的问题。对这类现象需要摸清背后的规律性，探索解决问题的方案。

在认识和解决工作中的问题时，中医治疗的整体思维也会给我们深刻启发。按照中医理论，人是一个有机整体，人与环境之间存在着不可分割的联系，即人体本身的统一性和人与自然环境的统一性。现实世界是一个有机的整体，世界上的一切事物都处于相互影响、相互作用、相互制约之中。这就要求我们想问题、办事情要树立全面的观点，反对以片面或孤立的观点看问题，力戒片面性，注重整体性。

（王海龙　贺耀敏）

93. 化验结果错误，不仅不能据以治病，甚至还可能害人。

原文：计划要深思熟虑，记录要详实准确。医院化验的结果是大夫治病的依据。化验结果准确，大夫可以据以治病救人；化验结果错误，不仅不能据以治病，甚至还可能害人。材料是总结的基础，搞好总结必须从积累材料开始。（1988 年 4 月与天津市部分青年干部的谈话，《学哲学 用哲学》，131 页，中国人民大学出版社，2005）

解读： 李瑞环十分重视总结经验，不断告诫领导干部要养成总结经验的习惯，学会总结经验的方法。唯物辩证法告诉我们，人类历史是不断从必然王国向自由王国发展的历史，是一个实践、认识、再实践、再认识循环往复的过程。总结经验是认识过程的一个重要环节，是使实践经验上升到理论的重要途径。总结经验就是要找到做事取得成功或者遭受失败的内在和必然的东西，人类就是在不断总结经验中进步的。

毛泽东最善于调查研究和总结经验。在《中国革命战争的战略问题》一文中，他说："指挥员的正确的部署来源于正确的决心，正确的决心来源于正确的判断，正确的判断来源于周到的和必要的侦察，和对于各种侦察材料的联贯起来的思索。指挥员使用一切可能的和必要的侦察手段，将侦察得来的敌方情况的各种材料加以去粗取精、去伪存真、由此及彼、由表及里的思索，然后将自己方面的情况加上去，研究双方的对比和相互关系，因而构成判断，定下决心，作出计划"（《毛泽东选集》，2 版，第 1 卷，179～180 页，人民出版社，1991）。毛泽东的这个方法，是指导中国革命不断取得胜利的方法。我们知道，在革命战争年代，如果在战场上我们所获得的情报或消息是错误的，那么根据假情报、假消息制定的作战方案必定遭遇挫折，那就意味着让战士们白白去送死。在和平建设年代，如果我们依据错误或者不真实的材料制定建设计划，也同样会遭遇挫折，那就意味着现代化建设的损失。李瑞环指出，总结经验既是习惯，也是本领。而总结经验首要的条件就是占有材料，而且要全要准，材料不全不准，就无法总结经验。他巧用医生化验单作比喻，来说明材料要全要准的重要性。医院化验的结果是大夫治病的依据，化验结果准确，大夫可以据以治病救人；化验结果错误，不仅不能据以治病，甚至还可能害人。这有力地说明了掌握真实信息和真实资料的重要性。

调查研究，总结经验，从大的方面讲是马克思主义认识论的基本要求，是我们党的优良传统；从小的方面讲是每个人提高水平、增长才干的重要环节。我们经常看到一些人对马克思主义的著作很熟悉，许多篇章都会读会背，但总是感到不会用、用不好，其中一个原因就是没有坚持理论联系实际，没有坚持调查研究、总结经验。只有通过总结经验，才能把理论弄懂弄通。李瑞环指出，有的同志每干完一件事，都要琢磨琢磨，找出对的在哪儿，错的在哪儿，这叫作“吃一堑，长一智”，“打一仗，进一步”。而有的同志叫干就干，干完就算，稀里糊涂，马马虎虎，知其然，不知其所以然，因而进步就慢。他介绍自己多年来养成的一个好习惯，就是每天晚上睡觉前想想今天干得怎么样，有没有虚度时间。

积极收集相关材料，使得办事情作决策有扎实的材料基础，是每个人都应该必备的基本功。战争年代，我们的情报人员冒着生命危险，竭力搜集敌方情况，为我军作出正确的战略战术部署作出了积极贡献。和平年代，虽然不用冒着生命危险，但显见依然需要花很大力气来搜集材料。搜集材料过程也是表明个人调查研究能力的过程。搜集扎实详细的一手材料就需要提高调查研究的能力。从这个角度看，调查研究是谋事之基、成事之道，没有调查，就没有发言权，更没有决策权。

总结经验需要大量搜集和积累材料，这个搜集和积累材料的过程就是调查研究的过程。这就要求调查研究要深入实际、深入基层、深入群众。要多层次、多方位、多渠道地调查了解情况，既要调查机关，又要调查基层；既要调查干部，又要调查群众；既要“解剖麻雀”，又要了解全局；既要到工作局面好和先进的地方去总结经验摸清情况，又要到困难较多、情况复杂和矛盾尖锐的地方去研究问题。只有这样全面调查研究，才会真正掌握实际情况。在此基础上积累的材料必然就是完备的、好用的。李瑞环告诫人们：“总结经验的出发点不同，其过程、方法、结果都会不同。如果是出于公心，为了搞好工作、推进事业，为了实事求是、探索真理，这样的总结就会是可靠的，运用的材料就会是真实的，由此形成的经验对自己有用，对别人管用，以后长时间内都会起作用。”（《看法与说法》，1182 页）如果是出于私心，为了应付上级、邀功买好，为了登报扬名、哗众取宠，这样的总结就是靠不住的，再活灵活现的故事都可能是虚构的，由此形成的结论毫无用处，甚至骗人骗己，误事误国。

（沈传亮　贺耀敏）

94. 头疼要吃头疼片，脚气要抹脚气灵。

原文：头疼要吃头疼片，脚气要抹脚气灵，老抹脚气灵是治不了头疼病的。（1988 年 9 月在中央召开的省市负责人会上的发言，《辩证法随谈》，323 页，中国人民大学出版社，2007）

解读：多年来我国的经济发展呈现出周期性的波动，每一次波动的因素不尽相同。1987 年，我国经济取得了高速增长，但是也出现了“四过一乱”的状况，即过旺的社会需求、过快的工业发展速度、过多的信贷和货币投放、过高的物价涨幅和经济秩序混乱。据此，1987 年底国务院提出 1988 年的中心工作是“稳定经济，深化改革，以改革总揽全局”，把稳定经济放到突出地位。但此后不久，中央主要领导就放弃了这一思路，提出推进价格改革。1988 年 8 月，中央政治局讨论并原则通过《关于价格、工资改革的初步方案》。始料未及的是，这一方案的通过却成为建国以来最大的一场抢购风潮的导火索，引起了群众不必要的恐慌。从当月开始，全国中心城市的肉价和其他生活必需品价格大幅度上涨，其他商品价格上涨也迅速跟进，形成了“越涨越抢、越抢越涨”的恶性循环态势。面对价格改革的强大阻力，中央 8 月 27 日晚召开紧急会议，宣布暂停物价改革方案。8 月 30 日，国务院发出《关于做好当前物价工作和稳定市场的紧急通知》，提出下半年不再出台新的调价措施，下一年的价格改革也是走小步，工作重点从深化改革转到治理环境、整顿秩序上来，实际上为这次价格改革闯关画上了句号。

1988 年 9 月，中央召开省市负责人会议，李瑞环在会上就治理经济环境、整顿经济秩序等问题作了发言，在发言中他直言不讳地指出："头疼要吃头疼片，脚气要抹脚气灵，老抹脚气灵是治不了头疼病的。"他的发言得到了与会人员的广泛赞同，也为总结价格闯关受挫教训、厘清深化改革思路、确定中央和地方改革重点提出了重要意见。李瑞环这段精彩的比喻也反映了他一直以来坚持的实事求是的思想。

社会是一个庞大、复杂的有机体，其在运行过程中不可避免地会产生这样那样的问题，生这样那样的"病"。辩证唯物主义认为，抓不住事物的主要矛盾，不从根源着眼和症结下手，只追逐于表面现象或者纠缠于细枝末节，就会导致在处理问题时本末倒置。这次价格改革之所以受挫，很大程度上是对当时价格改革的必要与可能出现了误判，低估了价格改革的难度，没有很好地进行调查研究，也没有很认真地征求各个地方的意见。总结这次价格闯关的深刻教训，确定下一轮深化改革的重点和难点，特别是确定中央和地方下一轮改革的重点和难点，首先就必须找到问题的症结，抓住主要矛盾和矛盾的主要方面。正像李瑞环这个比喻中所说的，本来犯的是头疼病，结果不去找头疼片吃，反而老去抹脚气灵，那头疼病怎么能治好呢？要真正想把病治好，就必须找出问题的病根，找到症结所在，这样才能确定有效的治疗办法，从而去除病痛，恢复机体的健康。"头疼要吃头疼片，脚气要抹脚气灵"形象地说明了解决问题一定要对症下药这个道理。

所谓对症下药，其实也就是具体问题要具体分析。因为事物的矛盾都有其特殊性，每一个社会问题都有其独特的根源，只有根据情况，采取不同的对治办法，才能解决事物发展过程中的主要矛盾，最终获得前进。李瑞环曾明确指出："具体问题要具体分析，不同性质的矛盾，要用不同的方法去解决，这是马克思主义最本质的东西，活的灵魂。”（《看法与说法》，543 页）他还说：“实事都是具体的，要干好实事必须狠抓具体。弄清具体情况，研究具体招法，观察具体变化，解决具体问题，实属干成实事的要领、要招、要旨、要害。”（《看法与说法》，948 页）

1988 年 12 月，李瑞环在中央党校《理论动态》上发表了题为《把群众情绪作为第一信号》的重要文章，明确提出关注群众情绪、理顺群众情绪极为重要。在他看来，人民是历史的主体，改革是人民的事业，治理经济环境、整顿经济秩序、全面深化改革能否取得成功，最终取决于广大人民群众的理解和支持。民心顺了，就一顺百顺。而要解决实际问题，干成实事，必须因时、因地，因各种条件的变化研究具体情况，找到具体适用的应对之策。好比治病，必须辨证施治，才能药到病除。列宁也曾指出：“如果要开一张包治百病的丹方，或者拟订一个适用于一切情况的一般准则……那是很荒谬的。”（《列宁选集》，3 版，第 4 卷，177～178 页，人民出版社，1995）用抹脚气灵的办法来治头疼病，也是荒谬的，不但治不好头疼病，还有可能贻误诊治时机，把小病拖成大病。

（毛术芳　贺耀敏）

95. 原来那个药吃了几十年，不大治病，为什么不可以吃点新药呢？

原文：我们有的方法，用了几十年，不太管用，为什么不可以用新办法试一试呢？好比原来那个药吃了几十年，不大治病，为什么不可以吃点新药呢？（1984 年 7 月 28 日在天津市区体制改革会议上的讲话，《学哲学 用哲学》，36 页，中国人民大学出版社，2005）

解读：一把钥匙开一把锁。运用适当的、正确的方法，干事业办事情才能事半功倍。毛泽东曾经说过："我们不但要提出任务，而且要解决完成任务的方法问题。我们的任务是过河，但是没有桥或没有船就不能过。不解决桥或船的问题，过河就是一句空话。不解决方法问题，任务也只是瞎说一顿。"(《毛泽东选集》，2 版，第 1 卷，139 页，人民出版社，1991) 毛泽东在这里用过河要有桥或船的形象比喻，生动而又深刻地说明了解决方法问题对于完成任务、做好工作的重要性。李瑞环则是以药和病的关系来说明探索解决问题办法的重要性。我们在现代化建设和改革开放过程中，总是会遇到这样那样的问题和困难，有一些问题和困难看似与以往一样，有一些问题和困难则是发展进程中新近出现的。解决这些问题和困难，可以运用老办法、老药方，只要它是有效果、能治病的。但是当老办法、老药方不管用的时候，也应该允许尝试运用一下新办法、新药方。一味抱着老办法、老药方而反对新办法、新药方，从理论上讲是错误的，从实践上讲也是有害的。

从实际的工作情况来看，有没有科学的思想方法和工作方法，对于我们事业的成败、工作的好坏，关系极大。能不能掌握并运用科学的思想方法和工作方法，往往要取决于解放思想的程度。思想不解放的表现有许多，最常见的就是迷信本本，用书本上的结论衡量社会实践；迷信已有的条条和规定，总是拿各种条条和规定来衡量实际工作；迷信别人的经验，跟在别人的后面，人家怎么干自己就怎么干，出了问题，一推了之。这种思想状况怎么能够适应改革开放的新时代？李瑞环指出，在改革的大原则确定之后，就应该解放思想、勇于探索、大胆试验。在他看来，解放思想最根本的一条，就是按照事物本来的固有规律去办事。现实生活中，我们有些同志，人是好人，心也是好心，热情很高，劲头很足，诚心诚意想把工作做好。可是，往往是心也操了，劲也费了，结果事与愿违，适得其反。虽然都在中央的正确路线、方针、政策指导下，干同样的工作，有的搞得比较出色，效果很好；有的就左出一个岔子，右碰一个钉子，总是出毛病、犯错误。细究起来，问题就出现在方法上，老办法不灵了，想不出新办法。改革开放初期，我们在经济体制改革上确实遭遇很大困难。如何推进改革，迫切需要有新的办法、新的思路。思路决定出路。正如李瑞环当时所说，我们有的方法用了几十年，不太管用，为什么不可以用新办法试一试呢？可以设想一下，如果我们始终不敢尝试新办法、新药方，我们能够有今天的大好局面吗？一个最为鲜明的事例就是，正是邓小平大胆提出了社会主义也可以搞市场经济，从而全面推动了中国的经济体制改革，带来了中国经济的繁荣发展。

当前，面对瞬息万变的国际国内局势，面临新的社会转型时期，面对新情况、新问题，就要提高执政能力，不断用新的方法来解决新涌现的问题。不能指望很多年治不好的病，依然沿用老方子开药就能治好。这就需要提高领导干部的创新思维，正所谓“明者因时而变”。现实生活从不眷顾因循守旧、满足现状的人，从不等待不思进取、坐享其成的人，而是将更多机遇留给善于和勇于创新的人们。摒弃老的不管用的方法，学会使用新方法的过程，就是创新的过程。要有逢山开路、遇河架桥的意志，有探索真知、求真务实的态度，为了创新方法而百折不挠、勇往直前，不断积累经验，解决问题。正如邓小平所说，“改革开放胆子要大一些，敢于试验，不能像小脚女人一样。看准了的，就大胆地试，大胆地闯”，“走不出一条新路，就干不出新的事业”（《邓小平文选》，1版，第3卷，372页，人民出版社，1993）。习近平总书记在纪念邓小平诞辰110周年的讲话中指出：我们要学习邓小平同志敢于开拓创新的政治勇气，细心观察新的实践和新的发展，尊重地方、基层、群众首创精神，果断作出决策，把开拓创新作为一种常态，不断用发展着的马克思主义指导新的实践，又从实践中作出新的理论概括，敢破敢立、敢闯敢试，义无反顾把改革开放不断向前推进。

（沈传亮　贺耀敏）

96. 对于一些影响全局的矛盾和问题，要像老鹰逮兔子一样，不逮下一块肉来不撒嘴。

原文：必须养成具体抓、抓具体的工作作风。对于一些影响全局的矛盾和问题，要抓住不放，一抓到底，像老鹰逮兔子一样，不逮下一块肉来不撒嘴。没有这种作风就难以干成大事。（1991 年 1 月 27 日听取云南省委工作汇报时的讲话，《看法与说法》，1131 页，中国人民大学出版社，2013）

解读：在我们所从事的各项事业的发展过程之中存在着各种各样的矛盾，其中主要矛盾决定着事物发展的方向。我们只有集中力量找出主要矛盾，才能找到解决复杂问题的根本，才能以点带面、纲举目张，掌控全局。正如古语所云："物有本末，事有终始，知所先后，则近道矣。"（《礼记·大学》）李瑞环在这里用"老鹰逮兔子"的形象比喻告诉我们，抓主要矛盾，既要抓准，同时又要抓狠。

首先，要找准主要矛盾。主要矛盾是客观存在的，是不以人的意志为转移的，不要被表面文章、表面现象所迷惑，纠缠于细枝末节。要善于从全局观察问题，通过理性分析和思考，找到影响全局的矛盾和问题。正如李瑞环所指出的："实事都是具体的事。所谓具体，就是既有特殊性又有多样性，还有多变性。笼而统之，就不能把事弄清楚"（《学哲学 用哲学》，209 页）。只有看准主要矛盾，才能牵住牛鼻子，找准着力点，在解决主要矛盾的同时，促进与之伴生的一大批次要矛盾迎刃而解。如果不分主次本末，不论轻重缓急，势必会失去工作重点，结果只能是"眉毛胡子一把抓"、"核桃栗子一起数"，陷入工作乱局。能否找准主要矛盾，实则考验的是领导干部的分析能力和判断能力。

其次，要狠抓主要矛盾。看准了哪个是主要矛盾，就要狠抓不放，集中力量加以解决。在很多情况下，都是主要矛盾已经找到了，但最终没有解决好。李瑞环明确指出："这里面的原因可能很多，但一个重要的原因就是抓得不狠。对于看准了的主要矛盾，一定要集中人力物力，狠得了心，下得了本，在一定时期内可以不惜代价地拿下。"对此他还作了进一步阐释："狠抓，首先要心狠，不被困难所吓倒，不被非议所动摇；其次是手狠，抓住不放，一抓到底。心不狠容易动摇，手不狠容易落空。对重点就是要舍得下本，集中绝对优势力量，充分利用时间、空间，确保如期完工。过去打仗是这样，现在搞工程建设也应该有这种精神。"（《看法与说法》，1129～1130 页）对于主要矛盾只有抓紧、抓实，工作才能有力度、见实效。说到底，能否狠抓主要矛盾，检验的是领导干部的工作作风和工作能力问题。

（王宏霞）

97. 今天它是大家"保"的对象，明天就可能成为"保"别人的"配角"。

原文：主要矛盾是在一定的条件下形成的。条件变了，主要矛盾也要发生变化。有时，这个变化是很快的，今天它是大家"保"的对象，明天就可能成为"保"别人的"配角"。如果跟不上这个变化，那就会使我们处于被动地位。（1978 年 1—2 期《哲学研究》文章《要精心再精心地分析和解决矛盾》，《学哲学 用哲学》，198 页，中国人民大学出版社，2005）

解读：任何事物都是矛盾的对立统一体。矛盾无时不有，无处不在，没有矛盾就没有世界，对立统一规律是宇宙的根本规律。在事物发展变化过程中的诸多矛盾中，各种矛盾的地位和作用是不平衡的。在事物发展的任何阶段上，必定有且只有一种矛盾居于支配的地位，起着规定或影响其他矛盾的作用，这种矛盾就是主要矛盾。其他处于从属地位，对事物发展不起决定作用的矛盾则是次要矛盾。主要矛盾和次要矛盾相互依赖、相互影响。二者的地位和关系不是一成不变的，在一定条件下它们可以相互转化，即主要矛盾在一定条件下转化为次要矛盾，次要矛盾在一定条件下上升为主要矛盾。李瑞环用一个生动的比喻揭示了这一真理：今天它是大家“保”的对象，明天就可能成为“保”别人的“配角”。

毛泽东说：“研究任何过程，如果是存在着两个以上矛盾的复杂过程的话，就要用全力找出它的主要矛盾。捉住了这个主要矛盾，一切问题就迎刃而解了。”（《毛泽东选集》，2 版，第 1 卷，322 页，人民出版社，1991）我们在实践中要学会区分主要矛盾和次要矛盾。在分析和解决、处理问题时，既要看到主要矛盾、矛盾的主要方面，坚持重点论，善于抓住重点；又要看到次要矛盾和矛盾的次要方面，坚持两点论，学会全面地看问题。上述两个方面兼顾，就是要做到两点论和重点论的统一。只看到主要矛盾和矛盾的主要方面，看不到次要矛盾和矛盾的次要方面，把重点变成了一点，就会犯一点论错误。相反，看到各个矛盾和矛盾的各个方面，在两点中不分主次，看不到主要矛盾和矛盾的主要方面，就会犯均衡论的错误。

李瑞环在上述文章中举了他早年参与人民大会堂建设的例子，深刻揭示了把握主要矛盾以及主次矛盾转化的重要性。人民大会堂的建设在当时是一项全国瞩目、意义深远的重大工程，面临着难以想象的工程量和种种时间、空间上的困难。建设者们以一往无前的大无畏精神，克服了千难万险，按时保质完成了工程建设，很重要的一点就是领导者在指导思想上重视抓主要矛盾，“抓得准”，“抓得狠”，“顾得全”，“跟得上”。他们把主要精力放在解决各个阶段的主要矛盾上，抓住各个阶段的重点工作，一抓到底，集中力量加以解决。同时还要重视一般与重点的辩证关系，在集中力量解决主要矛盾时兼顾其他矛盾的解决，以免因忽视次要矛盾而导致制约了主要矛盾的解决。在工程进行的各个时段，主要矛盾是不断变化、转移的，必须时刻注意主次矛盾的变化，与时俱进，才能抓紧抓好主要矛盾，服务全局工作。任何事物的主要矛盾、次要矛盾都是在一定条件下形成的，条件发生变化，主要矛盾、次要矛盾的角色和关系也会随之发生变化。我们在实践中面对日新月异的社会发展，要时刻注意主次矛盾的转化，全面、动态地分析问题，善于分清主流和支流，敏锐把握事物的主要矛盾及其变化。

（李伟）

98. “扫帚顶门——杈多劲小”。

原文：有些做法看起来花花哨哨、热热闹闹，其实没有多大实际意义，扫帚顶门——杈多劲小。（1988 年 2 月同天津市政府文件起草组的谈话，《辩证法随谈》，353 页，中国人民大学出版社，2007）

解读：在我国北方的一些地区流传着这么一句歇后语：“扫帚顶门——杈多劲小”。因为扫帚光是杈子，使不上劲，起不了顶门的作用，所以后来就用这句歇后语来比喻那些光会做表面文章、没有什么真本事的人。李瑞环在此巧用这个比喻，谈笑间就把一些干部花里胡哨的浮躁作风剖析得入木三分，既幽默生动，又通俗易懂。

事业是要人来干的，选什么人来干事业十分重要。李瑞环 1985 年就撰文指出：战争时期选人，把生与死、血与火的考验作为重要标准。和平时期选人，就要把多干实事作为重要标准。评判一个人，不能只听他说的如何，在领导面前表现如何，还要看他是否为人民干实事，看他干实事过程中的表现及其结果。只会说空话、没多少真本事的人自古就有，比如战国时期的赵将赵括，没有真才实学，只会纸上谈兵，以致与秦将白起对阵时一败涂地，40万赵国军队降秦被坑杀，赵国从此一蹶不振。三国时的蜀将马谡也因为夸夸其谈、言过其实，不仅害了自己，而且坏了蜀汉伐魏之大业。这种金玉其外败絮其中、徒有其表而无真才实学的人，不仅误事误己，最终还误国误民，危害可谓大矣！

然而，现在还是有些领导干部不能引以为戒，存在不少问题。李瑞环罗列了一些值得我们高度警惕的现象：有的干部高高在上，养尊处优，对群众漠不关心；有的干部专横跋扈，作风粗暴，对群众强迫命令；有的干部欺上瞒下，伪造政绩，使群众吃苦受罪；有的干部徇私枉法，官官相护，使群众冤屈难伸；有的干部拉扯钻营，跑官要官，导致群众强烈不满；有的干部贪图享受，腐化堕落，招致群众厌恶；有的干部贪污受贿，以权谋私，激起群众公愤；更有甚者，有的干部倚仗权势，横行霸道，骑在人民头上作威作福，引起群众切齿痛恨。

这些年，我们总是能够看到一些干部喜欢弄一些花拳绣腿、华而不实的形式主义，热衷于搞“政绩工程”、“形象工程”，追求表面的花花哨哨、热热闹闹，追求报上有名、电视有影、广播有声，甚至刻意制造轰动效应，以吸引人们的眼球，骗取上级的赞扬。李瑞环对于那些只有花把式，没有真本事，只要小聪明，不下真功夫，靠投机钻营的人十分厌恶。他多次强调指出，选人主要看政绩。政绩是一个人各方面的综合反映，没有真本事，政绩出不来；工作不肯干，政绩出不来；群众不拥护，政绩出不来。这里所说的政绩，决不是一些干部的那些脱离群众、脱离实际的表面“政绩”。

实际上，共产党人的政绩，说到底就是要实现最广大人民的根本利益，就是要解决群众最关心、最迫切需要解决的问题。群众不需要绣花枕头，不欣赏华丽的包装，他们希望得到的是实惠。凡是群众不满意的事，形式再好，声势再大，外表再美，也难以收到实效。因此，我们必须本着对群众负责的态度，树立正确的政绩观。要提倡不务虚名、注重实效的风尚，解决只重形式、不讲效果的问题，不追求脱离实际的盲目攀比，不提哗众取宠的空洞口号。要求真务实、埋头苦干，把全部精力用在推动经济社会又好又快发展上，用在保障和改善民生上，用在促进社会和谐稳定上。只有以这样的眼光看待政绩，以这样的尺度检验政绩，以这样的精神追求政绩，才能创造出无愧于党和人民的政绩来。

不做“扫帚顶门——权多劲小”的干部，还要倡导敢于担当的意识。过去，中国共产党人把对国家、对民族、对人民的责任扛在肩上，担负起了争取民族独立和人民解放、实现国家富强和人民幸福的历史责任，开创了新中国繁荣发展的新局面。今天，中国共产党人更要具有敢于担当意识，有多大的担当才能干多大的事业，尽多大的责任才会有多大的成就。担当意识决定着干部职责的履行、作用的发挥、贡献的大小，尤其在我国全面深化改革进入深水区、攻坚期，我们面临着更为复杂的局面，更加需要广大干部有直面矛盾的勇气，有解决矛盾的办法，有敢于担当的意识。

（卢毅　贺耀敏）

99. 不是高棋，不是臭棋，而是废棋。

原文：人们说，“想听的他们没讲”，“所讲的都是听腻了的”，是“文人编的、报上抄的、屋里憋的、应付会的”，是名副其实的“空洞无物，言之乏味”，既没有错处，也没有用处，并讽刺说，“不是高棋，不是臭棋，而是废棋”。（1985 年 5 月为《天津日报》撰写的特约评论员文章，《学哲学 用哲学》，31 页，中国人民大学出版社，2005）

解读：下棋时，大家都知道“废棋”不好。二人对弈，你下一着“废棋”，一旦被对手抓住机会，发起连续进攻，你就没有喘息之机和还手之力了，结局必然是失败。下棋如此，工作也是同样的道理。如果一个领导干部总是脱离实际、空话连篇，说一些假大空、不痛不痒的虚话，讲一些似是而非、漫无边际的套话，不去解决群众真正关心的问题，那样工作肯定做不好，也得不到群众的拥护。

而且，这种工作上的"废棋"还会带来一个严重后果，那就是耽误了发展时机。古往今来，一个国家也好，一个地区也罢，其发展道路通常是漫长的，但紧要处往往只有几步。一步领先，可能步步领先；一步耽误，可能步步落后。近代以来，中华民族已经错过了几次大的发展机遇。1981年，李瑞环在学习《关于建国以来党的若干历史问题的决议》时就说："下了高棋得意，下了臭棋生气，下了废棋不在意，其实废棋有时比臭棋损失还大，它耽误了许多时间和机遇。回想一下，建国以来我们下了多少废棋！"（《辩证法随谈》，13页）所指的就是建国后的这种惨痛教训。而正是因为看到空谈如同"废棋"一样浪费了宝贵的时机，邓小平在1992年视察南方时指出：空谈误国，实干兴邦，不要再进行所谓的争论了。这一振聋发聩的谈话如春雷般打开了中国人的思路，成为推进中国发展的巨大动力。

"一步实际行动胜过一打纲领。"经过30多年改革开放的跨越式发展，中国已经缩小了与世界发达国家的差距。但面对汹涌而来的全球化浪潮和日益激烈的国际竞争，形势仍不容懈怠。2003年，李瑞环在全国政协九届三次会议闭幕会上就指出："地球越来越小，发展越来越快，慢走一步，差之千里；耽误一时，落后多年。"（《学哲学 用哲学》，262页）如今，中华民族伟大复兴已经展现出光明的前景，我们比历史上任何时期都更接近中华民族伟大复兴的目标。在这种情况下，我们必须抓住机遇，成为时代的弄潮儿。如果流于空谈、再下"废棋"，就会不进则退，成为时代的落伍者。

（卢毅）

100. 叫你运五吨花生豆，别掉皮，你试试看。

原文：什么东西到一定的量，质就变化了。比如说到商店去买二斤花生豆，回来过年三十吃，说小心着点，别把皮掉了，老太太也可以做到。说叫你运五吨花生豆，别掉皮，你试试看。别看这简单，准把花生皮运没了。这是一门科学，看着容易不行。（1981年6月29日在天津市郊县建材座谈会上的讲话，《看法与说法》，548～549页，中国人民大学出版社，2013）

解读：1981年是中国实行改革开放的初期，对如何加快建设、推进改革开放，当时各方面准备包括思想准备、理论准备都不足，对复杂繁重的建设任务和改革任务尤其缺少实践经验。李瑞环这段话无疑是一服清醒剂，以小见大说明了一个很深的哲学道理，即运输“二斤花生豆”与“五吨花生豆”产生的不同质的变化，形象地阐释了唯物辩证法关于质量互变的基本规律。

质量互变规律是唯物辩证法的基本规律之一，它揭示了一切事物、现象发展过程中量变和质变的内在联系及其相互转化。在事物内部矛盾的作用下，事物的发展从量变开始，当量变达到一定的界限时，量变就转化为质变，事物的性质发生了变化，旧质事物就变成了新质事物。量变引起质变，质变又引起新的量变，循环往复以至无穷，构成了事物无限发展的过程。我国农村经济体制改革的进程就很好地说明了这个道理。家庭联产承包责任制最初是在安徽少数地方悄悄开始试行的，包括小岗村在内试行的包产到户的做法很快还是传了出来，一些人指责它是资本主义。时任县委书记的陈庭元回答说：“他们已经穷‘灰’掉了，还能搞什么资本主义？全县有2 000多个队，就算这一个是搞资本主义，也搞不到哪里去。”时任省委书记的万里也及时地给予大力支持："让他搞，现在有粮食就是最大的政治。"（彭森等：《中国经济体制改革重大事件》，35 页，中国人民大学出版社，2008）包产到户在安徽的推行总体上说是比较顺利的，在这个变革的过程中遇到的阻力和出现的问题也比较好解决。此后，正是这种包产到户满足了广大农民群众的现实要求，很快从星星之火在全国范围内取得燎原之势。在全国推广过程中，由于各地条件不同、思想观念差异等，出现了许多新情况、新问题，也出现了许多新形式、新探索。最终家庭联产承包责任制彻底动摇了农村人民公社体制，推动中国农村出现了前所未有的大发展局面。这就是量变到质变的鲜活事例。

李瑞环的这段话中还强调"看着容易不行"。这实际上谈到了又一个哲学命题，那就是在工作中要特别注意理论与实践相一致，主观与客观相统一。在社会主义现代化建设过程中，不能仅凭主观想象，而要时刻注意实践，"实践是检验真理的唯一标准"。正如毛泽东在《实践论》中指出的，"你要有知识，你就得参加变革现实的实践。你要知道梨子的滋味，你就得变革梨子，亲口吃一吃。""一切真知都是从直接经验发源的。"（《毛泽东选集》，2 版，第 1 卷，287、288 页，人民出版社，1991）早在 20 世纪 50 年代末修建人民大会堂过程中，李瑞环和他带领的"木工青年突击队"接到了一项任务，要在八天内制作一段 200 米长的屋顶外檐模板，以保证大会堂内外的装修进度。按照老木工的规矩，必须要在广阔的空间"放大样"，这样做下来不容易出错，但是这既费工又费时。李瑞环没有采取老规矩、笨办法，而是运用几何学原理创造了九种简易计算表和"土公式"，仅用三天就解决了难题，被誉为"青年鲁班"。这成为他始终坚持"实践出真知"的最好说明。他反复强调社会主义现代化建设和改革开放要靠实干，"实干兴邦"。但实干不应当是笨干，而更应当是巧干，或者说苦干、实干加巧干。

李瑞环是十分善于学习、有丰富实践经验，又善于进行理论思维的人。善于进行哲学思维揭示建设过程中的规律，同时又用形象朴实、让人感兴趣的语言进行表述，这是李瑞环指导工作的突出特点。他讲的花生豆质量互变的生动事例，对各级领导干部结合中国现代化建设实际，处理好经济社会发展中各种质与量的关系有很大的借鉴意义。按规律办事，注重实践，“实干兴邦”，已经被中国30多年的改革发展证明是颠扑不破的真理。

（陈述　贺耀敏）

101. 发展地看，最终还是小孩子战胜大人。

原文：对形势不能孤立地、静止地去看，不能只看眼前，要看到长远，要看到发展趋势。我们不是天天说小孩子不如大人吗？但发展地看，最终还是小孩子战胜大人。（1985年10月23日与天津大学学生的对话，《看法与说法》，1074页，中国人民大学出版社，2013）

解读： 常言说：“长江后浪推前浪，世上新人赶旧人。”也就是说，事物是不断向前发展的，而发展是指新事物代替旧事物的运动变化。当然，新事物是指符合事物发展规律、具有强大生命力和远大前途的事物，旧事物是指丧失了存在的必然性、日趋灭亡的事物。在这种情况下，新事物不管经历多么曲折艰难的过程，总是由小至大、由弱到强、由不完善到比较完善，终究会战胜旧事物。新事物不断地产生，旧事物不断地灭亡，是一个生生不息的前进运动。新陈代谢是宇宙中不可抗拒的客观规律。

根据马克思主义的观点，事物是发展的，而发展不是一帆风顺的。但是，无论道路多么曲折，困难多么大，新事物总是在披荆斩棘中不断成长壮大。如果从整个人类历史的进程来看，社会主义即是一种新事物。资本主义已发展几百年了，社会主义实践才是近百年的事，可以说资本主义已是“大人”，而社会主义还是“小孩”。但是，从人类社会发展的规律来看，“小孩”必将变为“大人”。马克思主义者不是算命先生，但必须看清事物发展的前途和方向。

如果从社会主义发展史来看，中国的改革开放也是一种新事物，也还是个“小孩”。尽管在这一过程中出现了这样那样的问题，但是必须以发展的眼光来看待。正如李瑞环所指出的，要学会在改革发展的动态中解决问题，而不能因为一时出现的问题又回到老路上去。这就是说，我们还要善于把“小孩”培养成“大人”，甚至“巨人”。完全有理由相信，曾创造出无数奇迹的中国共产党，必将创造出新的奇迹，从而为人类社会的发展贡献中国智慧。

（张太原）

102. 切忌东一榔头、西一棒子地肢解时间。

原文：我们应当十分珍惜时间，有效地利用时间。不要忽视零碎时间，理发、洗澡、散步、坐车等头脑空闲的时候，都可以用于思索；要把零碎的事情捆起来办，切忌东一榔头、西一棒子地肢解时间；要想方设法挤留出大块的整块的时间，使自己静下来，翻点材料、读点书，系统地想点问题。（2001 年 12 月 6 日在全国地方政协工作经验座谈会结束时的讲话，《看法与说法》，1091 页，中国人民大学出版社，2013）

解读：时间是运动着的物质的基本存在形式之一。无论是想问题还是干实事，都离不开时间。古往今来，无论东方还是西方，都把珍惜时间视为美德，流传下来许多咏叹时间的诗句或箴言：“逝者如斯夫，不舍昼夜”；“人生天地之间，若白驹之过隙，忽然而已”；“天可补，海可填，南山可移。日月既往，不可复追”；“盛年不重来，一日难再晨。及时当勉励，岁月不待人”；“荒废时间等于荒废生命”……善用时间者充实、智慧，浪费时间者空虚、愚笨。对于时间的认识和方法不同，导致人生的价值不同、结果各异。人生百年，为什么有的人硕果累累，而有的人却一事无成呢？为什么有的人经过奋斗实现了自己的理想，死而无憾；而有的人到头来理想化成泡影，只能白白慨叹呢？这不能不引起我们的认真思索。

人的时间是有限的。珍惜时间，就必须有效地利用时间，否则珍惜时间就成了空谈。李瑞环在这里向我们着重讲述了有效利用时间的三个方法。一是不要忽视零碎时间。在一天的时间当中，许多零碎的时间是无法整合的，但在这些零碎时间里，人的大脑未必都是被占满的，这些时间可以用于思索和处理一些简单的事情。聚沙成塔，集腋成裘，必须重视和充分利用这些零碎时间。正如雷巴柯夫所说："时间是常数，但对勤奋者说是变数。用'分'来计算时间的人，比用'时'来计算时间的人，时间多五十九倍。"

二是要把零碎的事情捆起来办。我们日常要做的事情通常是可以分门别类的。同类的事情捆在一个时间段内完成，会比分散地在不同时间段去做更能节约时间，从而提高工作效率。2000 年 2 月，李瑞环在与一些离退休老同志和有关单位负责人座谈时说："要下决心减少事务，甩掉文山会海。比如外事，我在天津时有一个不成文的规矩，见外宾集中在一个下午，一溜地握手，不长时间就见完了。除了特殊的贵宾，我从不请吃饭，否则一天、一个礼拜、一个月，除去吃饭、见人、陪会，还剩下多少时间？把时间全肢解了，误大事。"（《看法与说法》，959 页）如果终日忙于处理日常琐碎事务，东一榔头，西一棒子，就会把时间肢解得支离破碎，就不可能有充裕的时间来进行系统思考，以及处理更为重要的关涉长远规划的工作。

三是要设法挤出整块的时间用于系统思考。没有时间作保障，系统的思考无从谈起，实践、认识、再实践、再认识的过程无法顺利完成，总结经验就成了空话，干实事也缺少了有效的理论指导。各级领导干部肩负着为人民服务的重任，领导干部如何支配自己的时间，决定了党务、政务的效率和为人民服务的水平。因此，领导干部尤其应在全局观念的指导下，破除形式主义、事务主义，给自己留出相对充足的时间用于思考问题和干实事。

珍惜时间，就是珍惜生命；善用时间，就能掌控人生。李瑞环出身贫寒，为了谋生学了一手木匠手艺。他从一个最初的木工，到一个基层干部，之后独当一面，成为天津市市长、市委书记，最后成为两届中央政治局常委、全国政协主席。如此不凡的经历，固然离不开制度和环境的培养造就，但更重要的，无疑是源于个人的勤奋努力和不懈进取。而他所取得的人生成就，与他珍惜时间、善于有效管理和利用时间是分不开的。学习李瑞环有关时间的利用方法，对我们增长管理时间的本领，进而掌控自己的人生，无疑会有很大的启发。

（毛术芳　王宏霞）

103. 分好类、排好队、归好堆、论好辈。

原文：在人们的实际思维活动中，往往是分析中有综合，综合中有分析，分析的过程同时就是综合的过程，概括抽象的过程。我们总结经验，就是要将繁杂、零散的材料掰开了、揉碎了、摆正了、捋顺了。要分好类、排好队、归好堆、论好辈，不断地分，来回地分，边分边合，分分合合。这是一个寻找事物内在联系、探求客观规律的过程，是一个由简单到复杂、由复杂到简单、循环往复、螺旋式上升的过程，是最难的一步，也是最苦的一关。这要用相当的功夫，谁怕用功夫，谁就找不到真理。（2001 年 12 月 6 日在全国地方政协工作经验座谈会结束时的讲话，《学哲学 用哲学》，181～182 页，中国人民大学出版社，2005）

解读：分析方法最早由笛卡尔提出，源于希腊语词汇“分散”。分析就是把一件事情、一种现象、一个概念分成较为简单的组成部分，找出这些部分本质上的属性和彼此之间的关系。这也就是李瑞环所讲的“分好类、排好队、归好堆、论好辈”。综合是把分析过的对象或现象的各个部分、各个属性联合成一个统一的整体，它是与分析相对的一个步骤。综合不是把事物的各个单元部分进行简单的拼接组合，而是把事物的各个部分、侧面、属性按内在联系有机地统一为整体，以掌握事物的本质和规律。2001 年 12 月，在全国地方政协工作经验座谈会上的讲话中，李瑞环明确指出：“先分析、后综合，在分析过程中综合，这是认识事物也是总结经验的基本方法。”“分析的过程同时就是综合的过程，概括抽象的过程”，“这是一个寻找事物内在联系、探求客观规律的过程”(《学哲学 用哲学》，181、182 页)。

分析与综合是互相渗透和转化的，要在分析的基础上综合，在综合的指导下分析。分析是综合的前提或基础，没有分析就没有综合；同时，分析也要以综合为指导，要以对整体综合的把握为前提。在实践中，任何分析总要从某种性质出发，在“把材料掰开了、揉碎了”的过程中，要深入实际，充分了解情况，结合现实条件找好切入点深刻认识、具体研究，才能做好分析工作。分析不能没有关于对象的整体性认识作指导，否则分析就会有很大的盲目性，就做不到“分好类、排好队”，而很有可能分错类、排错队。这样的分析对于解决问题毫无帮助，反而会有副作用。分析与综合，循环往复，推动认识的深化和发展。我们认识和理解事物往往需要一个过程，事关百姓生活、人民福祉的大事，更要经过一个“由简单到复杂、由复杂到简单、循环往复、螺旋式上升的过程”，不可能一蹴而就，经常需要反复的分析和综合，“不断地分，来回地分，边分边合，分分合合”(《学哲学 用哲学》，182 页)。随着认识的深入，当新的事实与原有的理论发生矛盾时，认识就可能在新的层次上转入分析。人们的认识就是在这种“分析——综合——再分析——再综合”的过程中不断前进。

我们党历来十分重视工作方法问题。在革命发展的各个历史时期，每当我们党提出新的历史任务的时候，都强调要注意工作方法。毛泽东曾经说过："我们不但要提出任务，而且要解决完成任务的方法问题。我们的任务是过河，但是没有桥或没有船就不能过。不解决桥或船的问题，过河就是一句空话。不解决方法问题，任务也只是瞎说一顿。"（《毛泽东选集》，2版，第1卷，139页，人民出版社，1991）他在这里用过河要有桥或船的形象比喻，生动而又深刻地说明了解决方法问题对于完成任务、做好工作的重要性。

当前社会中，主观主义的思想方法和工作方法还在许多领域内广泛存在。很多领导干部脱离实际，不作调查研究，不走群众路线，好搞片面性，走极端，思想僵化，习惯于用老眼光看问题，按老经验办事，形式主义和官僚主义盛行。要改变这种状况，克服主观主义，就必须按照科学的分析与综合方法来认识问题和开展工作。凡事都要先深入了解，"分好类、排好队、归好堆、论好辈"，做一番细致深入的科学分析工作，这样往往能少走很多不必要的弯路，少犯许多不必要的错误。

（李伟　王宏霞）

◇◇◇ 六 ◇◇◇

104. 一种好的方法、一个对路的实招，可以下活一盘棋，可以开辟一条道，可以影响一大片。

原文：必须在研究管用的方法上下功夫。我们许多事情之所以没有办好，不少问题之所以长期得不到解决，不是因为思路不对，也不是因为原则不好，就是因为缺乏管用的方法。……正确的思路和原则确定之后，关键就在于找到行之有效的方法。一种好的方法、一个对路的实招，可以下活一盘棋，可以开辟一条道，可以影响一大片。我国的绿化工作要取得突破性进展，也必须开动脑筋，深入研究，积极寻找确实管用的正确方法。（1999 年 6 月 25 日在政协第九届全国委员会常务委员会第六次会议上的讲话，《学哲学 用哲学》，88 页，中国人民大学出版社，2005）

解读：怎么才有利于解决问题？怎么才能有效地解决问题？在解决问题的思路、原则和方法中，人们应该更关心哪个方面呢？李瑞环十分重视解决问题的方法。他强调解决问题要有好的思路、好的原则，还要有好的方法。他总结我们各项事业中出现的许多问题之所以没有得到较好解决，并不都是因为解决问题的思路、原则出了偏差，而往往是因为没有好的解决问题的方法。通常解决问题的思路和原则是宏观的、指导性的，而解决问题的方法则往往是微观的、操作性的。在思路、原则、方法三者之中，更要关注管用的方法。

在我们的日常工作中，有些问题长期得不到解决，的确是因为我们的思路和原则出现了偏差。例如，在我国社会主义建设进程中，由于我们长期以来对于我国所处的社会主义发展阶段认识上的偏差，导致我们无法实事求是地制定出符合中国国情的路线、政策和措施，国家建设走了不少弯路。但是，这类重大问题往往是涉及宏观层面的，并不是经常能够遇到的具体问题。更大量的问题是我们许多领导干部遇事缺乏管用的方法，在工作实践中缺少提出解决问题好方法的能力。所以，李瑞环一再强调，必须在研究管用的方法上下功夫。

管用的方法就是实践中切实可行、行之有效的方法。一些人认为，管用的方法似乎就是什么高深莫测的方法，其实管用的方法并不是那样。正如李瑞环所说："我们为了解决吃饭问题，憋足了气儿，使足了劲儿，想尽了法儿，制定了农业四十条，提出了粮食产量上纲要、过黄河、跨长江的目标，但就是吃不饱肚子。当时，地比现在多，人比现在少，党风不能说不好，领导威信不能说不高，粮食生产之所以上不去，究其原因，就是没有找到真正体现物质利益原则的有效方法。后来，实行家庭联产承包责任制，把农业生产同农民的切身利益挂起钩来，广大农民的积极性得到前所未有的发挥，我国农业才实现了具有重大历史意义的飞跃，被国际上称为一大奇迹。"（《学哲学 用哲学》，88页）可见，管用的方法并不是什么高深莫测的方法，有许多时候管用的方法恰恰是最简单的方法。对中国改革开放作出巨大贡献的家庭联产承包责任制，不是哪个人在办公室里拍脑袋想出来的，而是安徽农村的广大农民群众在农业生产实践中创造出来的。这种制度既不神奇，也不高深，就是管用。

管用的方法不是天上掉下来的。研究管用的方法，就是要坚持实事求是，根据事物和对象的特点，根据所要解决问题的特性，有针对性地提出切实有效的办法。这种方法就是科学的方法。毛泽东在《实践论》中曾经很形象地说，"你要有知识，你就得参加变革现实的实践。你要知道梨子的滋味，你就得变革梨子，亲口吃一吃。……一切真知都是从直接经验发源的。"（《毛泽东选集》，2版，第1卷，287～288页，人民出版社，1991）因此，研究管用的方法，就必须理论联系实际，就必须深入实践，在实践中学知识、长本领。李瑞环不断提醒广大干部要多琢磨事，就是从这个意义上讲的。他说："琢磨事是研究、探索客观规律的过程，也是理论联系实际的过程。琢磨事，必须下真功夫，花大心血，熬夜、吃苦。要有'众里寻他千百度'的毅力和'衣带渐宽终不悔'的韧劲。同时还要善于琢磨，学会分析综合，认真把情况搞全了、弄准了，把材料掰开了、揉碎了，把关系理顺了、摆正了，把措施具体了、落实了。"（《务实求理》，501～502 页）应该说，这是马克思主义的基本要求。

管用的方法不能靠一个人或者几个人，要多征求各个方面的意见，要多商量。管用的方法是大多数群众容易理解和接受、方方面面都能够从中受益的方法，不是依靠长官意志、武断专横的方法。邓小平在谈到改革能否取得成功时，认为关键是两条，"第一条就是要同人民一起商量着办事"（《邓小平文选》，1 版，第 3 卷，268 页，人民出版社，1993）。他还曾严厉批评一些干部存在自以为是、惯于发号施令的现象，指出有的人"喜欢以领导者自居，喜欢站在群众之上发号施令，遇事不愿意同群众商量。这实际上是一种狭隘的宗派主义倾向，也是一种最脱离群众的危险倾向"（《邓小平文选》，2 版，第 1 卷，214 页，人民出版社，1994）。李瑞环是倡导和实践"商量"的典范。他说："遇事商量比不商量好，多商量比少商量好，早商量比晚商量好。""高明的领导之所以高明，主要不在于他的脑袋比别人聪明，而在于他善于综合，善于概括，善于汲取更多人的实践经验和聪明才智。"（《务实求理》，197 页）如果离开人民群众这个实践的主体，只凭个人的苦思冥想、个别体验，甚至自以为是、闭目塞听，不愿意听取别人的意见，就不能获得正确的认识，就不会作出正确的决策，就无法把事情办好。在商量的过程中了解各方面情况、集中群众的智慧，这是领导者少犯错误、不断进步的重要途径。李瑞环的口头禅就是"平时多商量，遇事先商量"。通常管用的方法就是多商量、先商量的结果。

（贺耀敏）

105. 抓主要矛盾可以使其他矛盾迎刃而解，但“解”也要有“刃”。

原文：主要矛盾之所以成为主要矛盾，是因为它决定着全局，带动着其他。抓主要矛盾并不是说其他矛盾就可以不抓，就自然而然地解决了。我们讲抓主要矛盾可以使其他矛盾迎刃而解，但“解”也要有“刃”。实践证明，次要矛盾解决不好，也会妨碍主要矛盾的解决，甚至转化为前进的障碍。（1987年5月29日察看天津铁路枢纽改造工程后在工程指挥部的讲话，《学哲学 用哲学》，246页，中国人民大学出版社，2005）

解读：主要矛盾和次要矛盾相互依赖、相互影响。主要矛盾处于支配地位，对事物的发展过程起决定作用；次要矛盾则处于从属地位，对事物的发展过程不起决定作用。在事物发展过程中，虽然主要矛盾处于支配地位，起着决定作用，但次要矛盾反过来也会影响主要矛盾的发展和解决。主要矛盾解决不好，有时也会影响次要矛盾的解决；而次要矛盾解决不好，最终也会制约主要矛盾的解决。这就在方法论上要求我们看问题、办事情既要善于抓住重点，集中精力解决主要矛盾；又要学会统筹兼顾，恰当地处理次要矛盾。李瑞环这段关于“解”也要有“刃”的比喻，就是要说明在工作实践中既要善于抓重点，抓主要矛盾；又要顾得全，在抓主要矛盾的同时不要忘记抓次要矛盾。

关于主要矛盾和次要矛盾的理论，不仅适用于人们日常生产生活中遇到的短期的微观问题，也适用于党和国家长远发展遇到的长期的宏观问题。对于广大领导干部来说，如果善于把主要矛盾和次要矛盾的道理应用于日常工作中，就会大大提高我们的工作能力和水平。李瑞环对于解决主要矛盾有许多重要论述，其中广为流传的是“抓重点，重点抓”。他指出：“任何一项工作，抓不住重点，就抓不住全局；抓不住重点，就没有秩序；抓不住重点，就不会有合理的部署；抓不住重点，也就没有科学的方法。”（《辩证法随谈》，335 页）对待工作没有轻重缓急、先后主次，就必然如堕烟海，变成辛辛苦苦的事务主义者。解决好主要矛盾就有了“刃”，次要矛盾也将会得到较好的解决。

当然，这决不是说李瑞环忽视次要矛盾的解决，丰富的领导工作实践经验使他十分关注不是重点的其他工作。他曾用身边的例子来说明这一点，比如安电梯、安窗口，从全局看不是主要矛盾，但如果看不到它的关联性，忽视它，不认真对待，就会给后期施工带来麻烦。他主张，在条件基本具备的情况下，要早安窗口、早安电梯。因为只有安了窗口，才可以进行内外装修；只有早安电梯，才能撤掉外部的脚手架，及时从内部运料进行施工。在这里，窗户电梯都是次要矛盾，虽说它们不是主要矛盾，但是处理不好，同样会影响整个工程的发展。“整个工程是一盘棋，车马炮和小卒子哪一个也不应少，哪一个都有自己的岗位和作用。”（《学哲学 用哲学》，246 页）这就是毛泽东提出的“弹钢琴”的工作方法。

对于领导干部来说，善于找到和学会解决主要矛盾十分重要，这是领导工作的重点和主要内容。但是这还不够，还要学会关注和解决次要矛盾，共同推进事物的发展。解决主要矛盾和次要矛盾需要从整体、全局、系统的角度来考虑，要求我们学会“弹钢琴”的工作方法。毛泽东在《党委会的工作方法》一文中，首次提出了“弹钢琴”的工作方法：“弹钢琴要十个指头都动作，不能有的动，有的不动。但是，十个指头同时都按下去，那也不成调子。要产生好的音乐，十个指头的动作要有节奏，要互相配合。党委要抓紧中心工作，又要围绕中心工作而同时开展其他方面的工作。我们现在管的方面很多，各地、各军、各部门的工作，都要照顾到，不能只注意一部分问题而把别的丢掉。凡是有问题的地方都要点一下，这个方法我们一定要学会。”（《毛泽东选集》，2 版，第 4 卷，1442 页，人民出版社，1991）习近平总书记 2014 年

2月7日在接受俄罗斯电视台专访时也谈到了“弹钢琴”的工作方法：“在中国当领导人，必须在把情况搞清楚的基础上，统筹兼顾、综合平衡，突出重点、带动全局，有的时候要抓大放小、以大兼小，有的时候又要以小带大、小中见大，形象地说，就是要十个指头弹钢琴。”

（王海龙　贺耀敏）

106. 贯彻上级的指示要结合实际，不能只起录音机、传话筒的作用。

原文：贯彻上级的指示要结合实际，既不能借口特殊，自行其是，干扰统一部署；也不能不顾实际情况，等因奉此，生搬硬套，只起录音机、传话筒的作用。那种单纯的照抄照转，看起来似乎是执行得很坚决，实则是最大的怠工，必定坏事。要吃透上级的精神，弄准自己的情况，研究切实的办法，创造性地进行工作。（1985年5月为《天津日报》撰写的特约评论员文章，《学哲学 用哲学》，69页，中国人民大学出版社，2005）

解读：1985年，李瑞环以特约评论员的身份为《天津日报》撰写了一组文章，调动天津市人民群众参与改革开放的热情，推动天津市改革开放向纵深发展，并在文章中提出了一系列重要的思想主张。他对广大领导干部提出必须务实为本，不能“只起录音机、传话筒的作用”的要求，就是基于他长期的工作实践总结的宝贵经验，生动体现了解放思想、实事求是的精神和实践第一的观点。

改革开放以来，我们党的工作重心转移到以经济建设为中心，加快改革开放和社会主义现代化建设上来，尤其需要调动各个方面的积极性。邓小平在1978年底的中央工作会议上提出：“在党内和人民群众中，肯动脑筋、肯想问题的人愈多，对我们的事业就愈有利。干革命、搞建设，都要有一批勇于思考、勇于探索、勇于创新的闯将。没有这样一大批闯将，我们就无法摆脱贫穷落后的状态，就无法赶上更谈不到超过国际先进水平。”（《邓小平文选》，2版，第2卷，143页，人民出版社，1994）他号召大家都来鼓励、支持党员和群众勇于思考、勇于探索、勇于创新，都来做促进群众解放思想、开动脑筋的工作。李瑞环在天津工作期间也是这样，他要求市委、市政府和广大干部真正转变工作作风，解放思想，实事求是，解决面临的各种问题与困难。

我国幅员广大、人口众多，经济社会发展水平不同，这就要求我们在国家治理中正确处理好统一与特殊的关系。我们既要高度重视国家重大政策和决策的一致性、权威性，确保政令畅通，令行禁止，又要高度重视国家重大政策和决策的有效性、适用性，充分认识各个地区的差异，紧密结合实际贯彻落实。首先，贯彻上级指示，必须认真学习和领会，掌握指示的实质和精神贯彻落实，不能寻找借口故意拖延或者打折扣，自行其是，用特殊性否定统一性。其次，贯彻上级指示，必须结合本地区、本部门的具体实际，创造性地开展工作，不能满足于做表面文章、层层传达，或者不顾实际，生搬硬套，看似认真贯彻落实，实际上是“最大的怠工，必定坏事”。在李瑞环看来，随着我国改革开放的逐渐深入，我们遇到的问题、难题将越来越多，解决这些问题、难题只能通过人民群众的实践。因此，他要求要吃透上级的精神，弄准自己的情况，研究切实的办法，创造性地进行工作。他强调把吃透精神、弄准情况、研究办法和进行工作四个环节紧密结合在一起，只有这样，才能真正促进我们各项事业的发展。

改革开放和现代化建设是前所未有的伟大事业，我们不可能从前人的论述包括经典作家的著作中找到现成的答案，只有通过中国自己的伟大实践来探索成功的经验。李瑞环说：“在一般意义上讲，当文件和实践不一致时，修改的应该是文件，而不应该是实践。”（《学哲学 用哲学》，73页）这一思想内涵是十分深刻的。在日常工作实践中，来自上级的文件应该说都是全国或者一些地区、一些部门实践经验的概括和总结，都应该认真贯彻执行。这种贯彻落实是结合实际、创造性的贯彻落实，而不是应付差事的贯彻落实。对于具体实践具有指导意义的文件，首先是对于实践经验的概括和总结。只有依据丰富的实践经验制定的文件，才能对具体实践具有广泛的指导意义。如果文件和实践不一致，文件的内容脱离实际，与实践的内在要求即其规律性不符合，那么，需要修改的就应该是文件。现实的人的实践是一种社会存在，而文件作为认识属于社会意识。在归根到底的意义上，是社会存在决定社会意识。

在实际工作中贯彻上级指示，必须坚持实事求是的精神，勇于从实践出发提出更好地贯彻落实上级指示的意见和建议，把上级指示精神创造性地运用到自己所在的部门和地区中去。坚持实事求是是要有一点胆量和勇气的，不做录音机、传话筒，就需要出于公心，对人民群众负责，这也是党性强的表现。李瑞环在总结毛泽东、邓小平的伟大贡献时说："在民主革命时期，中国革命曾经在错误路线的影响下几乎陷入绝境，正是以毛泽东同志为代表的中国共产党人，打破教条主义的束缚，坚持在实践中探索，走以农村包围城市的正确道路，才引导中国革命取得了胜利。在'文化大革命'后期，中国的国民经济曾滑到崩溃的边缘，正是以邓小平同志为代表的中国共产党人，在历史转折关头重申实践是检验真理的唯一标准，积极支持、鼓励广大干部和群众大胆实践，才开创了我国社会主义现代化建设的新局面。改革开放以来，许多成功的路子和办法都是在实践中创造出来的。使我国农村面貌发生了根本变化的联产承包责任制，是农民群众的伟大创举；从建立经济特区到实行全方位开放，也是边摸索、边试验的产物。"（《看法与说法》，990～991页）

"在实践中找出路"是李瑞环一贯倡导的领导方法和工作方法，在今天仍然具有深远的意义。

（王海龙　贺耀敏）

107. 只听楼梯响，不见人下来。

原文：他们不分大事小事、难事易事，一律都要“找”上一帮人关门去开会，结果只听楼梯响，不见人下来，占去了很长干事的时间。事实说明，许多事情常常不是失之于方向不对，道理不清，而是失之于空论太多，久议不决，坐失良机。抓认识，本来是为了更好地行动，空论太多，反而影响了行动。（1985 年 5 月为《天津日报》撰写的特约评论员文章，《务实求理》，498 页，中国人民大学出版社，2010）

解读：形式主义和官僚主义有一个共同的鲜明特点，就是凡事都要先开会，开长会，往往是议而不决，不了了之。李瑞环把这种工作作风比作旧时千金小姐下绣楼，扭扭捏捏，磨磨蹭蹭，“只听楼梯响，不见人下来”。与此类似，我们的许多干部穿行于“文山会海”之中，坐而论道，人浮于事，实际工作如何开展，具体问题如何解决？这是党政机关中普遍存在的问题。正像李瑞环在论述知行结合的文章中深刻指出的，许多事情常常不是失之于方向不对，道理不清，而是失之于空论太多，久议不决，坐失良机。

邓小平在 1992 年南方谈话中曾直言不讳地批评：“现在有一个问题，就是形式主义多。电视一打开，尽是会议。会议多，文章太长，讲话也太长，而且内容重复，新的语言并不很多。重复的话要讲，但要精简。形式主义也是官僚主义。要腾出时间来多办实事，多做少说。”（《邓小平文选》，1 版，第 3 卷，381～382 页，人民出版社，1993）20 多年来，从中央到地方都推出了不少整治措施，文风会风得到一定的改善。但在不少地方，虽经反复治理，效果却难以持久，反弹现象较为普遍，经常陷入循环往复的治理“怪圈”。

我们开会的目的，应该是研究问题、整理思路、理顺道理、形成决议，进而付诸行动，处理摆在我们面前的实际问题，解决群众面临的实际困难和需求。那种“只听楼梯响，不见人下来”的作风，不是从群众中来，到群众中去，而是从会议中来，到会议中去。通过会议贯彻会议，在会议的怪圈中循环，严重脱离实际、脱离群众，远远地偏离了党的群众路线，陷入形式主义泥潭。这样的现象长期持续，难免令想干事的人着急，让盼解决问题的群众生厌。

在社会发展的历史过程中，政府职能的转变反映的是社会的不断进步，法治观念的不断深入，体制机制的不断健全。人民群众是社会生活的主体，政府的职能是为人民服务，理所当然要办实事。办事首先要知事，研究工作是做好工作的前提。在知与行之间应该相互统一、相互促进，“知行相资以为用”（王夫之：《礼记章句》）。一定要遏止“只听楼梯响，不见人下来”的不良现象，在干部作风上强化由“坐而论道”向“真抓实干”转变。在我们的工作中，要力戒官僚主义、形式主义，大力弘扬求真务实的作风，少开会、开短会，少讲话、讲真话实话，“不唯书、不唯上、只唯实”。上级要通过实际行动做给下级看，带着群众干，要出实招、求实效，真正做出经得起实践、人民和历史检验的业绩。

（李伟）

108. 一盘象棋都是车，见面就兑没法走。

原文：一个班子好比一台戏，得有各种角色，才能唱好。有的人管生产行，但管政工就不行，有的人当一把手行，但管生活就不行，如果用各单位的一把手组成一个班子，也不一定能搞好。一盘象棋都是车，见面就兑没法走。（1981 年 11 月 2 日在天津市基建系统政治工作会议上的讲话，《看法与说法》，865 页，中国人民大学出版社，2013）

解读：“一盘象棋都是车，见面就兑没法走。”这是李瑞环在长期的领导工作中总结的班子配比经验的一种形象表达，反映出了各级领导班子在组成结构上较为普遍存在的问题。领导班子的任务是很重的，要办的事不仅很多，而且涉及的方面很广。要应对这样的局面，把事情办好，必须有各方面的知识和能力。领导班子是一个系统，一个有机整体，每个班子成员都是班子整体的有机组成部分，是构成班子整体系统的要素。李瑞环把一个领导班子比作各种角色组成的一台戏，同时又把这台戏上的角色比作一盘棋上的棋子。领导班子整体效能并不是领导成员个体能力的简单相加，而是班子这个有机体各种要素之间相互作用、相互制约、相互转化、相互补充的结果。如果不强调人员配比，不注重结构优化，人才优势有可能反过来变成劣势，进而成为事业前进的绊脚石。因此，班子效能如何发挥，关键在于构成班子整体的各要素之间是否科学配比、优化组合。

那么，究竟该如何优化领导班子的结构呢？对此，不仅要考虑到班子的性别结构、年龄结构、民族结构、党派结构这些外在方面，更要考虑到成员的知识结构、经验结构、能力结构、性格结构等内在方面。这样的领导班子才能保持动态平衡，正常实现系统的新陈代谢机能，最大限度地发挥班子的整体效能。班子成员各有长短，互相配合，要像戏里的角色相互补台，才能有效推进工作。例如能力结构，对于一把手来说，要知识面广阔，组织能力强，能团结和调动群众积极性，便于主持全面工作；对于其他成员来说，要各有独当一面的能力，具备相应的专业知识结构和经验背景，符合主管工作的需要。关于领导班子的配备，李瑞环作了许多鲜活的比喻。他说：“领导班子的配备要讲究结构合理。一个班子如同一个乐队，总是有吹的、拉的、弹的、唱的，指挥只能是一个人。一个班子就像混凝土结构，有钢筋、水泥、沙子、骨料。光是钢筋就没法受压，没有钢筋，混凝土一拉就裂了，所以要讲合理地配比。”（《看法与说法》，864 页）

除了主张班子配备要有各种类型的人，李瑞环还特别指出应该全面看待班子成员的优点和缺点、特点和弱点，只有这样才能把班子工作搞好。他多次强调，看人必须抓主要面，看主要面是缺点还是优点，要估计得恰如其分。就一般讲，要先看长处后看短处，发挥长处避其短处，在发挥长处过程中补其短处；先看优点后看缺点，在发挥优点过程中克服缺点，而不是首先抠缺点把人制住。他说："要保护优点、保护长处，在此基础上，来互相帮助，克服缺点，克服弱点。要把特点、优点和缺点、弱点区别开来，特点不是缺点，不要把特点当作缺点。要尊重特点，保护优点。不能要求人人变成一个模样，没棱没角，这样的班子工作是弄不上去的。"（同上）在通俗质朴的语言中，蕴含着深刻的哲理，充满了唯物辩证法的智慧。

（王宏霞）

109. 有一传手，没有二传手，尤其是缺乏扣球手，总不得分。

原文：现在很多事情没办好，成效不显著，不是方向不明，政策不对，主要是干得不行，没有落到实处。有一传手，没有二传手，尤其是缺乏扣球手，总不得分。（1992 年 1 月 22 日同黑龙江省委主要负责同志和宣传、文化部门代表座谈时的讲话，《看法与说法》，936 页，中国人民大学出版社，2013）

解读：李瑞环把一个班子或团队的工作，形象地比作排球队参赛中的配合。如果一个球队只有一传手，没有二传手，特别是缺乏好的扣球手，总不得分，就不可能取胜。我们想干事，只有良好的愿望，未必能干成事。要干成事，首要的是人员配备齐全，分工合理，能够各尽所能，并且配合默契。工作中如同比赛场上，要"弄清具体情况，研究具体招法，观察具体变化，解决具体问题"，实现"扣球得分”。这是“干成实事的要领、要招、要旨、要害”（《学哲学 用哲学》，66页）。

要想干成事，首先要讲团结。一个班子或团队如同一个排球队，一传手、二传手、扣球手缺一不可。团结在工作的协调和配合中体现为力量。工作中的问题往往出在团结上。李瑞环指出：“我们这个国家，论人一不懒二不笨，论资源一不缺二不差，但为什么长期以来发展缓慢，屡遭挫折？这当然和我们的某些失误有关系，但团结问题也是个非常重要的原因。国家是这样，具体到一个地区，一个行业，一个单位，往往也是如此。”（《学哲学 用哲学》，617页）只有识大体、顾大局、讲团结，实事才能落到实处，办出成效。

要想干成事，要善于抓住重点。正如李瑞环所说的，“重点一般是制约全局、影响发展的具有决定意义的问题”，“各地要根据实际情况精心研究确定自己的工作重点”。“在地区上，全国有全国的重点，地方有地方的重点；在工作上，不同的地区和单位，侧重点和工作进度有所不同；同时，随着工作的进展，重点也会发生变化”。“抓重点，看准了就要抓住不放”（《学哲学 用哲学》，247、248、249页）。咬定青山不放松，持之以恒，势必功成。这就像一个排球队，比赛中要组织好一传、二传，但重点在于“扣球得分”。

要想干成事，还要注重总结经验。李瑞环指出：“重视总结实践经验是马克思主义认识论的一个基本要求。”“认真总结经验也是我们党的优良传统。”“总结实践经验也是干部提高水平、增长才干、减少失误、搞好工作的重要环节。”（《学哲学 用哲学》，124～125页）只有通过总结经验，才能找到成功和失败的原因，做到坚持正确的，克服错误的。只有这样，才能做到吃一堑长一智，打一仗进一步，不吃糊涂亏，不占糊涂便宜。从而才能把感性认识上升到理性认识，由个别经验中得出具有普遍意义的东西。

（刘宝东）

110. 两头骡子拉车快还是两头驴拉车快?

原文：要选那些公道正派、实实在在的人……对人总是要宽厚，总是要诚恳。待人以诚、以宽。其次是实实在在地干事。你说我们这个班子里边有多大的本事？没有。我出过一个题：两头骡子拉车快还是两头驴拉车快？毫无疑问，一般地讲两头骡子拉车快，力量大。我说未必——一个往前拉，一个往后拉，把车拉散了。小毛驴劲不大，但一股劲蹦跶蹦跶老往前走，一定比骡子快！（1987 年 11 月 29 日在推荐天津市委、市政府领导班子人选会议上的讲话，《看法与说法》，855～856 页，中国人民大学出版社，2013）

解读：领导干部要秉持公道正派、团结一致的工作作风，是李瑞环在不同场合多次强调的选人用人重要标准之一。1987 年 11 月，时任天津市委书记的李瑞环在研究推荐天津市委、市政府领导班子人选的会议上，曾对当时一些选人用人方面的不良风气进行过深刻剖析。他指出，“一个领导班子不公道、不正派、不实在，就不能给大家一种信任感、安全感”（《看法与说法》，855 页）。如果选人用人不恰当，忽视了公道正派这一原则，拉帮结派、钩心斗角，必定会严重影响一个班子的团结，进而对各项工作的开展产生极大的负面作用。李瑞环关于两头骡子和两头驴哪个拉车更快的生动比喻，深刻揭示了选人用人和班子团结的重要性及其关键所在。

国以贤兴，政以才治，为政之要惟在用人。党政领导班子选人用人，事关党的事业兴衰成败和国家的前途命运。选用一名领导干部，犹如立一个标杆、树一面旗帜。古人云：“用一贤人，则贤人毕至；用一小人，则小人齐趋。”只有始终坚持公道正派地选人用人，才能为党和人民选出、用好公道正派的人，才能把各类优秀人才聚集到党和国家的事业中来。

公道正派也是党员领导干部立身履职之本。李瑞环提出领导干部要坚持“四人”：诚恳待人，平等待人，一视同仁，知人用人。同志之间有意见、有看法，要本着诚恳宽厚之心坦诚交流，增进了解，促进团结。对于“背地里捣鼓人”的人、“告黑状”的人，李瑞环认为决不能将其吸纳入领导班子，因为这样的人对于一个集体的团结是十分有害的。不管其个人能力有多强，都不仅不能促进事业发展，而且会像两只倔强的骡子，“把车拉散了”。而立身以正、待人以宽，公道正派的同志，则能有力地促进一个集体的团结，形成最大的合力。这就像小毛驴“一股劲蹦跶蹦跶老往前走，一定比骡子快”！

“公道立，奸邪塞”。公道、团结不仅是领导干部个人立身之本、为政之道，更是我们党和国家成事之基、正气之源，是提高党的领导水平和执政能力，保持党的先进性，推动科学发展，促进社会和谐的根本保证。同志之间应求同存异、取长补短，坦诚交换各自的意见，增进沟通，相互理解和尊重，争取做到认识一致，目标一致，团结合作，共同奋斗。在领导班子中营造一种有原则、充满生机、积极健康的团结氛围，互相支持不争权、互相信任不猜疑、互相尊重不发难、互相补台不拆台、互相配合不推诿，就能形成一个坚强的领导集体。

（李伟）

111. 要把兵带成小老虎一样。

原文：作为基层干部、群众，就是要那股虎劲。对于战士、参加义务劳动的工人、农民，主要是鼓励，使他们有信心、有士气、有一股打不倒的劲头；同时，创造条件使他们有劲使得上，比着干、拼命干。没有这股劲头、气势，120里长河两个月是挖不出来的……要把兵带成小老虎一样，有一股压倒敌人、战胜困难的士气。战争讲这个，施工也讲这个。（1982年5月19日在听取引滦入津指挥部工程进展情况汇报时的讲话，《看法与说法》，1147页，中国人民大学出版社，2013）

解读：在中国人的心目中，虎是勇猛顽强的象征，是压倒一切敌人、战胜一切困难、敢于胜利的象征，而“小老虎”还有充满活力、朝气蓬勃的含义。早在土地革命战争年代，中国共产党的话语体系中就出现了“小老虎”的表述，如当时把在战场上表现无比英勇，带头冲锋陷阵，专打硬仗恶仗的红七军特务连，称为“小老虎连”；而把一手执钢刀，一手举驳壳枪，年仅16岁的连长李天佑，称为“小老虎连长”。“小老虎”随后成为军内对具有英勇顽强精神，敢于战胜一切困难，压倒一切敌人的年轻官兵的称谓。在后来的抗日战争、解放战争中，人民军队中出现了众多“小老虎”。新中国成立后，人们仍然用“小老虎”的称谓褒誉那些为人民利益而奋斗的年轻的英雄模范，因此“小老虎”的称谓不仅出现在抗美援朝的阵地上，也出现在保卫祖国领土、海疆的战场上。20世纪60年代在全军推广的郭兴福练兵法，进一步为“小老虎”的称谓充实了内涵，主要是“思想红、作风硬、技术精、战术活”。人民解放军的传统和作风影响了全国各个领域，在社会主义建设过程中，“小老虎”称谓不仅在农田水利工地上出现，在大庆艰苦创业的工人群体中出现，甚至在体育赛场上，人们也把那些敢拼敢打取得胜利的年轻运动员称为“小老虎”。

“把兵带成小老虎一样，有一股压倒敌人、战胜困难的士气。战争讲这个，施工也讲这个。”这番激发斗志、鼓舞士气的话语，是时任引滦入津工程指挥部总指挥的李瑞环在听取引滦入津工程进展情况汇报时说的。引滦入津工程全长234公里，是一项施工复杂、子项目繁多的大型综合性工程，于1982年5月11日开工，于1983年9月11日建成。要完成这项浩大的工程，在当时的技术条件下，需要打很多硬仗、恶仗。引水线路施工中最艰难的是要穿越中国地质年龄最古老的燕山山脉，在200多条断层中修建一个12 394米长的引水隧洞，这是引滦入津的“卡脖子”工程。参与这项工程的都是解放军战士，他们在引滦入津工程指挥部的率领和号召下，充分发扬攻坚克难的“小老虎”精神，奋战出一个又一个辉煌战绩。在当时的条件下，如果按正常挖掘速度，即便两头同时挖也需要15年时间才可以挖通，但官兵们仅用了1年零4个月就将隧洞打通，创造了当时全国日掘进6.8米的最高纪录。人民解放军的“小老虎”精神，感染带动了参与工程建设的数十万大军。当时天津市700万人民也纷纷行动起来，以自己的行动来支持引滦工程。在军民齐心协力下，引滦入津工程得以保质保量提前完成。

引滦入津工程建成通水后，一举结束了天津人民喝咸水、苦水的历史。当时担任中央军委主席的邓小平曾给予高度赞扬，他说，参加引滦入津工程施工的解放军完成任务又快又好又省，为全国重点工程建设作出了榜样。

（陈述　谢春涛）

112. 要防止两种倾向：一种是葫芦掉在井里——到下边漂着；一种是瘫子进茅房——蹲下起不来。

原文：要防止两种倾向：一种是葫芦掉在井里——到下边漂着，等于没下去；一种是瘫子进茅房——蹲下起不来，只看到局部，不能站在全局的高度研究问题。（1986年8月8日在听取关于服务队工作汇报时的讲话，《辩证法随谈》，353页，中国人民大学出版社，2007）

解读：调查研究是我们党制定和实施正确路线方针政策的重要前提，是党的优良作风的重要体现，也是我们党一贯坚持的工作方法。深入开展调查研究，有助于领导干部了解实际情况，听取群众意见，发现和解决问题，密切党群关系，提高各项工作的预见性、针对性和实效性。“葫芦掉在井里”和“瘫子进茅房”两个比喻，反映的是调查研究中两个常见问题，前者反映的是工作作风问题，后者反映的是工作方法问题。

调查研究必须坚持求真务实的作风，要深入实际，深入基层，“解剖麻雀”，求得实情。毛泽东指出：“调查有两种方法，一种是走马看花，一种是下马看花。走马看花，不深入……还必须用第二种方法，就是下马看花，过细看花，分析一朵‘花’，解剖一个‘麻雀’。”（《毛泽东文集》，第7卷，134页，人民出版社，1999）摸清情况，全面掌握调查对象的相关信息，是分析问题、探寻对策的基础。只有把实际情况摸清楚了，才能保证后续的分析和综合不偏不倚。深入基层，“解剖麻雀”，需要从机关走出来，从主观臆想中跳出来，真实感受基层生产生活，掌握第一手材料。只有这样，调查研究才能从上面沉下去、从表面钻进去，发现基层发展中的新情况、新问题，获得观察问题的新视角和解决问题的新思路。

而“做客式”的下基层，浮光掠影，走马观花，只能是“葫芦掉在井里——到下边漂着”，不仅难以了解基层实际、发现基层问题，还容易产生与实际情况不符的感受和认识。长期以来，官僚思想作祟，让领导视察基层工作已经变了味。本来是深入基层了解真实情况，但实际情况是提前准备、武装典型、上下关照、层层陪同。结果，一项本应最能够体察反映民情的调查工作，变成了一场兴师动众、劳民伤财的汇报演出。正像有些顺口溜所说：“领导未到传真先到，立马准备迅速制造。先是准备材料一套，再是武装典型汇报。”“领导未行我先行，看看道路平不平；领导未讲我先讲，看看话筒响不响；领导未尝我先尝，看看味道怎么样。”这种作风在群众中影响极坏，都“准备”到这个地步了，领导还能摸到真实情况吗？

陈云关于调查研究有段名言：“难者在弄清情况，不在决定政策，只要弄清了情况，不难决定政策。我们应该用百分之九十以上的时间去弄清情况，用不到百分之十的时间来决定政策。”（《陈云文选》，第3卷，46页，人民出版社，1995）所以要想弄清情况，应该重点解决沉不下去“到下边漂着”的问题。

李瑞环在许多场合反复强调调查研究坚持求真务实作风的重要性。作风问题是个十分重大的问题。“作风好，能够深入实际、调查研究，密切联系群众，方针政策的制定就比较周全，贯彻执行就比较顺利；作风不好，高高在上，官僚主义，形式主义，虚华漂浮，不仅政策不能落实，还会产生其他许多问题。”（《务实求理》，612页）这个问题不解决好，主意再好也白搭，本事再大也没用。

调查研究不但要求具备求真务实的工作作风，还讲求科学正确的研究方法。所谓科学正确的研究方法，即通过深入实际调查研究，把大量和零碎的材料经过去粗取精、去伪存真、由此及彼、由表及里的思考和研究，抓住关键信息、重要苗头、主要矛盾不放，综合运用归纳与演绎、分析与综合等方法，加以系统化、条理化，透过纷繁复杂的现象抓住事物的本质，找出它的内在规律，由感性认识上升为理性认识，在此基础上提出正确的决策。李瑞环认为，调查研究的过程也是应用理论的过程。这样反复应用，不断学习，就会不断提高理论水平，提高学习理论的自觉性，提高对调查研究工作的自觉性。要注重实践，同时要注重总结。“我们的各项工作，只有通过认真总结，才能知道哪些是成功的需要继续坚持，哪些是不足的需要予以弥补，哪些是失误的需要加以改正，从而发扬成绩，克服缺点，不断争取新的进步。”（《学哲学 用哲学》，126页）

在实际工作中，许多人是下去了，但是就如李瑞环所指出的，下去之后出现了“瘫子进茅房”的毛病——蹲下起不来。他们只看到局部，不能站在全局的高度研究问题，不能从调查来的情况里提出正确的决策和政策来。基层跑了不少，群众访了不少，情况听了不少，但找不到主要矛盾，看不到发展方向，寻不着解决办法。毛泽东对此也有类似表述：“做了几个月的调查，开过不少的大会小会，结果对于大量存在的事物，却是视而不见，听而不闻。原因是方法不对，找不到主要矛盾在什么地方。”（《毛泽东文集》，第8卷，26页，人民出版社，1999）

总之，下去之后提不上来的主要原因，是研究的方式方法有问题。

而问题大多在于孤立、静止、片面地即形而上学地看待调查来的情况和材料，没有进行去粗取精、去伪存真、由此及彼、由表及里的分析，缺乏联系、发展、全面的即辩证的研究。只有客观地、系统地对调查材料给予总结并上升为经验、理论，才会使今后的工作减少盲目性，增强自觉性。1999 年 1 月，李瑞环在同全国统战部长会议代表座谈时说："调查研究要眼睛向下，从实际出发，根据我们的基本理论和基本方针政策，根据客观情况的发展变化，对现行的措施、做法提出意见，该坚持的要继续坚持，该补充完善的要补充完善，该纠正的要及时纠正，该摒弃的要敢于摒弃。"（《学哲学 用哲学》，42 页）这是对调查研究的方式方法及其实践意义的十分确切的表达。

（王宏霞）

113. 自己长得丑并不希望找个老婆或丈夫也丑。

原文：不能简单地以自己为标准评判他人、评判是非。比如，自己长得丑并不希望找个老婆或丈夫也丑；自己没文化总不希望自己孩子也没文化。（2001 年 5 月 2 日在出访亚非四国结束午餐会上的即兴讲话，《学哲学 用哲学》，278 页，中国人民大学出版社，2005）

解读： 世界是同和异的统一体，没有差异就没有世界，绝对一样的人和事是没有的。有些差异通过工作是可以缩小或消除的，有些差异则是长期存在的。诚如李瑞环所说：不能简单地以自己为标准评判他人、评判是非。须知，和你一样的不一定就对、就好，和你不一样的不一定就错、就差；你对很多人看不惯，其结果常常是很多人对你也看不惯。尊重他人是一种美德，只有尊重他人才能得到别人的尊重，也只有人们相互尊重，生活才能快乐和谐，社会才能安定团结。

延伸到国际关系，当今世界国与国之间的许多争端，其实就源于不能互相尊重、平等相待。某些大国无视政治、经济、文化等的多元性，总是拿自己的标准去衡量别的国家、别的族群，认为别人这里做得不对，那里不够文明，指手画脚，横加干涉，将自己的模式强加于人。这实质上是典型的霸权思想和强权政治，是影响世界和平稳定发展的主要因素。

和平与发展是当今时代的主题，是人类共同的愿望和追求。中华民族历来崇尚“和”，主张以和为贵、“己所不欲，勿施于人”。早在西周时期，周太史史伯即提出“和实生物，同则不继”的观点。春秋战国时期诸子百家更是围绕“和”来阐发他们的哲学思想和文化理念，如“知和曰常，知常曰明”，“天时不如地利，地利不如人和”，“和也者，天下之达道也”，等等。这些“和”的思想绵延数千年，形成了中华民族独特的处世理念，在炎黄子孙的思想中留下了不可磨灭的烙印。事实证明，这种珍贵的思想文化，正是中华民族生生不息、团结统一的精神纽带。在这种思想文化的熏陶下，中华民族即使在历史上发展最强盛时期也未恃强凌弱，而是德化天下，睦邻友好。这种思想文化和价值理念，决定了今天发展崛起的中国只会成为维护世界和平和发展的重要力量，而不是相反。

2000 年 5 月，李瑞环在会见加拿大总理克雷蒂安时强调：“中国对外政策的目标是争取和平。我们历来主张一切国家不论大小、贫富、强弱，不论社会制度、文化传统、价值观念有何不同，都是国际社会平等的一员，都应当相互尊重，求同存异，平等相待，友好相处。”（《学哲学 用哲学》，627 页）2001 年 5 月，他在出访亚非四国结束午餐会上又即兴讲话指出：“中华民族崇尚‘和为贵’，‘己所不欲，勿施于人’，中国人民绝不会将自己过去所遭遇的那种苦难强加给别人。中国现在不称霸，将来富强了也不会称霸，也反对任何人称霸，我们要使各国人民相信，中国的强大是维护世界和平与稳定的积极力量。”（《学哲学 用哲学》，625 页）这些发自肺腑的话语，表达了中国人民对于维护世界和平的强烈愿望，阐明了中华民族尊重各民族文化多元和差异性的态度，也铿锵表达了中国反对任何国家将自己的一己标准强加于人的鲜明立场。

（王喆　王宏霞）

114. 不能像有些人那样，“天桥的把式”，只说不练。

原文：不能像有些人那样，“天桥的把式”，只说不练，或话说得挺顺溜，找毛病没有，论用处不大，也不能像有些人那样，“药方”开得挺多挺全，就是不对症，不能“治病”。（1988 年 3 月 5 日为《天津日报》“您心目中的领导者形象”专题讨论作的总结，《辩证法随谈》，350 页，中国人民大学出版社，2007）

解读：天桥曾是老北京最大的露天娱乐场，过去有很多艺人在那里表演。他们在开场献技前，大都滔滔不绝、说个没完，或自述师承，或介绍表演节目，等到把观众招引到里三层、外三层，观看的人多了，也把众人的胃口吊足了后，才肯象征性地练几下。因此，后来就有了“天桥的把式——光说不练”这句歇后语，用来比喻那些只说空话、不做实事的人。

如今，这种只说不做、理论与实践脱节的风气在一些单位依然盛行。有的领导干部把大量时间用在“文山会海”上。讲话时，不分轻重缓急，洋洋洒洒一讲就是几个小时，虽口吐万言，却离题万里，提不出任何具体可行的措施。这些毫无新意的讲话，基本上属于“正确的废话”，找毛病没有，论用处不大，没有谁会认真去听。1985 年，李瑞环就说：“这些年来我们有了一种好吹的风气，突出的表现就是好说空话。说空话似乎成了一些人主要的工作，天天说，没完没了地说，一个接一个地说，上下传着说，层层往下说，上下一齐说。说起来豪言壮语，气吞山河；海阔天空，不着边际。其实是只有唱功，没有做功；嘴行千里，屁股在屋里。重说轻做，务虚不务实，必然误事、误人、误己，最终误国误民，可恶至极。”（《学哲学 用哲学》，58～59 页）这些俏皮生动的话语，把那些好说空话者的形象刻画得淋漓尽致。

对于这种语言的巨人、行动的矮子，李瑞环严厉批评说，任何伟大的事业，都是干出来的而不是说出来的。空谈误事，空谈误国，实干兴业，实干兴邦。他还提出了解决的办法：“我们要大力提倡说实话、办实事、想实招、重实效，使那些专说空话、说套话、说似是而非的话以及没有错也没有用的话的人失去市场。”（《看法与说法》，932 页）确实，如果真正从干部选拔机制入手，把那些光说不练、缺乏行动的“天桥把式”剔除出去，大家可能就会立即下场操练、把理论与实践结合起来了。

（卢毅）

115. 乌鸦和凤凰比屁股，都是那么脏，为什么不比翅膀，看谁好看？

原文：不应该把别人的缺点拿来和自己的优点比。乌鸦和凤凰比屁股，都是那么脏，为什么不比翅膀，看谁好看？（1985 年 1 月 10 日在天津市建筑设计院科技干部会上的讲话，《辩证法随谈》，338 页，中国人民大学出版社，2007）

解读：人生活在社会里，处在人与人的关系之中，常常自觉不自觉地把自己和别人相比，这是人之常情。但是该如何比？这里面大有说道，有积极与消极、明智与盲目、正确与错误、有益与有害的区别，不可不详察。李瑞环用乌鸦和凤凰做比喻，直观而又透彻地揭示出不同比较的不同结果，引人深思。

李瑞环说：“每个人都有长处和短处、优点和缺点，即使先进人物也不例外。我们要用其所长，避其所短，发挥优点，克服缺点，在发挥优点的过程中克服缺点”（《辩证法随谈》，338 页）。这是领导在知人用人时要特别注意做到的，也是每个人对待自己的正确态度。于是，领导知人用人与个人扬长避短就可以协调起来，对事业的发展和人才的进步都是有利的。如果不是这样，领导看人只看短处和缺点，就不会用其所长；而一个人自己不知所长所短，就不会用己所长，避己所短。这当然既不利于事业的发展，也不利于个人的进步。

因为人都有长处和短处、优点和缺点，所以在人与人的比较中，会有不同比较的排列组合。其一，人可以拿自己的长处、优点与别人的短处、缺点比。如果以为这是全面的比较，就会觉得自己是一朵花，别人是豆腐渣，沾沾自喜，骄傲自大，甚至不可一世。其二，人也可以拿自己的短处、缺点与别人的长处、优点比。如果以为这是整体的比较，就会自惭形秽，甚至无地自容，不禁想到俗话说的“人比人得死，货比货得扔”。其三，人还可以拿自己的短处、缺点与别人的短处、缺点比。如果是消极的比较，这就是李瑞环说的“乌鸦和凤凰比屁股，都是那么脏”，彼此彼此。其四，人更可以拿自己的长处、优点与别人的长处、优点比。在很多情况下，可能是不可比的，只能说各有优长；如果是可比的，那么“强中更有强中手”，可以力争“更快、更高、更强”，这就是著名的奥林匹克精神。

在上述四种比较中，第一种拿自己的长处、优点与别人的短处、缺点比，是一种常见的做法。李瑞环批评这种容易助长骄傲自满、自以为是的态度，指出不应该把别人的缺点拿来和自己的优点比。第二种拿自己的短处、缺点与别人的长处、优点比，如果陷入盲目性，也是消极的。但若是自觉向别人的长处、优点学习，“见贤思齐”，克服自己的短处、缺点，那是十分难得的。第三种拿自己的短处、缺点与别人的短处、缺点比，除了得到消极的结果，还有什么积极意义？第四种拿自己的长处、优点与别人的长处、优点比，是最值得提倡的。用李瑞环的话说，乌鸦和凤凰为什么不比翅膀，看谁的更好看？当然，好看即美只是一个标准，真和善是另外两个标准。从别的标准看，例如灵活度，乌鸦的翅膀也可能胜过凤凰的翅膀。

（郭湛）

116. 有上就有下，好比登山，光是上不行，还要下得来才行。

原文：一个干部上来下去是很正常的，有上就有下，好比登山，光上是不行，还要下得来才行。（2002年11月25日与中央统战部领导及部分老同志座谈时的讲话，《辩证法随谈》，310页，中国人民大学出版社，2007）

解读：中国共产党执政以来，很长时间内一个没有解决好的问题就是干部职务终身制。干部只能上不能下，导致干部老化问题突出，有能力的中青年干部无法接班。李瑞环把干部提拔比作上山，认为有上就有下，不能只是上山而不下山。

干部职务终身制问题的形成，同封建主义的影响有一定关系，也同我们一直没有妥善的退休解职办法有一定关系。新中国建立初期，由于干部年龄的原因，基本不存在退休的问题，所以没有相应的政策来规范，致使这个问题没有得到及时解决。1982年，党的十二大上选举成立的中央顾问委员会，可以说是废除领导职务终身制的过渡性机构。到1992年党的十四大时，鉴于党的干部离退休制度和新老干部合作与交替制度已全面建立并顺利执行，邓小平坚决主张撤销中央顾问委员会。2006年中共中央出台了《党政领导干部职务任期暂行规定》、《党政领导干部交流工作规定》、《党政领导干部任职回避暂行规定》三个文件，针对干部管理中存在的缺漏和不足，提出了强有力的、创新性的政策措施，最终彻底废除了干部职务终身制。

在2002年底这样一个时刻，干部职务终身制即将彻底废除，但还是残留了一些影响，一些老干部在思想上还未扭转过来。李瑞环当时作为全国政协主席，就担负起了做统战部门老干部思想工作的责任。他用登山作比喻说明干部上来下去是正常的，如果上得去下不来，反倒是不正常的。干部职务终身制是当时领导制度中的一个比较大的弊端，而领导制度问题更是带有根本性、全局性和长期性。这个问题不处理好，过去出现的严重问题今后就还有可能出现。只有对这种弊端进行有计划、有步骤而又坚决彻底的改革，才能使我们的事业长久进行下去，国家才可能长治久安。

（王喆）

117. 有些人专找干事人的毛病，甚至给人家安个小辫子，揪住不放。

原文：事是人干的。干成事当然要琢磨选人、用人，做到“知人善任”，但这种琢磨的出发点是为了把事情办得更好。有些人专找干事人的毛病，甚至给人家安个小辫子，揪住不放。凡干实事的人，就要说话，就要办事，就要待人。老说话难免有失，老办事难免有错，老待人难免有怨，哪怕是万分之一。其结果，干事的人变成了毛病最多的人，不干事而整人的人反倒变成专给人“治病”的人。这是一个很坏的风气，如不改变，就没有人敢干事，也没有人愿干事，国家就无法兴旺。（1985 年 5 月为《天津日报》撰写的特约评论员文章，《务实求理》，501 页，中国人民大学出版社，2010）

解读：人们常常感到中国的事情难办，这其中的原因很多。主要的当然是因为我们现在从事的现代化建设和改革开放事业是前人从来没有做过的事业，不可能从自己的经验和其他国家的经验中找到现成的答案，需要我们大胆探索、勇于创新，克服发展道路上出现的各种困难。同时也因为我们在干部工作中存在的一些问题，包括在干部任用过程中存在的“会干的不如会说的，会做事的不如会来事的”等现象带来的弊端。尤其是在干部评价过程中，一些人热衷于专找别人的毛病，安个小辫子，揪住不放。这类现象和问题对我们的实际工作危害很大，侵蚀着我们的干部制度建设和干部队伍建设，污染了我们干部队伍风清气正的工作氛围。

过去有一段歌词唱得好，“樱桃好吃树难栽，不下苦功花不开；幸福不会从天降，社会主义等不来”。我们从事的现代化建设和改革开放事业同样也是等不来的，就是需要我们有一大批干部全心全意投入到这一伟大事业中去。邓小平在著名的南方谈话中指出：“中国的事情能不能办好，社会主义和改革开放能不能坚持，经济能不能快一点发展起来，国家能不能长治久安，从一定意义上说，关键在人。”（《邓小平文选》，1版，第3卷，380页，人民出版社，1993）我们的建设与改革进程也充分说明，正是因为有了一大批解放思想、实事求是并全心全意投身于这一伟大进程的干部和群众，才创造了举世瞩目的辉煌业绩。农村的改革、城市的改革是如此，对外开放也是如此。几乎所有领域的改革开放都是对原有体制和模式的突破，都是对原有思想和观念的改变。一大批各级领导干部面对问题和挑战，不是畏缩不前，遇事推诿，而是敢于作为，敢于做事，不怕困难，勇于担当，打开了一个个单位、部门、地区的工作局面，这样的干部是我们党最可宝贵的财富。

要做事就会出问题，要创新就会有失误，但不做事问题更大。看一个领导干部是不是合格，首先不是看他说什么、怎样说，而是要看他是不是干事、干什么事。中国共产党是全心全意为人民服务的政党，不是整天琢磨着街头选举的政党，要全心全意而不是三心二意地为人民服务，我们的各级领导干部必须身先士卒，带头做事。那么，如何看待干部在工作和创新中出现的这样那样的不足与失误？这是对我们党的干部政策的重大考验。我们党一贯的态度是总结经验，吸取教训，放下包袱，继续前进，保护广大干部的热情和干劲。但是，我们也会看到一些人，特别是那些不会做事、不愿做事的人，却总是到处寻找做事的人的毛病和不足去批评指责。这种现象虽然不是很普遍，但是其危害不小，对我们干部队伍的精神面貌影响很大。

李瑞环不仅倡导干实事，而且也是干实事的典范。他历来主张要少琢磨人，多琢磨事，把主要心思用在做事上。他指出：“有些事所以没有干好，有的是因为一些同志看得过于简单，事前琢磨得不细，准备得不足，仓促上阵，处置失当；有的则是因为一些同志思想不对头，他们只琢磨人，不琢磨事，影响了干事。”（《务实求理》，501页）实事是实实在在的，有些还是错综复杂的，要真正干好它，必须勤于思考，善于琢磨。他不断提醒领导干部，特别是从事干部管理工作的领导干部，看人一定要全面、历史、辩证地看。每个人都有长处和短处、优点和缺点。“但作为领导者，看人，首先要看长处和优点，用其所长，避其所短，在用长处的过程中补其所短；发挥优点，克服缺点，在发挥优点的过程中去克服缺点。”（同上）不应该专抠人家的毛病，试图把人制住，结果反而把人们干事的劲头给治没了。

早在延安时，毛泽东就十分注意发现干部的长处，发挥干部的作用。时任中组部部长的陈云经常提醒组织部的同志们：我们就是找好人的部门，为党的事业培养人才，发现人才，使用人才。最近，习近平总书记也说：“用一贤人则群贤毕至，见贤思齐就蔚然成风。选什么人就是风向标，就有什么样的干部作风，乃至就有什么样的党风。”“要树立强烈的人才意识，寻觅人才求贤若渴，发现人才如获至宝，举荐人才不拘一格，使用人才各尽其能。”“组织部门改进作风，最核心的是坚持公道正派。要着眼于党的事业发展需要选人用人，公道对待干部，公平评价干部，公正使用干部，敢于坚持原则，让好干部真正受尊重、受重用，让那些阿谀奉迎、弄虚作假、不干实事、会跑会要的干部真正没市场、受惩戒。”只有干部一心一意想事业，一心一意做实事，实现中华民族伟大复兴的中国梦才不会成为一句空话。

（贺耀敏）

118. 现在的一种不祥之兆是“评论员”太多，“裁判员”太多，“运动员”太少。

原文：现在的一种不祥之兆是“评论员”太多，“裁判员”太多，“运动员”太少。对于这些党员，必须向他们大喝一声，使他们觉醒，否则他们将会成为第二次革命的绊脚石。（1985 年 5 月 9 日在天津市党员领导干部会议上的讲话，《看法与说法》，937 页，中国人民大学出版社，2013）

解读：一段时期以来，干部队伍中存在着不负责、不担当、不作为的情况，李瑞环对之深恶痛绝。他形象地批评说：“我们有些同志沾染了一些很坏的风气。他们习惯于坐在屋子里，豪言壮语，气吞山河，听起来似乎决心很大，道理很多，但只有唱功，没有做功，嘴行千里，屁股在屋里。”“他们习惯于说这也不对，那也不对，就是不说怎么样才对；他们总喜欢说这人不行，那人不行，就是不说自己行不行；他们不当运动员，只当裁判员，只吹哨不上场，谁‘进球’吹谁‘犯规’”（《学哲学 用哲学》，61 页）。“评论员”太多，“裁判员”太多，“运动员”太少，这是一种不祥之兆。长此以往，就没有人愿意干实事了。这种坏风气不仅害了自己，也涣散了别人的斗志，误事、误国、误人、误己。

要想解决党风中存在的这些问题，李瑞环强调关键还是要提倡邓小平说的“少讲空话，多干实事”精神。他说：邓小平同志强调“少讲空话，多干实事”，其实质不只在于针对党风中的问题，还在于坚持辩证唯物论的思想路线。我们需要从这个高度来认识和落实“少讲空话，多干实事”。“坚持实干，就是坚持实事求是。要完成四化大业，必须提倡一切从客观实际出发，立足群众实践，扎扎实实、踏踏实实干实事。”（《学哲学 用哲学》，59 页）从实际出发，就要注意实际的变化，跟上实际的发展，与时俱进。一句话，必须坚持马克思主义的唯物论和辩证法。

那么，如何才能形成这种奋发向上、多干实事的风气呢？李瑞环提出：一是要把干实事作为评判干部的重要标准，“评判一个人，不能只看他说得如何，在领导面前表现得如何，主要应看他是否为人民干实事，看他干事过程的表现及其结果。”（《学哲学 用哲学》，63 页）同时，要在全社会造成一种社会舆论，“使实干为荣，使空谈为耻”。不仅干部要身体力行，还要使“空谈误国，实干兴邦”推广到我们整个民族。我们要使“少讲空话，多干实事”成为一种社会风尚、行为规范、是非标准、民族气质，并持之以恒，流传后代，转化成为振兴中华的巨大物质力量。

（刘宝东）

119. 螃蟹吃豆腐，吃得不多，抓得挺乱。

原文：现在是百业待兴，百事待举，要把所有的事都找出来，分分类，排排队。看看哪些该办，哪些不该办；哪些能办，哪些不能办；哪些先办，哪些后办。排列清楚，落实下去。不加选择，眉毛胡子一把抓，核桃栗子一齐数，其结果必然是螃蟹吃豆腐，吃得不多，抓得挺乱。（1985 年 6 月 6 日为《天津日报》撰写的特约评论员文章，《看法与说法》，1127 页，中国人民大学出版社，2013）

解读：李瑞环用“螃蟹吃豆腐”这样一个生动鲜活的比喻，向我们揭示了辩证唯物主义认识事物的矛盾分析法。矛盾分析法是认识事物的根本方法，是“两点论”与“重点论”相结合的方法。两点论是一种辩证的思维方法，是从矛盾双方的对立与统一关系中分析问题，在诸多矛盾方面的差异、对立和斗争中把握它们的统一、渗透和转化。唯物辩证法的两点论不是均衡的两点论，而是有重点的两点论。它要求把握矛盾的不平衡性并把它贯穿于矛盾分析之中，不能主次不分、轻重不分，采取中庸、折中的态度。唯物辩证法的重点论与两点论是相统一的。在研究复杂事物矛盾发展过程中，既要研究主要矛盾，又要研究次要矛盾，既要研究矛盾的主要方面，又要研究矛盾的次要方面，二者不可偏废。在坚持两点论的前提下，坚持重点论，这是唯物辩证法的一个基本理论观点，是进行一切实践活动的重要方法，特别是革命政党决定战略战术方针的重要依据。

以毛泽东为代表的中国共产党人，坚持用矛盾分析法指导革命实践，制定出一系列正确的路线、方针和政策，取得了新民主主义革命的胜利。十一届三中全会以来，以邓小平为代表的中国共产党人，解放思想，实事求是，制定了推进中国改革开放和现代化建设的路线、方针和政策。在这场社会变革中，他们继续运用矛盾分析法，正确认识和处理社会主义与资本主义、中国与世界的关系，不断地解决新的矛盾，取得了中国特色社会主义建设的伟大成就。这些都是中国共产党人在中国革命和建设过程中经过艰难探索提出的路线、方针和政策，是坚持运用矛盾分析法的光辉典范。

李瑞环在工作中非常注重和善于运用矛盾分析法，尤其是其中的重点论。他曾在多种场合提及运用这一理论的重要性："工程施工组织的基本工作方法是自始至终注意抓重点，抓主要矛盾。不抓主要矛盾，工作中就会如坠烟海，失去重心，没有秩序，不分巨细，眉毛胡子一把抓；不抓主要矛盾，就不能把握全局，辛辛苦苦、忙忙碌碌而成效甚微；不抓主要矛盾，就不会有正确的部署和计划，不可避免地要打乱仗；不抓主要矛盾，就无法缩短工期，实现多快好省。人们常说干什么都要'抓根找头'，'一棵大树抓住根，带动树叶和树枝；一团大绳先找头，捆在一起牵着走'。"（《学哲学 用哲学》，244 页）他特别强调，没有重点就没有政策，没有重点就没有章法，没有重点工作就没有波澜起伏，我们都应该学会抓重点。

“螃蟹吃豆腐，吃得不多，抓得挺乱”，说到底就是没找到工作着力点的问题。任何一项工作都需要决策者运用矛盾分析法进行认真的思考、分析和比较，针对工作中的实际问题，抓准抓牢主要矛盾，把自身的优势、潜力、问题分析清楚，根据先行后续有的放矢开展工作。如果面面俱到，认为这也是主要矛盾，那也是主要矛盾，什么都想抓，什么都去抓，眉毛胡子一把抓，其结果就像是螃蟹吃豆腐一样，什么都抓了又什么都抓不好，事倍功半，成效甚微。也不能贪大求全都想管，主观臆断定重点。必须紧贴工作实际，充分认识矛盾的特殊性、发展的规律性，善于从全局观察问题，区分主要矛盾和次要矛盾。找出主要问题是什么，主要矛盾是什么，从而牵住牛鼻子，就能以点带面，纲举目张，掌控全局。

（王宏霞）

120. 惜时如金，与时俱进

原文：我们应当继承和发扬中华民族惜时如金、与时俱进的精神，坚定信心，集中精力，埋头苦干，使我们的祖国在21世纪以更快的步伐走向现代化的辉煌。（2000年3月11日在中国人民政治协商会议第九届全国委员会第三次会议闭幕会上的讲话，《学哲学 用哲学》，379页，中国人民大学出版社，2005）

解读：中华民族自古深知时间的宝贵，常把时间比作黄金。俗话说：“一寸光阴一寸金，寸金难买寸光阴。”转瞬即逝的时间，是再贵重的黄金也换不回来的。时间对于人的价值，归根到底在于能够用来创造更高的价值。人类几千年来时间的价值体现为文明的历史和财富。中华民族几千年的“时间都去哪儿了”？除去那些被无谓地浪费和消磨掉的，都用在生存和发展的活动中了，都用在物质文明、制度文明和精神文明的创造与延续中了。

2000年3月，在全国政协九届三次会议闭幕会上，李瑞环作了以时间为主题的著名讲话。他说：“在这千年更迭、世纪交替之际，抚今追昔，倍感时光之易逝，时间之宝贵。正确认识时间，有效利用时间，对于我们的国家、我们的民族、我们的事业、我们的同志，具有特殊的重要意义。”（《学哲学 用哲学》，376页）面对中国改革开放以来取得的成就，回顾千年往事，最深刻的教训就是，过去耽误的时间实在太多了！从当前世界发展的大局大势审视我们自己，中国同过去相比确有很大进步，但与发达国家比还有较大的差距，要赶上发达国家，任务十分艰巨。我们不能丢失时间，时间对我们实在太紧迫了！“对我们国家和民族来说，时间就是发展，时间就是前途，时间就是命运。时间对我们实在太重要了！”（《学哲学 用哲学》，378页）

时间的节省是最大的节省，时间的浪费是最大的浪费。不珍惜时间，不努力工作，就是浪费时间。而浪费时间不只是浪费金钱，更是浪费生命。时不我与，时不我待，时不再来。知道惜时如金，就要与时俱进，创造价值。珍惜时间，奋发有为，人的生命才有价值，国家和民族才有辉煌的未来。正像李瑞环说的那样，我们应当继承和发扬中华民族惜时如金、与时俱进的精神，坚定信心，集中精力，埋头苦干，使我们的祖国在21世纪以更快的步伐走向现代化的辉煌。21世纪，我们已经走过了十几年。到2020年左右，中国将全面建成小康社会；到2050年左右，中国将建成富强民主文明和谐的社会主义现代化国家。中国的未来是辉煌的，值得我们一代一代为之不懈奋斗。

（郭湛）

七

121. 一个地球，一块地；一个星球，一片天。海水没有边界地来回流动，空气不用签证地进进出出。

原文：一个地球，一块地；一个星球，一片天。海水没有边界地来回流动，空气不用签证地进进出出。环境保护，不仅需要各国自己的努力，还需要加强国际合作，靠大家共同努力来解决。（2001年会见出席“二十一世纪论坛”会议外方代表时的谈话，《看法与说法》，170页，中国人民大学出版社，2013）

解读：这里，李瑞环用“空气不用签证”这个形象而巧妙的比喻，道出了环境保护需要加强国际合作的必要性，既生动风趣，又富有说服力。

事物是普遍联系和相互作用的，并不是孤立和静止的。人类只有一个地球，地球是一个整体，是一个总的生态系统，任何一个国家和地区的环境问题都可能对全球的生态环境产生影响。随着经济、社会、科技的长足进步，人类对与之密切相关的环境问题的认识也不断深入。特别是近年来，越来越多的人深刻认识到，地球对于人类是一个公共性的存在，国际环境问题是全人类面临的共同问题，它不因国界、社会制度、意识形态的不同而有所差异，也决不是任何一个国家单枪匹马就能够解决的，必须全球携起手来。为了人类的共同利益，为了保护人类及其子孙后代赖以繁衍生息的地球，国际社会别无选择，只有超越国界、民族、宗教、文化的制约，同舟共济，共同合作保护环境。

目前，尽管国际社会在环境保护领域中达成了合作的共识，但实际上的合作仍举步维艰、进展缓慢。有些国家和地区画地为牢，不积极合作。它们只关心自己领域内的环境保护，而不关心其他区域的环境整治，甚至以邻为壑。其结果必然是在一些国家和地区的环境得到改善的同时，另一些国家和地区的环境却日益恶化。与此同时，各国在承担环境保护的责任方面也存在重大的认识分歧。发达国家在几百年的发展中排放了大量污染物，最终酿成了当今世界的重大环境问题，如臭氧层破坏、温室效应、酸雨等全球环境问题。而广大发展中国家普遍面临着发展经济与保护环境的双重挑战，其解决环境问题的能力也十分有限。因此，发达国家理应为发展中国家解决环境问题提供资金援助和技术支持，但多数发达国家非但没有积极履行这种义务，反而回避和推卸责任，甚至利用环境保护限制发展中国家的发展。

正是在这种背景下，李瑞环指出："人类共同生活在一个地球上，生活在一个大气层中。可以说，环境问题相互影响，一家搞坏大家受害，保护别人也就是保护自己。"（《看法与说法》，164 页）他还表示："我们将继续努力为保护建设好人类的共同家园做出应有的贡献。"（《学哲学 用哲学》，412 页）这不仅是呼吁各国改变"各人自扫门前雪，不管他人瓦上霜"的狭隘观念，同时也体现了中国领导人开阔的视野和广博的心胸。

（卢毅）

122. 借来源头水，过路洗滇池。

原文：借来源头水，过路洗滇池。万民得利益，春城多美奇。（2009 年 5 月吟滇池补水工程，《看法与说法》，1169 页，中国人民大学出版社，2013）

解读：上面这首诗是李瑞环特意为云南"牛栏江—滇池补水工程"

题写的。2013 年 9 月 25 日上午 10 时许，随着昆明东北郊牛栏江—滇池补水工程防洪公园内的渠道闸门缓缓打开，从 100 多公里外引来的牛栏江水开始源源不断注入盘龙江，流向滇池，牛栏江—滇池补水工程正式通水。用红色大字镌刻着这首诗的一块巨石此刻就静静地伫立在水闸旁边。在潺潺的流水声和人们的欢呼声中，它见证了这一激动人心的历史时刻，记录了这项工程所蕴含的思路和构想。

滇池是养育了一代代昆明人的母亲湖，是镶嵌在祖国西南大地上的一颗“高原明珠”。然而令人痛心的是，自上世纪 80 年代后期，滇池水质开始恶化；90 年代之后，滇池水质长期为劣Ⅴ类，也就是连浇地都不能用的最差水质。20 多年来，滇池水生植物面积锐减，“绿油”状蓝藻长期覆盖水面。面对如此严重的污染，云南的百姓揪心，省市的领导焦虑，上上下下都有一个日益强烈的共识，就是一定要把滇池的污染治理好。但是如何治理，这可不是个简单的问题。自上世纪 90 年代以来，当地已经投入了大量资金，采取了诸多治理措施如圈养水葫芦、建设蓝藻处置设施等，但多是治标不治本，唯有今天的牛栏江引水方案才是治本之策。该方案的基本思路就是在滇池的上游找到一个大的水源，通过工程把它引过来，使之流经滇池，让滇池成为活水。

这一思路提出后，人们无不赞同、称奇。人们不禁要问：这个思路怎么来的？是哪位“高人”提出来的？除了少数当事者外，对于多数人而言这的确是个谜。有意思的是，2013 年李瑞环的新作《看法与说法》面世，一些细心的人在翻阅这本书时意外地从中找到了谜底。原来早在 1999 年 3 月李瑞环在云南考察工作时，就关注滇池的治理，并独出心裁提出引水治滇的思路。他指出：“滇池必须认真规划。在海拔近 2 000 米高有这么大块水面，中国唯一，世界少有，但现在的滇池环境杂乱、污染严重，必须下决心进行治理。你们现在这些治理方法不行，必须有新的大的思路。我曾经想过，能不能在上游找个大的水源，通过各种工程，使它流经滇池，使滇池成为活水？还有什么方法？要敢想，敢想是敢干和成功的前提。”（《看法与说法》，1168 页）李瑞环的一席话使相关人员豁然开朗。正是受此启发，云南省组织力量在滇池流域周边方圆300公里的范围踏勘、论证，确定了引牛栏江水入滇池的方案。2009年5月，李瑞环再次来到云南，时任省长秦光荣在腾冲向他汇报了已经实施的滇池补水工程情况。他听了很高兴，即兴吟出“借来源头水，过路洗滇池。万民得利益，春城多美奇”的诗句，并答应通水的时候来看看。

牛栏江引水工程是云南省历史上投资规模最大、中央补助最多、工程建设最快的大型水利工程。补水工程正式通水后，每年将有5.7亿立方米满足Ⅲ类水质标准的牛栏江水进入盘龙江补水滇池，滇池流域水资源短缺制约滇池水环境改善的瓶颈将得到突破，昆明城市供水也将得到进一步保障。省委书记秦光荣在通水仪式上说，滇池补水，是云南优化配置水资源的一项重大工程，是滇池水污染综合治理的一项关键性工程，也是改善昆明地区水生态环境的一项重大民心工程。按照工程规划，还形成了一批与之相配套的工程，其中的巨型人工瀑布已具雏形，这里是牛栏江水进入盘龙江时必须通过的首道屏障。瀑布公园建成后，将与周边沿江已建成的春溢公园等11个生态公园共同构建沿江绿色生态带。人们憧憬的“采芳亦有江南意，十里春波远泛花”（杨慎：《春望》）的胜景就可以在这里重现了。李瑞环说：“一种好的方法、一个对路的实招，可以下活一盘棋，可以开辟一条道，可以影响一大片。”（《学哲学 用哲学》，283页）这个论断，在这里得到了很好的诠释和印证。

（牛旭光）

123. 一个扁担挑两头。

原文：天津城市总体规划修编有进展。人们对规划稿关于城市性质、规模、布局的论述都表示赞同，特别是对“一个扁担挑两头”，一头是老市区，一头是滨海新区，认为这是一个突破。（1985年2月1日对天津城市总体规划修编人员的谈话，《学哲学 用哲学》，188页，中国人民大学出版社，2005）

解读：一个科学的城市发展战略对城市的发展起着至关重要的作用。20世纪80年代，在李瑞环的直接领导下，天津对城市的性质、规模、布局、发展方向等问题进行了重新的研究，于1985年制定了“一个扁担挑两头”的城市发展战略。其基本思路是跳出主城区，把战线打到滨海地区，建立哑铃型的城市格局。整个城市以海河为轴线把老城区改造成为全市的经济、政治中心，工业重心东移，结合港口，发展塘沽和滨海地区。这一战略构想的用意是，一方面把市区的一些工业移到滨海地区，移到港口附近，这样可以眼睛向外，充分利用国内和国外两个市场、两种资源，有利于发展出口加工业，发展外向型经济；另一方面，把市内的空间调整出来，为老城区改造再谋出路。

据知情人士回忆，当时的情况是工厂包围着住宅，住宅包围着工厂，市区1 000多个居委会界内都有工厂。不同行业的工厂混杂在一起，同一行业的厂点又分散在四方。一个工业区内既有要求净化的工厂，又有严重排放污染的企业。纺织行业一部分在市区东南部，一部分在西北部，前后工序离得很远，穿越市区往返运输。城区用地也十分紧张。全市40%的人口居住在1.5%的土地上，而海河下游和滨海地区地域辽阔，却没有得到很好的开发。道路不成网，流向不合理。路面狭窄，迂回曲折，桥梁稀少。有了“一个扁担挑两头”的规划总思路，这些问题就能从根本上得到解决。天津市城市总体规划从1984年开始编制，经过反复酝酿形成的第20稿在1985年报国务院，1986年正式批复，终于以法律的形式定了下来。

这个规划的科学性和有效性已为蓬勃发展的建设实践所证实。在这个规划指引下，自20世纪80年代开始，天津市迎来了经济社会发展的最好最快的时期。大批企业迁入滨海新区，形成了产业优势明显、行业布局集中、工艺流程先进、公用服务设施统一配套的现代化工业基地，充分体现出聚集效应，创造了年均超过20%的增速。2006年5月，国务院下发了《关于推进天津滨海新区开发开放有关问题的意见》的文件，对滨海新区开发开放作出全面部署，批准天津滨海新区为全国综合改革配套试验区。以此为标志，滨海新区的开发开放正式纳入国家总体发展战略。与此同时，天津主城区经过大力度的改造，城市基础设施向现代化高水平迈进；海河综合开发取得重大进展，城市面貌焕然一新。

（吴秀生）

124. 建筑得讲究美术上的点缀，要点缀得有层次，要眉清目秀。

原文：什么叫水平高？我认为把美观、适用、省钱结合得好才是水平高。好的建筑师不在于多花钱，而在于花同样的钱却能做到更美观、更适用。建筑得讲究美术上的点缀，要点缀得有层次，要眉清目秀。（1984年10月10日在天津市规划设计工作会议上的讲话，《务实求理》，328页，中国人民大学出版社，2010）

解读：一个城市总是由建筑、街道等各种零部件组成的。这些零部件的设计要遵循什么样的原则，是城市建设中一个很重要的问题。到底什么样的建筑算好的建筑？在李瑞环看来，美观、适用、省钱结合得好才是水平高。在低造价和适用的前提下，他比较重视建筑的美观。至于什么样的建筑美观，他用人的面部形象来比喻，就是“眉清目秀”。

首先要从思想上重视建筑的观瞻功能。李瑞环认为，建筑不仅仅是一个或一组具有使用功能的房子，从建筑是城市文化的重要方面看，建筑又是“凝固的音乐”，具有观瞻功能。对建筑而言，一般情况下是使用功能排第一，但“有些建筑物由于位置重要，首先要考虑的是街景和观瞻，观瞻就成为这些建筑物的最重要的功能”（《务实求理》，327页）。在这种情况下，使用房子的人是少数，观瞻房子的人是多数。他批评那些不重视外立面，不讲究建筑艺术的做法，认为这是多年来“左”的影响的结果，使我们吃了苦头，今天应该摒弃这样的观点和做法。

其次要在设计上下足功夫，要舍得在图上下够力气。一个好的建筑往往要经历无数次的设计、反复、比较，才能拿出一个像样的图来。在其中，既有自己长期积累的设计样本、设计要素，又有对别人的借鉴。李瑞环风趣地说：“天下文章一大抄，天下的好楼都有抄。”（《看法与说法》，835页）这当然不是鼓励抄袭，侵犯知识产权，而是说取诸家之长，加上自己的优点，经过自己的创造，就会形成新的特色。他认为，应当从哲学认识论的高度，理解文化的借鉴和创造的关系：“马克思的认识论强调两条，一叫纵向的连续性，二叫横向的借鉴性。”（《看法与说法》，836页）

对于建筑的美观的讲究，李瑞环可谓亲力亲为。20世纪80年代天津在城市规划、设计和建设过程中，遵循了适用、美观、省钱的原则。李瑞环还亲自进行考察、创意、设计，想出许多花小钱办大事的高招儿，使得许多建筑体既讲究了实用，又兼顾了美术上的点缀，尽可能地达到眉清目秀的观瞻效果。例如，对建筑物的外饰面，他认为全是单一的红砖墙是不好的，所以在檐口、阳台、窗口、窗套上做文章。在这些房子窗间墙上弄一点儿塑料或水泥，做成花饰、假浮雕，效果也很好。天津旧城区在改造过程中，许多外形很差的房子经过整修改变了外貌。在旧围墙的整修上，有的就采取了旧的围墙不动，略勾一个帽子，抹上点儿灰，弄点儿水泥花，上面点上点儿丙烯酸，既简单又美观。这些看似微小的点缀，对改变城市面貌、满足群众观瞻需求来说，起了“四两拨千斤”的作用。

（吴秀生）

125. 五官单个虽好，但相互不协调，也是丑八怪。

原文：坚持协调渐进，注意整体效应。古人说：倾国宜统体，谁来独赏眉。五官单个虽好，但相互不协调，也是丑八怪。（1990年5月25日听取珠海市领导班子汇报时的讲话，《学哲学 用哲学》，273页，中国人民大学出版社，2005）

解读：城市建筑中个体与群体的不协调问题，是一个很大的难题。城市中常常存在建筑群体不注意前后左右的衔接，没有做到高低有别、错落有致、统一多样，出现“一个苍蝇坏一锅粥”的现象，或者出现千篇一律的“火柴盒”、“仪仗队”布满街道的现象。李瑞环认为，建筑设计首先要讲大效果，讲群体，讲街景。有些房子一个个看还不错，加在一起就不好了。这就有一个整体效益、社会效益和环境效益的问题。要解决这个问题，必须先从规划入手，做好规划与设计的统一。“规划和设计应该是一致的，规划和设计的一致可以充分体现群体和个体的关系。规划较多的是从全局的角度考虑群体的关系；而设计较多的是从单体建筑的角度考虑个体的特性。因此必须把规划与设计紧密地结合起来，通过规划、设计人员的创作，在个体的多样性和群体的协调性上取得更理想的效果，这就是我们的追求。”（《务实求理》，326页）

20世纪80年代是天津城市建设迅猛发展的时期。时任天津市市长的李瑞环对城建工作抓得很细，他看图、改图常常是不计次数的。他主张，一个区域、一个街道要做一个图，对建筑的大小、高低、式样、色调，先在图上进行比较，在大的方面、在总体上，尽可能地讲究协调统一。经过他亲自审定的项目，都是首先从总体出发的。一直到他离开天津去北京工作，天津的许多项目还找这个“专家”咨询。比如，现今天津建设的津湾广场，也征求过老市长李瑞环的意见。他主张要注重与海河协调，不赞成在海河边建高楼。津湾广场建的都是7层小楼，后边依次叠起，拉宽了海河的视野。津湾按照法式风格兴建，与周边法式建筑交相辉映，并与对岸天津站遥相呼应，共同形成了协调一致而又个性突出的建筑组团，成为天津的标志性区域之一。

几十年来，李瑞环关于城市建设的认识、观点、主张、思路、招法，已经形成了一套完整的理论与实践相结合的城建思想。他用人的五官应当协调这个比喻，形象地说明城市建筑之间需要合理布局，才能给人以美感。对于城市建设的领导者，这是一个不能忽视的重要指导思想。城市作为一个极其复杂的有机整体，它的各个组成部分之间存在着内在的、必然的、不以人的意志为转移的相互联系和制约的关系。因此，研究城市必须认真研究这种关系，切实找出并解决这种关系中存在的问题，使整个城市协调、平衡、持续地向前发展。这是城市建设中更高意义上的协调发展。

（吴秀生）

126. 不能“吊死在一棵树上”。

原文：所谓综合的方法，就是解决一个问题并不只是一个方法，可以从各个方面、用各种方法来解决，不能“吊死在一棵树上”。就拿整治街道来说，如果只有靠政府拨款这一个办法，这样所需要的钱是拿不起的。如果采取综合的办法，比如，他正好要盖楼，我这里正好需要整修，那么好，就请你给我盖一个什么模样的楼。再比如，企业要调整，我这里的街道正需要改造，两方面一结合，问题也就解决了。这样，我们就把街道的整治同各行各业的发展结合起来了。（1985 年 12 月 17 日在天津市城区综合治理研讨会上的讲话，《看法与说法》，802 页，中国人民大学出版社，2013）

解读：20世纪80年代，李瑞环在担任天津市委书记、市长期间，从总体、长远的观点出发，把规划、建设、管理城市作为市政府的主要职能。他在城市规划、建设和管理中，着重提出了“综合抓、抓综合”的方法，即“从综合的目标出发，采取综合的方法，进行综合的工作，达到综合的效果”（《看法与说法》，798页）。之所以在城市建设中强调使用综合的方法，是因为城市是个系统，具有多功能、多层次、高度综合的性质，因此，研究城市建设必须注重宏观的、综合的研究，要将城市作为一个有机联系的统一整体来进行研究，决不能只从某个局部孤立地看问题，即不能“吊死在一棵树上”。

从哲学范畴来说，所谓联系是指事物或现象之间以及事物内部要素之间相互连结、相互依赖、相互影响、相互作用、相互转化等的相互关系。在无限的宇宙中，联系不是个别事物之间暂时的、特殊的关系，而是一切事物、现象和过程所共有的客观的、普遍的本性。任何事物都不能孤立存在，都同其他事物发生联系。世界就是万事万物相互联系的统一整体，任何事物都是世界联系之网上的一个部分、成分或环节，都体现着普遍的联系。在现实生活中，无论是认识问题、思考问题还是解决问题，都不能离开普遍联系的观点。割裂了事物之间的联系，就无法认识事物，更无法解决问题。

城市建设作为一项复杂的城市管理工作，更应遵循普遍联系的观点，进行综合治理，而不能搞脱离全局的单打独斗。李瑞环指出，有些事就一个局部来看，可能是对的，但放在整体里看，就可能是错的。他举例说：“有些街边厕所修得很漂亮，上边还带几个小古建楼子，但从综合的效果看那是失败的。因为厕所最好不显眼，搞得很显眼、很漂亮，到处突出的是厕所，就是败笔了。”（《看法与说法》，801～802页）再比如城市环境污染的治理，涉及废水、废气、废渣、垃圾、噪音等等。如果孤立地一项一项解决，合起来费用很多，而且难以收到好的效果。“这就需要从综合的目标出发，采取综合的方法，进行综合的工作，达到综合的效果。”（《看法与说法》，799页）天津在城市建设中，贯彻综合治理、综合开发的方针，利用“五个结合”，即把城市建设同经济发展结合起来，把城市建设同解决各种难题结合起来，把单项建设同综合开发利用结合起来，把新建、改造同提高完善城市功能结合起来，把改变城市容貌同建设精神文明结合起来，实现了经济效益、社会效益和环境效益的同步提升。

当然，综合的方法里边也要有局部和分析。唯物辩证法告诉我们，虽然总体居于主导地位统率着局部，但局部也制约着总体，关键的局部功能及其变化甚至还会对全局起到决定性的影响。而综合是以分析为前提的，是在分析基础上的综合。所以，在坚持综合方法的同时，不能忽视局部的作用和分析的意义。要搞好局部，以局部推动全局的发展；要通过分析，推动总体性问题的综合解决。李瑞环说：“这个局部是站在总体上的局部，这个分析是为了最终的综合分析。”（《务实求理》，367 页）辩证的综合是多方面的，既有局部之间的综合，也有局部或总体的综合；既有空间的横向综合，也有时间的纵向综合；既有物质之间的综合、精神之间的综合，也有物质和精神之间的综合。单从一个方面出发，只想着一个法儿，不可能真正把握住总体和全局。

（王宏霞）

127. 头痛医头，脚痛医脚，往往顾此失彼，“按下葫芦起来瓢”。

原文：过去，我们的一个很大失误，就是对城市缺乏综合的系统的观念。管工业的只着眼于建工厂，扩大再生产，而忽视相关的城市功能的提高；管城建的，单纯抓建设，很少考虑与其他方面发展的有机协调。对城市问题的解决，头痛医头，脚痛医脚，往往顾此失彼，“按下葫芦起来瓢”。（1987 年 2 月 18 日在天津市城建工作会议上的讲话，《看法与说法》，799 页，中国人民大学出版社，2013）

解读：“头痛医头，脚痛医脚”，指违背中医辨证施治的原理，只医治疼痛的部位，不追究病根，比喻处理问题不从全局考虑，不究其根本，什么地方有问题就在什么地方解决，临时应付。“按下葫芦起来瓢”，指在处理问题的时候没有照顾全面，压制住了这头，那头又冒出事来，用以形容因事先未考虑周全而导致手忙脚乱、顾此失彼。在这里，李瑞环用“头痛医头，脚痛医脚”和“按下葫芦起来瓢”一起来比喻城市治理手段的简单、不科学，同上一篇类似，反映的都是在城市管理中未能正确运用综合治理方法的问题。

从辩证唯物主义观点来看，“头痛医头，脚痛医脚”，割裂了部分与整体、现象与本质的关系，是孤立、静止、片面地看待和解决问题，结果导致只会治标而不能治本。城市治理中涉及方方面面的工作，许多事情既表现为互相对立、互相制约，又表现为互相联系和多样性的统一。离开综合的观点处理城市规划、建设和管理中的问题，人为地割裂事物内在的联系，就会背离城市系统运行的规律，使城市难以协调发展。因此，对城市工作必须运用综合的观点，切忌孤立、静止、片面地看问题。“有很多事情，孤立看一筹莫展，综合看‘柳暗花明’”；“有一些事物……在这里是包袱，在那里就是财富”（《看法与说法》，798页）。正是依靠这种从全局出发、高瞻远瞩的思维智慧，天津迅速改变了落后的城市面貌。

综合的观点告诉我们，在现实生活中要从多方面、多角度观察、研究和解决问题，这样才能避免失之偏颇，实现资源的最优配置。综合不是捏合，也不是凑合；综合抓，抓综合，不是“眉毛胡子一把抓”。归根到底，综合是对事物的本质和规律认识的结果。那么，这种综合的本事是怎么练就的呢？李瑞环对此给予了明确的回答：“它来自于对情况的全面了解，来自于对工作呕心沥血，来自于反复实践和理论的指导。”（《看法与说法》，798页）

（王宏霞）

128. 及时“腾笼换鸟”，注意“骨”“肉”协调。

原文：工业的发展、经济的发展是很重要的。但是，忽视了城市基础设施建设的发展，工业、经济还是不能发展，即使勉强发展上去，最终也会出问题。过去，我们没有认识到影响城市功能的各个构成部分是经济发展的基础和条件，因而造成了很多“骨”“肉”失调的问题。有些人对花大力气搞道路交通、给水、排水、电力、电信、环境保护等基础设施不理解，不懂得基础设施对城市整体和未来的作用和意义。我相信，这一点越往后看越明显，越发展越显得重要。所有生产部门不仅要保持自身的发展，而且必须注意不能影响其他单位的发展，特别是不能影响总体的发展。我们现在有两方面问题，一是总体上基础设施落后，一是使用上不合理，有些单位占用基础设施很多，但效益很差，对社会贡献甚少，存在不如不存在，发展不如不发展。今年提出“腾笼换鸟”，就是要把这些工厂停下来，腾下的厂房、能源、材料用于生产社会需要、经济效益好、市场有销路的产品。(1984 年 12 月 31 日在天津市城市科学研究会成立大会上的讲话，《看法与说法》，800～801 页，中国人民大学出版社，2013)

解读：在中国的城市建设发展进程中，李瑞环的理论和实践独树一帜。他较早提出了城市建设要及时“腾笼换鸟”，注意“骨”“肉”协调的理论。“骨”“肉”协调意思是说，城市基础设施是经济发展的载体，城市经济的发展取决于这个载体的能力，离开了城市载体的能力谈经济如何发展，最终只能是空中楼阁。“腾笼换鸟”意思是说，城市经济要不断转型升级，把那些落后产能停下来、淘汰掉，腾退下的厂房、能源、材料用于生产社会需求大、经济效益好、市场有销路的产品。

20世纪80年代的天津，“骨”“肉”失调是城市发展面临的一个大矛盾。城市建设布局零乱，设施落后。交通不发达，马路不够宽，运不进来，拉不出去；上水无来源，下水无处理；水、热、电供应不齐全，各项功能不够用。1976年唐山大地震波及天津，全市70%的房屋被震损，大部分基础设施被破坏，城市经济建设和社会发展受到了严重制约。在李瑞环带领下，天津市致力于城市基础设施的大改善，为城市发展立“骨架”，集中有限的人力、物力、财力建设了一批规模宏大、系统性强、覆盖面广、长期起作用的城市基础设施。如全长234公里的引滦入津工程，工程浩大，气势磅礴，给天津市引来了生命之水，使一个濒临水源危机可能出现萎缩衰退的城市重新焕发了生机；以中环线、外环线为重点的“三环十四射”道路工程的建设，形成了整个城市道路的骨架，城市的规模被稳定下来了，城市中各功能区的联系贯通了，人流、物流、信息流都有了畅通的渠道，有力地支撑了城市经济的发展。此外，还有天津新港的扩建、铁路枢纽的改造、飞机场的改善以及通信设施的迅速发展，使得城市的承载能力有了大幅度的提高。

有关资料显示，上个世纪80年代，天津市政府在为群众办实事中，城市建设方面大项就有100多项，子项有500多项，解决了一批长期困扰群众生活的难题。1985年，天津市用一年时间改造了26万平方米的“三级跳坑”房（指房子比院子低的阴暗简陋房屋），整修了17万平方米的地下室，使10万多居民改善了居住条件。1985年到1987年，天津市完成了煤气化工程，使市区居民气化率从27%提高到93%，由全国第33位跃居全国第4位，解除了城市居民“做饭难”的问题。此外，每年还翻修一批危陋房屋，改造一批破旧平房，发展一批集中供热，铺设一批水管网，增加一批公共绿地，使群众生活得到了不同程度的改善。

城市保障功能的提高，带来了产业的不断升级，高水准的基础设施建设，为城市经济转型升级留下了广阔的空间。经过几十年的发展，天津已经形成了产业优势明显、行业布局集中、工艺装备先进、生产流程衔接、公共服务配套的现代化工业基地和金融中心。不仅老城区的基础设施获得了长足发展，开发区、保税区的保障功能也取得了很大的成功。近年来规划建设的滨海新区已成为全国的排头兵，大批世界和全国的知名企业迁入滨海新区。形象地说，天津市整体的产业结构不仅做到了“腾笼换鸟”，而且“鸟枪换炮”了。

（吴秀生）

129. 马路装拉锁，房子安轱辘。

原文：我们过去的一个很大失误，就是城市缺乏这种综合的、系统的研究，工业城市只研究工业，城建部门孤立地研究建设，结果在建设过程中带来了许多新的问题。比如，马路挖了填，填了又挖；商业网点搭起来拆，拆完了再搭。有人说，这个干法，只有马路装拉锁，房子安轱辘。（1986 年 8 月 30 日在中国城市科学研究会首届年会暨第一届理事会第二次全体会议上的讲话，《务实求理》，366 页，中国人民大学出版社，2010）

解读：如何增强规划、建设和管理城市的科学性，克服盲目性，增强严肃性，克服随意性，是城市建设中的重大问题。针对马路挖了填、填了又挖，房子搭了拆、拆了再搭，李瑞环借用群众的话说，这个干法，只有马路装拉锁，房子安轱辘。他用这个生动的比喻辛辣地揭露了城市规划、建设中普遍存在的盲目性及其导致的做无用功问题，认为解决这个问题的关键在于城市领导对于城市科学的尊重。

究其原委，李瑞环认为，我们过去对城市缺乏综合的、系统的研究，工业城市只研究发展工业，城建部门孤立地研究城市建设，结果在建设过程中带来了许多新的问题。这是一个很大的失误。城市的建设和发展是一项庞大的系统工程，涉及各行各业，影响千家万户，综合性很强。城市建设中必须有科学的、严谨的规划环节。没有科学的规划，从认识根源上说，“实际上是割断了事物之间所固有的联系，这就必然给城市工作留下了许多后遗症，甚至造成许多难以弥补的损失”（《务实求理》，366页）。

20世纪80年代，在天津的城市建设与发展中，城市科学发挥了不可磨灭的作用。在规划环节，凡是重大决策的制定，政府都请城市科学研究领域的专家共同参与讨论，并将研究的成果引入城市领导的决策工作之中，而城市科学研究也紧紧围绕政府制定的城市发展战略展开，开创了城市科学与城市发展共同繁荣的局面。在管理环节，大胆赋予城市规划管理部门依法行使职权的权力，以保证规划实施的严肃性，规定规划管理部门必须按照经法定审批部门批准的规划进行管理，保证城市规划的统一性、原则性、权威性和严肃性。

（吴秀生）

130. 公共交通是城市的动脉，也是城市的门面和窗口。

原文：城市的公共交通，是城市的动脉，也是城市的门面和窗口。它的状况如何，关系到社会和经济的发展，关系到人民生活，对内对外具有十分重要的影响。（1987年1月20日祝贺《天津公交报》创刊一周年，《看法与说法》，823页，中国人民大学出版社，2013）

解读：城市公共交通在整个城市建设中具有举足轻重的作用，它关系到社会和经济的发展，关系到人民生活，关系到一个城市对内对外的形象。在天津工作期间，李瑞环对这个问题有过深入的思考和创造性的实践。

城市公共交通要发挥好动脉作用，首先要建设好。上个世纪 80 年代，天津的城市交通整体上比较落后。市区原有的道路主要是顺着弯弯曲曲的河道形成的，再加上历史上租界分割的原因，道路不成体系，经济发展受到严重制约。天津市在认真考虑和充分论证的基础上，结合现实与长远，提出了“三环十四射”的构思。这个构思的实施使市区路网环线射线有机结合，形成了轮辐放射的蜘蛛网状的交通结构。同时，由于环线直接把已有的道路连接起来，形成了内、中、外三个圈，射线从市区穿过直接向外延伸，发挥了环线射线的互补作用，大大增加了由城市中心通往环线的速度，减少了交通堵塞。“三环十四射”的建成，形成了天津城市公共交通的动脉架构，对繁荣城乡经济、富裕人民生活、美化生活环境起到了里程碑式的作用，成为天津城市交通的形象和标志。

天津外环线是建于上个世纪 80 年代的一个创意设计非常超前的杰作，是当年克服了难以想象的困难、以人们难以相信的速度实现的一个“美丽幻想”，是天津的一条标志性道路。这条线有多个特殊之处：一是中国最早的环城公路，以环线为创意；二是就叫外环线，目的在于设置城市的边界，包含控制城市规模的意义；三是环线外边留了 500 米的绿化带，环线中间还留了城市轨道交通线，既有构建城市生态保护屏障的含义，又为未来城市运能提升预留空间。这个创意设计在今天已经发挥了重要作用。其“动脉”作用、“窗口”和“门面”意义不言自明。

城市公共交通要发挥好动脉作用，还要管得好。上个世纪 80 年代，天津在加强城市交通的综合治理、分类指导以求得最大的交通效益方面，创造出了很多经验。比如，天津城市的道路等级划分和道路功能设计就是全国较早、较超前的，对城市公交动脉的通畅起到了很大作用。1985 年 8 月颁布的天津市《关于综合治理城市交通的决定》中写道：“随着道路系统的逐步完善，要把全市市区道路划分为快速干道、主干道、次干道、支路四个等级，使之功能明确，相互协调，形成网络。确定三条环线与之相交的部分放射形干线为快速干道，这是全市交通的大动脉，用以平衡、疏导市区的交通流量。”《决定》还对调整城市布局、调整工业和仓贮布局、控制市区人口规模、开展换房和调换工作使职工能够就近上班、实行部分“货车夜运”分解货物流量、实行“错时”上下班均衡高峰期的交通流量等有了明确的思路。

城市公共交通的管理即控制是一个系统性问题。李瑞环说：“城市交通是一个综合的系统工程，它和城市人口、城市面积、城市布局、交通方式等都有直接关联，而且相互影响、相互制约，是一个动态的变化过程。对此，城市总体规划都有量化的规定，如道路分布、红线宽窄、管道粗细多少等。所以，城市对人口、面积、道路、车辆的容量都是有限度的，许多指标是可以预算出来的。”（《看法与说法》，824页）对此，要做到心中有数，提前加以控制，免得膨胀后再控制就来不及了。这是对系统整体发展变化的思考，是一种胸怀全局、心中有数的思想方法和工作方法。

（吴秀生）

131. 竖的“切灌肠”，横的“切豆腐块”。

原文：我们现在这个思路，就是把整个统一的城市可分割的部分分割开来，下放下去，把原来由市级单位一部分人承担的任务，放到由众多的人来挑这个担子。总而言之，竖的“切灌肠”，横的“切豆腐块”，一人一块去弄。（1984年7月28日在天津市区体制改革工作会议上的讲话，《看法与说法》，799页，中国人民大学出版社，2013）

解读：20世纪80年代，中国城市的管理是大一统的。城市中没有实现分级、分区式的精细化的管理方式。比如，城市中的区街承担着综合性的、零碎的工作，但区街既不是一级组织机构，也不是管理部门。人民生活在“块块”上，城市的工作重点却在“条条”中。在管理上形成的状况不是扯皮，就是漏空。这种管理模式沿袭了历史，顺应了计划经济时代，但与改革开放后城市市民社会的发展要求不相适应，既影响了城市的建设和管理，又制约了人民生活的新要求。1984 年 7 月，时任天津市市长的李瑞环提出了城市区街体制改革的总体思路。他说：“现在我们的思路，就是把天津市区在一定的内容、一定的范围内，变成小城市。……要加大市区的权力，加重区街的任务，把大问题变小，把难问题拆开，让更多的人来承担。”（《看法与说法》，800 页）他把这个办法形象地叫作竖的“切灌肠”，横的“切豆腐块”。这个思路拉开了天津城市区街体制改革的序幕。

李瑞环是经过细致的调查研究才得到这一改革思路的。他意识到，区街是城市中进行管理和组织人民生活的基层单位，必须让区街有职有权、有名有分。改革的思路一是要明确区街的主要任务是管理城市、组织人民生活；二是要明确城市工作必须以块为主，把大城市变成小城市，管起来容易。这个思路的主要内涵是通过放权打破条块分割，化整为零，全面提升城市管理的覆盖面。他说：“单靠条条，是无法管全、管细的，线条画得再多，也有空白。”（《辩证法随谈》，35 页）因此，市区体制改革的基本思路，就是尽可能地把在市里可以分散的权力下放到区里，使每个区形成相对独立的实体，也就是在一定意义上把大一个城市变成几个小城市，使区长成为“小市长”。“市里一帮市长加上‘小市长’形成管理网络，总比单独由市里几个头头管要及时得多、有效得多。”（《城市建设随谈》，505 页，天津社会科学院出版社，1989）经过改革，天津把在市与区之间有些可以分散的职责、权限切实地划下去，使市区形成相对独立的或在某些工作范围内相对独立的政权实体。

这个城市管理思路的灵感来源于建筑工程。李瑞环说，搞建筑常常对大工程的指挥感到很神秘，其实当大工程的指挥又难又不难，为什么呢？大房子可以变成小房子盖，关键是会变。引滦工程很长，200 多公里，可以用“切灌肠”的办法，一段一段地搞，那就容易得多。

这个把一个大城市变成众多小城市管理的改革思路，获得了巨大的成功。比如，天津市把环境卫生管理工作放到了区里，环卫局只管政策规定、监督检查，钱比以前省了，卫生比以前好了。再比如规划，也由市和区共同管理，各区成立了规划处，作为市规划局的派出机构，同时又接受区里领导。区的规划部门对那块地方的情况最熟悉，哪个门口搭了小棚子，哪个单位搞了违章建筑，他们很快就知道。通过大承包，市里给区扩大了权力，增加了财力，工作有了活力。在比较短的时间内，天津市容整体环境发生了巨大变化，社会秩序明显好转，与市民生活密切相关的第三产业发展迅速，各区的机动财力不断增加，实现了办事有权、干事有钱。

这方面的管理实践有很大的启发意义。首先是在城市管理目标对象上，较早地提出了城市管理最根本的目的在于组织好人民生活，较早地实现了把管理对象由物变成人的转换；其次，较早地发现了城市市民社会的独立性问题，并提出了顺应这个潮流和解决这个问题的基本思路——放权；第三，提出了不断进行城市区街改革的思想和区街改革的检验标准，即要看是不是保证了国家的财政，是不是给人民带来了实惠，是不是调动起了各方面的积极性；第四，在城市管理思想上提出并实现了人财物和责权利相统一的网状管理模式。李瑞环领导的天津城市管理新探索成为中国城市管理实践中的一个里程碑。

（吴秀生）

132. 旧城先“泻肚子”之后再来改造、美化。

原文：旧城改造不能没有统一的规划设计，不能搞见缝插针。要一条街一条街、一幢楼一幢楼地规划设计，街有多宽、楼有多大、什么样式、什么色调，要统一划出立面，让大家参观提意见。旧城建设要放慢，先开发新区，特别是住宅新区。现在昆明城区每平方公里有6万人，世界上人口密度最大的是北京大栅栏那个地方，每平方公里8万人。你们城区6万人的密度，怎么行！昆明城区外还有很多地方，可以规划若干个小区，旧城先"泻肚子"之后再来改造、美化。旧城改造、整修街道不怕旧房子，就怕好房子。一幢很新、很大但又很不怎么样的房子，很难弄。（1999年3月28日听取云南省委、省政府工作汇报时的讲话，《看法与说法》，1167～1168页，中国人民大学出版社，2013）

解读：在中国的城市化进程中，城市的扩容、扩建是一个不可回避的过程。如何处理建设新城与改造、保护旧城的关系，是城市建设中一个不好把握的问题。李瑞环上述这番话是1999年在昆明讲的，但这类问题不局限于个别城市，而是我国城市发展中具有普遍性的问题。十年之前，李瑞环在天津城市建设中就遇到了这样的问题。当时他提出："治理城市要用中医辨证论治的方法"（《看法与说法》，796页），先"泻肚子"再治病。他认为，新建与改造既有时间上的顺序问题，又有内在的联系问题，二者不应该是对立的，而应该相辅相成、有机结合。旧城改造要有统一的规划设计，不能搞见缝插针；旧城建设要放慢，先开发新区，特别是住宅新区；旧城改造要保留住传统建筑，延续好城市的历史文脉。

20世纪80年代初，天津城市建设面临的困难与问题较为突出，城市建设秩序有些乱，在老城区"见缝插针"的情况比较普遍。用李瑞环的话说，常常是"轰走一个撒尿的，进来一个拉屎的"（《看法与说法》，836页）。一些莫名其妙的项目，不管外行内行看起来都是"安钉子、添腻歪"，但就是能够拔地而起。其中当然有些是认识问题，有些是规划不到位，有些可能是因为有利益瓜葛。时任天津市市长的李瑞环针对旧城改造过程中的问题，进行了大刀阔斧的整顿。具体做法是在旧城改造之前，实施了危陋平房改造工程和新区建设工程，即所谓先"泻肚子"。比如，迁出一大批市中心区原有的住宅、老的工业街坊和以零售业为主的老商业，拆除了大量破旧房屋，提供了一批以发展现代服务业为主的第三产业用地，为按照城市总体规划实施城市功能创造了条件。由于新区的规划与建设走在了前头，老百姓的居住和生活不仅没有受到影响，新的需求还得到了满足，整个改造过程有条不紊、比较顺利。

在城市“泻肚子”过程中，天津遵循了保护历史遗存的原则，有些旧城是不能改造的，只能进行整修或原封不动的保护。天津的近代建筑有“万国建筑博览会”之称，具有极高的历史、人文、文化价值。特别是坐落于市中心的“五大道”地区，历史上曾是英租界，共有形态各异的小洋楼 2 000 多所，总面积 100 万平方米左右。当时有人说天津小洋楼是过去洋人出钱盖的，现在修缮就是给洋人树碑立传；还有人说小洋楼是帝国主义侵略中国的罪证，修缮洋楼是给帝国主义涂脂抹粉，所以应该拆除。这些观点遭到了李瑞环的驳斥。据说，官司竟打到邓小平那里，邓小平支持了李瑞环的观点。在李瑞环的坚持下，天津市本着城市建设和改造顺应原有的城市肌理，体现城市文化和历史脉络，又必须为当代人服务的原则，对“五大道”地区的建筑进行了认真的保护和整修。天津市第五中药厂等企业和摊点被迁出，一些违章建筑被拆除，留下了天津 19 世纪的建筑风貌和历史文脉，使这片历经百余年的建筑成为天津一道亮丽的景观。这些旧城改造的思路和经验，其他城市是可以借鉴的。

（吴秀生）

133. 肩膀朝街、屁股朝前、火柴盒、大平板、脑袋长瘤子的毛病总是解决不了。

原文：长期以来，总是旧的建筑破坏和影响街景。这两年，由于整修水平的提高，许多过去被认为是先天不足、后天失修的旧建筑，经过修整，出现了新的光彩，我们许多新的建筑反而相形见绌，连老百姓都说“新的不如旧的修得好看”，这是一个不应该出现、并且必须解决的问题。为什么新建的东西总是不行？肩膀朝街、屁股朝前、火柴盒、大平板、脑袋长瘤子的毛病总是解决不了？（1986年11月17日在天津市街道综合整修庆功表彰大会上的讲话，《看法与说法》，834页，中国人民大学出版社，2013）

解读：一个城市的建筑特点总是体现在街区上，而街区的特点又体现在一个个建筑上。因为有街区整体性的存在，这就要求街区内每个单体建筑在审美原则和风格特点上保持一定的统一性。街区与街区之间也要保持一定的协调性。这样才能在总体上形成城市的建筑风格。比如，临街建筑就要考虑朝向问题，朝向要服从观瞻，个体建筑的式样、大小、高低就要服从街景的整体效果。

李瑞环以人体的形象来比喻建筑的形象，他说：“现在我们的一些建筑这儿长个疱，那儿长个瘤，有的缺个‘眼睛’，有的缺个‘耳朵’，歪脖瘸腿，成了‘残废’。有的建筑在个体设计方面与大街景不相呼应，当不当、正不正，随便出个七高八低的。这类建筑，时间长了留的祸害太大。”（《看法与说法》，835页）他批评有的建筑“肩膀朝街、屁股朝前”，朝向不呼应；有的建筑没有一点设计，全都是“火柴盒、大平板”，与街景不搭调。建筑是构成街景的要素，个体不讲究美观，与整体风格不协调，就没有整体的现象可言。

早在上世纪50年代，建工部就针对当时的国情，提出了“适用、经济、在可能条件下注意美观”的建筑方针。改革开放以后，随着经济的发展和综合国力的提升，在建筑设计上更加注意一些美观，成为人民群众的更高要求。建筑物除了具有使用功能，还具有观瞻功能。好的建筑兼具物质文明和精神文明的特征，承载着人与自然的和谐、科学与人文的并重、现代与传统的融合等多重内涵。但是，由于种种原因，直至今天，城市建筑的风格特点还没有引起足够的重视。不少地方城市街景问题一直解决得不好，城市建筑杂乱无章，缺乏历史和文化特色。

由于缺乏统一和宏观的视野，有些城市建筑一味贪大、求高、求奢、求怪，形成各个建筑物彼此既不搭界也不呼应的离散状况。个别地方甚至出现了不顾自己特点、没有任何创造、直接模仿国外建筑形式的“山寨建筑”，与整个城市不相协调。有人说，建筑是“凝固的音乐”，是音乐就会有主旋律，有乐章；有人说，建筑是“用石头书写的历史”，是历史就有主题，有阶段。建筑作为艺术是一种文化，应当遵循文化存在和发展的规律。从人民群众的物质文化需求看，从中国迅速扩展的城市化进程看，城市街景不是一个小问题。李瑞环在 20 世纪 80 年代初提出重视城市街景问题，是富有远见的。

（吴秀生）

134. 不能“老和尚帽子平塌塌”，也不能“蹦一蹦歇三歇”。

原文：只讲连续性，不讲阶段性，就是否认事物发展的相对稳定性。从工作上讲，也就否认了一定时间内的具体目标，这样做必然是没有波澜，没有起伏，没有必要的集中突击，也没有应有的间歇和调整，平平淡淡，“老和尚帽子平塌塌”。过去工人曾批评这种做法是：“连续干，不分段，不知到哪是一站”，这样干来干去就厌烦了，疲沓了。而只讲阶段性，不讲连续性，就是割裂事物的联系和发展。从工作上讲，也就丧失了科学的预见性，只顾眼前任务，看不到长远目标，这样做必然是“干一阵歇一阵，打打停停不接气”。对这种做法有人说是“发疟子式的工作方法”，“抽风式的指挥”，“蹦一蹦歇三歇的战术”。（1988 年 3 月 7 日在天津铁路枢纽改造工程领导小组扩大会议上的讲话，《看法与说法》，1120 页，中国人民大学出版社，2013）

解读：质量互变规律是唯物辩证法的一个基本规律。它向我们揭示，任何事物在其发展过程中，都会采取量变和质变两种形式，量变和质变的互相转化、互相渗透，决定了事物发展过程中阶段性和连续性的统一。其中，量变体现了事物发展在相对稳定阶段上的连续性；质变则体现了这种连续性的中断，从而把不同质的事物区分开来。量变和质变相互依存、相互贯通。量变引起质变，在新质的基础上，事物又发生新的量变。如此交替循环，形成事物质量互变的规律性，体现出事物发展阶段性和连续性的统一。李瑞环在这里借助天津铁路枢纽改造这一工程，为我们列举了揭示事物阶段性和连续性辩证统一关系的生动范例。

每一项工程在施工过程中，都存在着如何处理阶段性和连续性关系的问题。如果只讲连续性，不讲阶段性，就抓不住不同时期的主要矛盾，也就搞不清不同阶段具体的工作目标。这样的工作干起来缺乏重点，就会如同李瑞环所说的，没有波澜，没有起伏，没有必要的集中突击，也没有应有的间歇和调整，平平淡淡，像“老和尚帽子平塌塌”。相反，如果只讲阶段性，不讲连续性，就会割裂事物的内在联系和动态发展，使工作任务的完成缺乏总体计划性和统一协调。这样完成的工作任务势必是“干一阵歇一阵”、“蹦一蹦歇三歇”，欠缺通盘考虑。

保证阶段性和连续性的统一，是做好施工工作的大前提。强调阶段性，让我们能够根据每个阶段的特点和难点，投入不同的人力物力财力来应对。相对难度小的工程阶段，就可以较为轻松地应对；但是难度大的施工阶段，就必须下大力气突击，集中力量完成。这样才可以一方面保证工程进度的顺利完成，一方面给施工队伍调整和喘息的时间与空间，来达到更好的工作状态。强调连续性，可以使我们在各施工阶段之间做好人力物力财力的调配，也就是做好预见性和计划性工作，进而使得在每个工程的时间点上，都能实现物尽其用、人尽其才。这样就使得各个阶段之间能够紧密衔接，在先行后续、节奏变化中实现整个工程进展的高效顺畅。

运用马克思主义哲学原理指导和处理具体的实际问题，是李瑞环一贯倡导和自始至终身体力行的工作准则。在天津铁路枢纽改造工程庆功表彰大会上，他作了这样的概括总结："我们有辩证唯物主义的科学方法。天津铁路枢纽改造工程是一个综合性的系统工程，是在不中断铁路运输的情况下进行的。我们较好地处理了重点和一般的关系……较好地处理了时间和空间的关系……较好地处理了阶段性和连续性的关系……这些都证明马克思主义的力量和威力。"（《学哲学 用哲学》，146页）这说明在新的历史时期，我们仍然要学习和坚持马克思主义。李瑞环将理论与实际紧密结合，将工作和学习融为一体，为我们树立了活学活用马克思主义哲学的典范。

（王喆　王宏霞）

135. 整个工程是一盘棋，车马炮和小卒子哪一个也不应少。

原文：实践证明，次要矛盾解决不好，也会妨碍主要矛盾的解决，甚至转化为前进的障碍。所以，在抓主要矛盾的同时不要忘记抓次要矛盾。整个工程是一盘棋，车马炮和小卒子哪一个也不应少，哪一个都有自己的岗位和作用。（1987年5月29日察看天津铁路枢纽改造工程后在工程指挥部的讲话，《看法与说法》，1129页，中国人民大学出版社，2013）

解读：矛盾分析法的两点论指出，在认识复杂事物的发展过程时，既要看到主要矛盾，又要看到次要矛盾。在分析政策问题、制定和执行政策时，要善于抓住重点，抓住关键，集中主要力量去解决主要矛盾和矛盾的主要方面，同时又要统筹兼顾，恰当地处理好次要矛盾和矛盾的次要方面。既要防止不分主次，“眉毛胡子一把抓”的“均衡论”；又要防止只抓中心，不顾其他，“单打一”的“一点论”。归根结底，要坚持两点论和重点论的统一。李瑞环关于“一盘棋”与“车马炮和小卒子”的形象比喻所揭示的正是这个道理。

我们讲要重视主要矛盾，并不代表要轻视次要矛盾，次要矛盾虽然受主要矛盾的支配和规定，但它并不是消极被动的因素，它可以影响和制约主要矛盾。我们抓主要矛盾，并不是说其他矛盾不去解决，而是必须先从主要矛盾入手，先抓住并正确解决主要矛盾，进而带动其他矛盾的解决，推动我们各项事业的发展。对各类问题、各种矛盾要统筹兼顾，既重视主要矛盾，又不轻视次要矛盾，虽然不一定能够保证齐头并进，但是决不能搞成顾此失彼，捉襟见肘，按下葫芦浮起瓢。李瑞环对于主要矛盾和次要矛盾的关系有过这样简洁透彻的阐明：“该当主角时要上得去，攻得下；该当配角时要搞好服务，做好应该做的工作。”(《看法与说法》，1128 页)

与此同时，唯物辩证法认为，事物是运动的，矛盾是发展的，主要矛盾也不是固定不变的，矛盾的主次地位不是绝对的，而是具有一定的相对性、不确定性。随着各项事业的推进发展，不同阶段的主要矛盾会因势而变，有所不同，也许有些矛盾激化了，有些矛盾缓和了，有些矛盾解决了，又有些新的矛盾发生了，也可能原来的主要矛盾下降为次要矛盾，次要矛盾上升为主要矛盾，从而使矛盾的发展过程呈现出阶段性。随着工作进展，每个阶段显现出的矛盾和亟须解决的主要矛盾都有所不同。既然各个阶段矛盾状态不同，主要矛盾发生变化，我们采取的举措也要适时而动，伺机而变。

具体到工作实践，在我们需要落实的各项任务中，不同层次、不同主体对象就对主要矛盾有不同的认定。这项任务、这个矛盾对上级来说是主要的，对下级而言可能是次要的；对此单位来说是主要的，对彼单位而言可能是次要的，甚至属于一般性的。对于不同层次的不同主体，必须明确哪些是主要的，哪些是次要的，哪些是一般性应对的，各有侧重，不尽相同。在各项工作推进中，我们认定的主要矛盾就要主要抓，次要矛盾可以次要抓，一般矛盾允许一般抓，但是前提是每种矛盾都要抓，也就是“车马炮和小卒子哪一个也不应少”。

（王宏霞）

136. 要善始善终，善做善成，不拖尾巴，不留“胡子”。

原文：必须看到，今年决定的二十件事，难度是很大的，不通过一番艰苦的努力是难以实现的，因此我们必须认真对待。一要有实招，计划、措施要切实有力；二要有实力，人、财、物要具体落实；三要讲实干，要深入实际，实行面对面的领导，抓紧、抓细、抓具体，抓住不放，一抓到底；四要讲实效，就是要善始善终，善做善成，不拖尾巴，不留“胡子”。（1986 年 3 月 17 日在天津市人民政府第十届第五次全体会议上的讲话，《看法与说法》，296 页，中国人民大学出版社，2013）

解读：“善始善终，善做善成，不拖尾巴，不留‘胡子’”，是李瑞环在天津市担任市长时，多次在重要场合的讲话中强调的一个理念。可以说，在长期的领导实践中，李瑞环既把其视为工作的基本要求，又将其作为重要的工作方法。

主政天津期间，李瑞环在各项工作中都坚持“实事要办实，好事要办好”，也就是“善始善终”的理念，注重抓改善人民群众生活工作的具体落实。在他的主持下，从 1982 年开始，天津市每年都以市政府的名义作出决定，为改善人民生活办实事。三年期间，全市包括各单位在内，所办的实事累计起来相当可观。1985 年，是天津市办实事大丰收的一年，其中先后完成了中环线西半环工程，新建了 326 万平方米住宅，建设和修复了青少年活动中心、古文化街、国际商场、蓟县古长城，整修了60条街道，并开始了城市煤气化改造工程。注重工作实效，很快赢得了百姓的信任和支持，进而又促进了下一步工作的落实，形成了为人民办实事的良性循环。

1986年3月，李瑞环在全国六届人大四次会议上对新闻媒体谈了如何把“好事办好，实事办实”的经验总结。他讲道：一是办多数人受益的事；二是办群众最急需的事；三是办长远起作用的事；四是要办力所能及的事。（《人民日报》，1986-03-27）他还强调好事办好，实事办实有个领导问题。“我体会一要有实招，二要有实力，三要讲实干，四要讲实效，善始善终，善做善成，不拖尾巴，不留‘胡子’。”（同上）李瑞环还认为：“为人民办实事，不仅要改善人们衣食住行的条件，还要注意提高人们的思想觉悟，培养良好的道德风尚。精神文明建设，既是我们办实事的目标之一，又是将实事办实、好事办好的根本保证。”（同上）将实事办实，把好事办好，“善始善终，善做善成，不拖尾巴，不留‘胡子’”，强化了领导干部的工作意识，提升了工作水平，密切了党群关系。这一领导原则和方法是20世纪80年代天津市实现城市发展的一大法宝，对于我们今天为人民办实事也是有益的借鉴。

（陈述）

◇◇◇ 八 ◇◇◇

137. 举贤不避仇。

原文：古人讲“忠直之忤于主，独立之负于俗”。忠直的人为了坚持真理常常跟领导有些争议，有独立见解的人常常跟多数人看法不一样。地球是圆的，开始创立这个学说的人，不是很孤立嘛！所以，马克思主义讲检验真理的唯一标准是实践，不是“公认”或“多数人的意见”。不知道大家是否看过《基度山恩仇记》，你看嫉妒可以产生什么结果。其中有个长老，好像叫法利亚，以自私和嫉妒作为依据，分析推理主人公的仇人是谁何等准确。无数的事实证明，嫉贤妒能极大地影响我们社会的安定团结，影响了一些人才的发现、使用和发挥作用。我们中国历史上很早就把克服嫉才当作大问题，提倡任人唯贤，反对任人唯亲，提倡外举不避仇等等。管仲和齐桓公原来是什么关系？“射钩之仇”；魏徵和李世民原来是什么关系？冤家对头。但管仲和魏徵仍能被委以重任，难道我们还不如封建社会统治阶级的头子？（1988 年 3 月 5 日关于《天津日报》“您心目中的领导者形象”专题讨论的总结，《学哲学 用哲学》，259 页，中国人民大学出版社，2005）

解读：1988 年初，为促进各级领导干部改进作风、提升工作水平，在李瑞环的提议下，《天津日报》举办了关于“您心目中的领导者形象”的专题讨论活动，号召天津市民对领导者公开评头品足。在这一活动中，群众参与积极性很高，反响十分热烈，对领导干部提出了很多中肯的意见和建议。3 月 5 日，李瑞环在《天津日报》上专门作了总结，上面这段话即出自其中。

在这段话里，李瑞环向我们阐明了任人唯贤、知人善任的重要性，特别强调要警惕嫉贤妒能。经世治国需要善用贤才，需要领导者具有识人的慧眼和容人的度量。在用人的时候，不是看谁跟你关系最好，谁跟你有过节，而是看谁最有能力，谁才是你最需要的人才。不能笑人之无、气人之有，嫉贤妒能、睚眦必报的人是很难成就伟业的。古有齐桓公用管仲、李世民用魏徵，这些优秀的领导者摒弃前嫌，大胆起用“仇人”，结果“仇人”帮他们缔造了盛世江山。

春秋时期的管仲是我国历史上著名的政治家。他辅佐齐桓公，九合诸侯，一匡天下，成就了齐桓公的霸业。但是管仲以前曾是齐桓公的政敌。齐桓公名小白，他与公子纠同为齐襄公的异母弟。襄公无道，“群弟恐祸及”，纷纷逃亡以避灾难。公子小白与心腹鲍叔牙投奔莒国，公子纠则同心腹管仲投奔了鲁国。不久，国内发生政变，公孙无知杀襄公自立。次年，雍林人又杀无知。上卿高傒等欲立小白，秘密召小白回国。鲁国欲立公子纠，一面发兵送公子纠返齐，一面使管仲率兵阻拦小白归路。小白被管仲追上射中带钩而佯死，骗过了管仲，麻痹了鲁军，兼程直入临淄，赖高傒等重臣拥戴，得立为国君，即齐桓公。时鲁庄公方率鲁军护送公子纠行至乾时（今山东临淄区西境），齐桓公亲自率军迎战，大败鲁军，并尽夺鲁国汶阳之地。桓公使人对庄公说，杀掉公子纠，缚送管仲回国，以报一箭之仇，若不应允，即兴兵伐鲁。庄公畏惧，便杀公子纠，囚送管仲回齐。桓公要杀管仲，鲍叔牙劝谏：“臣幸得从君，君竟以立。君之尊，臣无以增君。君将治齐，即高傒与叔牙足也。君且欲霸王，非管夷吾不可。夷吾所居国国重，不可失也。”（《史记·齐太公世家》）齐桓公也知道管仲是旷世奇才，又见鲍叔牙竭诚推荐，于是决定捐弃前嫌，重用管仲。齐桓公的大度使管仲深受感动，从此他尽心辅佐齐桓公，大刀阔斧进行改革，结果齐国大治，国力大增。管仲又建议齐桓公打出“尊王攘夷”的旗号，存邢救卫，九合诸侯，最后终于称霸天下，成为春秋时期五霸之首。

魏徵早年投靠唐高祖李渊创建的唐王朝，为太子李建成做事，任太子洗马。他见秦王功高，曾劝太子早作计议，但李建成未放在心上。后李世民发动“玄武门兵变”，太子兵败。李世民知道魏徵是个人才，便亲自召见他。一见魏徵，李世民就责问道：“汝离间我兄弟，何也?”在场的大臣都感到魏徵将有杀身之祸，可是魏徵却从容答道：“皇太子若从徵言，必无今日之祸。”李世民听后，非常钦佩和器重魏徵这种忠直的品格以及不畏强权的胆色，心里恨意顿消。因此，不但没有处罚魏徵，反而任命他为谏议大夫（专门向皇帝提意见的官职），以后又提拔他做了宰相。唐太宗“励精政道”，虚心纳谏，经常召见魏徵讨论治国施政的得失。魏徵刚正忠直，“思竭其用，知无不言”，每次都大胆进谏，从不畏龙颜之怒。由是，君臣合璧，相得益彰，终于开创了大唐“贞观之治”的辉煌盛世。魏徵死后，太宗如丧考妣，恸哭长叹，说出了那句千古名言：“以铜为镜，可以正衣冠；以古为镜，可以知兴替；以人为镜，可以明得失……魏徵殂逝，遂亡一镜矣。”（《旧唐书·列传第二十一》）他还令公卿大臣们把魏徵遗表中的一段话写在朝笏上，作为座右铭，以魏徵为榜样，做到“知而即谏”。

依据这两则故事，李瑞环在对《天津日报》举办的“您心目中的领导者形象”专题讨论活动进行总结时进一步强调指出：“我们要提倡荐贤为公，不以个人亲疏为根据，不以个人好恶为标准，而应以大局为重，党和国家事业为重，广大人民的利益为重，并且表彰那些为国荐贤的人，警惕、抵制和批评那些搞宗派、搞小动作，不琢磨事、光琢磨人、专门琢磨干事人的人”（《学哲学 用哲学》，260页）。

《尚书》有云：“任官惟贤才，左右惟其人。”历览前史，李瑞环深知任人是否唯贤事关国家兴衰，事关党的事业的成败，意义非同小可。他在这一问题上有着深刻而不同于前人的理解和思考，针对选人用人作出了这样一些归纳：“要广泛听取意见”，“要找正派的人”，“要注重办事能力”，“要讲究结构配比”，“看人主要看政绩”，“要正确看待优点和缺点、特点和弱点”，“要努力区分主见、主观，自信、自满”，“要正确理解知识、才能与学历、文凭的关系”，“要警惕嫉贤妒能”，

“要使干部能上能下经常化、制度化”（《学哲学 用哲学》，254～260页）。李瑞环用朴实的语言阐述了选人用人的若干大原则，赋予了任人唯贤新的时代内涵。

（王宏霞）

138. 鲍叔牙记仇难为相

原文：在重大原则问题上，要立场坚定、旗帜鲜明，但是无关紧要的小事太清楚了反而不好。大夫容易看见到处都是病菌，就来回地洗手，搞得神经高度紧张。管仲临死的时候，齐桓公想叫管仲的好朋友鲍叔牙接他的班，问管仲怎么样。管仲有一段很有名的话，意思是：叔牙君子也，虽然，不能为相，叔牙见人一恶始记终生，是其短也。（1990年4月28日在《人民日报》国内记者工作会议上的讲话，《学哲学 用哲学》，611～612页，中国人民大学出版社，2005）

解读：管仲和鲍叔牙都是春秋时期齐国著名的政治家，他们共同辅佐齐桓公实现霸业，使齐国成为春秋五霸之首。管仲和鲍叔牙都怀有做一番大事业的雄心壮志，彼此十分欣赏。传说他们俩年轻时一起经商，每一次做完生意分钱时，管仲都要多分一些。别人看到管仲总是多分钱，鲍叔牙从来都不见外，感到鲍叔牙很窝囊，就提醒鲍叔牙不能让管仲这样做。可是，鲍叔牙总是对别人讲，管仲是个孝子，他家里有老人要赡养，所以多拿一些钱是为了更好地养家糊口。可见他们俩的关系是多么好。后来管仲和鲍叔牙各投其主，管仲辅佐公子纠，而鲍叔牙辅佐公子小白即齐桓公，在政治上他们分道扬镳了。在一次双方对阵中，管仲举起弓箭就向公子小白射去，公子小白中箭受伤，曾发誓要报一箭之仇。

后来公子小白夺得王位，即位后称齐桓公。齐桓公这时想起了曾经射杀自己的仇人管仲，一定要报一箭之仇，下令追捕管仲。但是，鲍叔牙则挺身而出，极力劝阻齐桓公杀管仲，并郑重向齐桓公推荐要起用管仲，他认为管仲有治理国家的能力，能够辅佐齐桓公实现霸业。齐桓公最后听从了鲍叔牙的建议，不仅赦免了管仲，而且拜管仲为相。管仲曾对人说："生我者父母，知我者鲍子也!"自古以来人们用"管鲍之交"来形容君子之间的友谊，他们之间可以说最为了解、相知很深。

尽管两人有这么好的关系，但是当管仲病重不起，齐桓公向他询问鲍叔牙是不是可以接替他为相时，管仲却还是说："鲍叔牙，君子也。虽然，不可以为政。其人善恶过于分明。夫好善可也，恶恶已甚，人谁堪之?"意思就是说鲍叔牙是一位高尚的正人君子，虽然如此，他却不能主持政事。因为他最大的优点是追求高尚善良、嫉恶如仇。这也是他最大的不足，追求高尚善良无可厚非，是应该的，但是他嫉恶如仇，眼里不揉沙子，看见一个人的恶行或者不良品行，就牢记一辈子，这使他心胸比较狭隘，缺乏容人的度量。管仲对鲍叔牙的评价是十分中肯客观的，但齐桓公处于用人之际，还是让长期跟随自己的鲍叔牙为相。鲍叔牙主政之后，他的这一弱点就表现出来了，他向齐桓公提出"君必用臣，请远易牙、竖刁、开方，乃敢奉命"。齐桓公只得答应他的要求，罢免了易牙、竖刁、开方这三个人，也不允许他们入朝相见。鲍叔牙基本上沿用管仲为相时确定的政策，并没有做过多的改变。各诸侯国还都听从齐国的调令，齐桓公仍为霸主。可惜，齐桓公没有坚持多久，又启用了易牙、竖刁、开方等三人，他们又活跃在齐国的政治舞台之上。鲍叔牙看不惯他们的所作所为，后来可以说被活活气死了。

李瑞环借用这个历史故事，就是要说明我们中国共产党人在处事处人方面所要注意的问题。评价和看待一个人，究竟应该坚持什么样的标准和原则？这关系着党和国家的事业，关系着干部队伍的成长壮大。他指出："人和其他任何事物一样，都是一分为二的。由于时间有限，实践的范围有限，一个人往往是这头长那头短，那头长这头短，有时长是短的原因，短是长的结果，完美无缺的人世界上根本不存在。同时有些优点和缺点是伴生的，如果不注意保护优点，一味死抠缺点，缺点是没有了，但优点也就没有了。对一个人要一分为二，但一分为二不是半对半，不分主次是折中主义。一个人七分或八分是优点，优点又很突出，那就是好的，就是我们需要的。相反，如果这个人七分是缺点，那就基本不行。因此，必须把握好优缺点的分量。如果把缺点一味渲染扩大，三就变成了四或五或六了，同时再把优点一贬低，这样稍一偏，优、缺点分量就不准了，优秀的人才可能被看作毛病很多的人物。看人必须抓主要面，看主要面是缺点还是优点，既要看缺点对工作有多大害处，更要看优点对事业有多大用处，要估计得恰如其分。就一般讲，要先看长处后看短处，发挥长处避其短处，在发挥长处过程中补其短处；先看优点后看缺点，在发扬优点过程中克服缺点，而不是首先抠缺点把人制住。”（《学哲学 用哲学》，257 页）

习近平总书记在 2013 年全国组织工作会议上强调指出：用一贤人则群贤毕至，见贤思齐就蔚然成风。选什么人就是风向标，就有什么样的干部作风，乃至就有什么样的党风。各级党委及组织部门要坚持党管干部原则，坚持正确用人导向，坚持德才兼备、以德为先，努力做到选贤任能、用当其时，知人善任、人尽其才，把好干部及时发现出来、合理使用起来。要坚持全面、历史、辩证看干部，注重一贯表现和全部工作。要改进考核方法手段，既看发展又看基础，既看显绩又看潜绩，把民生改善、社会进步、生态效益等指标和实绩作为重要考核内容，再也不能简单以国内生产总值增长率来论英雄了。要树立强烈的人才意识，寻觅人才求贤若渴，发现人才如获至宝，举荐人才不拘一格，使用人才各尽其能。

李瑞环借用这个历史故事，就是要告诉我们，要学习鲍叔牙坚持原则、追求高尚的精神境界，要避免鲍叔牙待人苛刻、无法容人的狭隘心胸。正如民族英雄林则徐所言：海纳百川，有容乃大；壁立千仞，无欲则刚。

（贺耀敏）

139. 邓通“当贫饿死”。

原文：人穷到没饭吃，面包馒头是最珍贵的，其他什么都是第二位的。传说西汉时有一个叫邓通的，汉文帝非常喜欢他，曾专门请人给他算命，算命的说他“当贫饿死”。汉文帝说，我能让邓通发财，怎么至于饿死呢？于是叫邓通管钱、管铸币，邓通铸的“邓氏币”风行一时，他本人非常富有。汉景帝继位后把邓通的官给免了，人给关了，并告诉他：你要花钱买吃的，今天一个馒头 10 两黄金，明天半打窝头 100 两黄金，你不买就挨饿。直到把家底买光了，邓通这才发现吃比什么都重要。（2002 年 3 月 7 日看望政协文艺界委员时的讲话，《看法与说法》，210～211 页，中国人民大学出版社，2013）

解读： 历史唯物主义的一个基本观点认为，物质资料生产是人类社会存在和发展的基础。无论在哪一个社会中，人们都必须首先解决吃、穿、住等问题，然后才能从事政治、科学、艺术、哲学、宗教等活动。物质生活的生产方式制约着整个社会生活、政治生活和精神生活的过程。没有物质生活资料的生产，就不可能有其他种种社会活动，也不会有社会历史。李瑞环在 2002 年 3 月全国政协九届五次会议期间看望政协文艺界委员时，通过邓通的故事生动地诠释了这个基本的原理，特别是吃饭问题的重要性。

尤其在中国这个人口大国里，吃饭问题始终是一个摆在特殊重要地位的问题。早年毛泽东就说：“手里有粮，心里不慌。”（《毛泽东文集》，第 8 卷，84 页，人民出版社，1999）陈云也有“无工不富，无粮则乱”

（《陈云文选》，第 3 卷，350 页，人民出版社，1995）之语。李瑞环同样把吃饭问题看得很重，对此他有很多精辟的论述。他说："我们是社会主义国家，其他问题都可以讲 95%、99%、99.9%，唯独吃饭问题必须讲 100%。"（《辩证法随谈》，71 页）"许多事情我们可以讲一千个理由、一万个理由，但老百姓吃不上饭，就没有理由。'民以食为天'，'饭'字半边是'食'字，半边是'反'字，没有食就会反。"（同上）"要正确处理吃饭和建设、积累和消费的关系，宁可少上一些项目，放慢一点速度，也要确保群众有饭吃。"（《学哲学 用哲学》，521 页）他引用陈云的话："一要吃饭，二要建设。"（《陈云文选》，第 3 卷，323 页，人民出版社，1995）说首先是吃饭，吃饱了饭才能建设，当然不建设饭也不可能吃得好。有些事情可干、必须干的，还要干；但有些事情暂时可以不干，就宁可少干一点，也要保证大家有饭吃。1995 年李瑞环在给《农民日报》题词时，赫然写下"热爱农民，珍惜土地，重视粮食"几个大字。

与此同时，李瑞环还进一步分析了我国人口多、土地少、耕地相对不足的国情，强调"粮食安全问题时刻不可大意"（《看法与说法》，175 页）。"粮食问题关乎国计民生，十几亿人口的大国一旦粮食出了问题，我们无处去买，白给也运不进来。"（《看法与说法》，171 页）20 年前李瑞环大声疾呼的这个问题，既非空穴来风，也非耸人听闻，今天我们面临的粮食问题并没有丝毫减轻。有资料显示，截至 2013 年，我国粮食产量"十年增"，但粮食进口量也"十年增"，在我国粮食供给总量中进口比重越来越大，已突破我们设定的 95% 的粮食自给保障线。2004—2010 年，我国大规模连续净进口粮食，7 年内从 2 000 万吨迅速增加到近 6 000 万吨，2010 年占当年国内粮食产量的 10.8%。到了 2012 年，中国粮食的自给率约为 89.4%。2013 年，仅小麦进口量达 550 余万吨，同比增长 49%。面对此严峻形势，可喜的是，以习近平为总书记的党中央日益清醒地认识到了这个问题，并将其提到更加重要的议事日程上来。习近平总书记 2013 年 11 月在山东考察工作时指出："保障粮食安全对中国来说是永恒的课题，任何时候都不能放松。

历史经验告诉我们，一旦发生大饥荒，有钱也没用。”认识是行动的先导。相信邓通“当贫饿死”的故事不会在今天重演，相信中国人能够立足国内解决好自己的吃饭问题。

（牛旭光）

140. 蒋干盗书。

原文：我们应该把力求真实作为信息工作的一个首要问题、一个基本要求来加以重视。京剧《群英会》中有一段蒋干盗书，盗来了一条假信息，导致曹操错杀了自己的战将。电视剧《李克农》中也有一个情节，由于李克农同志及时向中央报送了顾顺章叛变的消息，使当时在上海的中央领导都幸免于难。（1999 年 12 月 28 日在接见全国政协办公厅第二次信息工作座谈会代表时的讲话，《学哲学 用哲学》，57 页，中国人民大学出版社，2005）

解读： 这是 1999 年 12 月李瑞环接见全国政协办公厅第二次信息工作座谈会代表时的讲话中列举的两个事例，就是用来说明我们的信息工作的重要性。他认为，信息的首要的问题、基本的要求就是力求真实，信息不真实，不仅没有用，而且还会误事。

蒋干盗书是历史传说中的一个故事，也是京剧《群英会》中的一个情节。故事是说在三国时期的赤壁大战前夕，曹操率领百万大军驻扎在长江北岸，目的就是要渡过长江天堑，直捣东吴腹地，一举消灭东吴。而东吴都督周瑜也率兵坚守长江南岸，与曹操大军隔江对峙，双方的一场大战在即。虽然如此，双方都没有放弃使用各种计谋。曹操大军不善水战，欲派人到东吴劝降周瑜，曹操手下谋士蒋干因与周瑜曾经同窗读书，便毛遂自荐，要过江做说客。周瑜闻讯将计就计，设下反间计，将一封曹操水军都督蔡瑁、张允写给周瑜的假降书遗失在大帐之中，使蒋干盗走。曹操得到这封假降书，大怒，下令斩了深谙水战的蔡瑁、张允。待到曹操醒悟过来，已经晚了。结果，赤壁一战，曹操水军一败涂地。

李克农（1899—1962）是我们的隐蔽战线的卓越领导者和组织者，久经考验的无产阶级革命家，曾经在紧急关头保卫了党中央的安全。1929年，李克农、钱壮飞（1895—1935）等受党派遣打入国民党特务机关，搜集情报。1931年4月，时任中央政治局委员和特科负责人的顾顺章在武汉被捕叛变，由于他掌握着大量我们党的重要机密，严重威胁着党中央机关和领导人的安全。钱壮飞得知这一消息后，立即派他的女婿到上海报告李克农，李克农又设法及时转告中共江苏省委，使中央机关和领导人及时转移，在关键时刻保卫了党中央。毛泽东曾说：李克农等人对党是有大功劳的。董必武在悼念李克农逝世的诗中也说："能谋颇似房仆射，用间差同李左车。"把李克农与古代的房玄龄、李左车相比。

这两个故事很好地说明了信息真实与否的重要性。当今社会的一个突出特点就是信息爆炸，海量的信息每天都在产生，对信息的处理已经成为整个社会发展与进步的重要环节。对于领导干部来说，更是要重视信息工作。首先，正确的信息能够有效地增强领导工作的预见性。信息是不是及时、全面、准确，直接关系到我们各级领导部门的决策、行动是不是正确。在过去很长一段时间内，我国不少部门和行业都出现过拍脑袋、瞎指挥，脱离实际、违背科学的事情。究其原因，有我们思想方法、工作方法的问题，也有信息不真实、不正确的问题。我们党和国家在现代化建设过程中，吃弄虚作假的亏实在是太多了，形形色色的假情况、假数字、假政绩，害人不浅，有些造假甚至到了骇人听闻的地步。其次，对各种信息只有经过去粗取精、去伪存真、由此及彼、由表及里的加工制作，才能得出正确的结论。对信息的处理是使信息发挥作用的前提条件，果断和武断的区别就在于是否建立在正确的信息基础之上。如果不去对信息进行处理，听风就是雨，或者把假信息当作真实，都会给我们的工作带来损害，造成被动。第三，对待信息工作要坚持辩证唯物主义的观点，要将其与唯物的观点、全面的观点、实践的观点和实事求是的观点结合起来。在李瑞环看来，坚持调查研究、弄清实际情况，是做好一切工作的基础。调查研究就要眼睛向下，从实际出发。领导干部不能满足于天天坐在办公室里听汇报、看材料，必须深入基层，到实践中去，发现问题，解决问题，提出建议。李瑞环对从事信息工作的人们提出的要求是："一定要力求真实，坚持实事求是，提倡讲真话、报实情，反对弄虚作假。"（《学哲学 用哲学》，57页）只有这样，我们队伍中像蒋干这样的人才会越来越少。

（贺耀敏）

141. 三荆欢同株。

原文：古书中记载了这样一个故事：汉朝时，京城田氏三兄弟田真、田庆和田广，一直和睦相处，庭院中有棵紫荆树，也长得花繁叶茂，但后来他们闹别扭，要分家，紫荆一夜之间就枯萎了。兄弟三人大为震惊、大受感动，于是兄弟不再分家，和好如初，紫荆花又盛开如故。晋代陆机作诗说："三荆欢同株，四鸟悲异林"；唐代李白感慨道："田氏仓卒骨肉分，青天白日摧紫荆。"上面讲的紫荆花，和作为香港区旗区徽标志的紫荆花是不是一个品种，我没有考证；上面讲的故事，是体现"天人感应"思想的一个传说，未必真有其事。但这个故事所表达的道理，的确发人深思。（2000年11月7日会见香港各界知名人士时的讲话，《务实求理》，88页，中国人民大学出版社，2010）

解读：2000年11月7日，新华社发消息称：全国政协主席李瑞环在香港考察访问，连日来成了香港各种传媒聚焦的热点。7日上午李瑞环在会展中心会见香港各界知名人士并发表了讲话。讲话结束后，兴奋的香港记者不断要求采访李瑞环主席。听到他们的声音，李瑞环走到记者席前，马上就被急于提问的香港记者团团围住，一时间，各种提问此起彼伏。一名女记者抢着问道："您在讲话中强调了团结的重要，这是不是指香港人不够团结?"刁钻的问题是从反面提出的，顿时全场静了下来，目光一并汇聚到李瑞环身上。李瑞环笑了，反过来问这个记者："如果我祝你身体健康，是不是指你身体不健康呢?"继而他又转向其他在场的记者："可不可以这样理解呀?"偌大的场地上笑声四起，有的记者甚至禁不住鼓起掌来。这时，李瑞环问四下围着他的记者："大家还有没有问题要问?"一向问题多多的香港记者竟面面相觑，一时语塞。上述"紫荆花的故事"就是在此答问前会见香港各界知名人士的讲话中引出来的。

李瑞环这个讲话的题目为《提倡和合 加强团结》，其主题确实是强调团结。在这个讲话中，他首先肯定了香港回归后取得的成就，肯定香港成就的取得"是由于六百万香港人民的团结奋斗"。接着又说，在我国悠久的历史发展过程中，我们积累了很多的经验和教训，其中最重要的一条就是提倡"和合"，强调团结。人和、祥和、和睦、和谐、和以处众、和衷共济、和气生财、内和外顺等词语经常使用，随处可见。团结就是力量，团结就是胜利，团结就是生命，经常讲，反复讲，到处讲，常讲常新。说到这里，李瑞环引了古书中记载的汉朝田氏三兄弟与紫荆花的故事，借事说理，指出："我们这个五千年文明古国，之所以历经磨难而绵延不衰，屡处逆境而昂扬奋起，就是因为有许多这样博大深邃的思想，有一种内在的强大凝聚力。当今中国要发展、要振兴，必须继续弘扬中华民族的优良传统，特别要倡导'和合'，强调团结。我看香港也是如此，最最重要的是加强团结。唯团结才能稳定，唯团结稳定才能发展繁荣。香港也只有团结稳定、发展繁荣，才能为我们祖国统一和民族振兴作出新的更大的贡献。香港地方很小，容易磕磕碰碰；香港讲市场经济，难免你赔我赚。我希望大家多想想别人，多想想大局，多一些尊重理解，多一些体谅包容，团结起来把香港的事情办得更好。”（《务实求理》，88～89页）李瑞环的这次访港和讲话，在香港引起强烈反响，获得广泛好评。港区全国人大代表陈永棋指出，全国政协主席李瑞环此次来港考察访问，带给港人一个最主要的信息，就是希望港人能够进一步加强团结，同心协力建设好香港。李瑞环呼吁港人要加强团结，这是国家对香港的关心和爱护，香港市民应摒除歧见，携手合力，共同把香港经济搞好，这样才会有益于香港。港区全国人大代表李泽添说，李瑞环主席希望香港人要团结，这是很正确的，任何社会只有团结才能克服存在的困难，这也是中华民族的优良传统，香港人应好好发挥。港区全国政协委员廖正亮表示，李瑞环主席这次来港访问考察获得巨大的成功，特别是达到了团结港人的目的。港进联主席刘汉铨表示，李瑞环主席呼吁港人要团结，是因为中国的文化重视团结。社会团结，才有发展的基础。

也许不无巧合的是，李瑞环这次和港人讲团结是在香港回归两年多之后，而在回归之前两年多的时候，他也有一次意味深长地和港人讲团结问题。那是1995年3月13日“两会”期间，李瑞环在同港澳地区全国政协委员座谈时，就如何做好香港回归前的工作发表意见，其中一条就是关于团结。他指出：“我们中华民族不能说不团结，但确实也吃过不少不团结的亏。过去有人说我们是一盘散沙，至今也有人说中国人在一起合不来。美国人说，在研究所等高科技单位来一个日本人甭担心，他没多少招；来一个中国人就要小心，因为中国人聪明，他会把技术学走。如果来两个日本人就要小心，因为他们合起来就有力量；来两个中国人，就不用怕，因为他俩准会打架。如果来三个中国人，你就更不用管，他们自己就折腾起来了。这当然有讽刺和挖苦之意，但我们自己是是非非，张家长、李家短，不团结的事确实太多了。”（《务实求理》，234页）在李瑞环看来，香港回归是全体中国人的事，理所当然我们自己首先要搞好团结。他说：“对香港恢复行使主权的整个过程，是对中国人的团结，包括香港人的团结、内地人与香港人的团结的考验。在这样重大的历史关头，我们应该更好地团结起来。中国人倒霉的时候容易团结，打胜仗以后常常不团结，我们一定要牢记历史的教训。”（《务实求理》，234～235页）这个讲话和后来讲“紫荆花的故事”，一个是香港回归之前的两年多，一个是香港回归之后的两年多。不同的场合，不同的背景，却异曲同工，在同样的娓娓道来中说出一个普通而深刻的道理。

（牛旭光）

142. 姚崇崇实。

原文：唐朝有一个丞相，叫姚崇。姚崇临死之前人们问他有点什么经验，他说：崇实充实。意思是说，为政只有崇实，国库才能充实。（1992年4月22日听取山东潍坊市委、市政府负责同志工作汇报时的讲话，《看法与说法》，962页，中国人民大学出版社，2013）

解读：1992年4月22日，李瑞环在听取山东潍坊市委、市政府负责同志工作汇报后，发表了重要讲话，阐述了我们党实事求是的思想路线。他在讲话中举了中国古代政治家姚崇的故事，告诫大家一切从实际出发、实事求是的重要性。

姚崇（650—721）是中国唐代著名的政治家，对唐“开元之治”作出了很大贡献，有“救时宰相”的美称。姚崇是个有名的实干家，特别是在制定国家发展大计时，十分注重“崇实”。唐玄宗即位时，要重用姚崇，让他出任兵部尚书、同中书门下三品，兼中书令。他借机向唐玄宗提了攸关国家政局和发展的10条建言，表示如果唐玄宗接受他的建言，他就出来做官，如果不接受他的建言，他就不肯奉诏就职。这10条建言都是唐朝面临的大问题，诸如：朝廷要减少严刑峻法，实行宽平的仁政；要把关注点放到国内，励精图治，不要贪求在边关取得赫赫战功；严加管束宦官，不能使他们干预政事；皇亲国戚要遵守法度，不应在朝廷中担任各种官职；近亲宠臣犯法，也要依法处置，不能豁免；杜绝皇亲官员除租、庸、赋以外向皇帝奉献钱物以取媚邀宠；减少靡费众多、劳民伤财的僧寺道观；朝廷对待大臣要以礼相待，不应轻视或者凌辱；要允许官员讲话，特别是鼓励谏官直言；要把不许外戚专权作为永久的法则；等等。姚崇的这些建议深得唐玄宗的赏识，他兢兢业业辅佐唐玄宗，做了许多革除弊政的事情。

姚崇还是一位唯物论者，他脚踏实地，不信鬼神，在处理棘手问题时也十分注重“崇实”。开元四年（公元 716 年），山东地区发生蝗灾，不少地方农作物大面积受害。但当地官民比较迷信，把蝗虫视为“神虫”，不敢捕杀，还在田边地头设了祭坛，烧香膜拜，希望蝗虫能够飞走，其结果是蝗灾更加严重。当地的一些官员也不主张捕杀蝗虫，时任汴州（今河南开封）刺史的倪若水竟上表说：“消除天灾应以仁德为之”，唐玄宗一时没了主意，不知如何处理。姚崇根本就不相信蝗虫是什么“神虫”，他提出“蝗虫怕人，故易驱逐；苗稼有主，故救护者必定卖力；蝗虫能飞，夜间见火，必定飞往；设火于田，火边挖坑，边焚边埋，定可除尽”。他严厉斥责了倪若水的荒诞主张，坚决主张动员人力灭蝗，不使其蔓延，并派御史任捕蝗使，到各地带领农民灭蝗。结果仅汴州一地就扑获蝗虫 14 万石（一石等于 60 升），遏制了蝗灾的蔓延，减轻了蝗灾造成的损失。

姚崇知人善任，在为国家选人用人问题上十分强调要用踏踏实实的官员，同样注重“崇实”。他推荐宋璟为相，使其为推动形成“开元之治”作出了积极贡献，历史上并称“姚宋”。宋朝司马光曾评论道：“姚（崇）宋（璟）相继为相，崇善应变成务，璟善守法持正。二人志操不同，然协心辅佐，使赋役宽平，刑法清省，百姓富庶。唐代贤相，前称房（玄龄）杜（如晦），后称姚（崇）宋（璟），他人莫得比焉。”（《资治通鉴》）可见，姚崇宋璟二人为相，为“开元盛世”的繁荣局面奠定了基础。据说，毛泽东在《新唐书》124 卷《姚崇传》边写下了

“大政治家、唯物论者姚崇”的批注。

李瑞环引用姚崇的故事来说明一个深刻的道理，那就是“为政只有崇实，国库才能充实”。李瑞环一贯强调立足实际，崇尚实践，苦干实干，只有这样才能促进社会经济的发展，才能促进我国的现代化建设。早在 1985 年他就尖锐指出：“空话、大话、套话，既不了解实际，也不联系实际，既不从实际出发，也不解决实际问题……看起来热热闹闹，实际上毫无用处，耽误了许多时间和精力。”(《学哲学 用哲学》，30 页）次年，他又强调指出：“我们要提倡实干精神，其中包括艰苦奋斗、奋力拼搏的精神。”“实干精神是我们取得成绩、干成事业的基本精神、基本方法、基本经验，是我们的治家之宝、发家之宝、传家之宝。”(《看法与说法》，933 页）这些话今天读来仍然引人深思，振聋发聩。

（贺耀敏）

143. 皇帝不务正业。

原文：领导人喜欢点历史、文学是好事，但不务正业，影响了本职工作，就变成坏事。历史上不务正业的人不少。当皇帝写诗最好的应该是南唐后主李煜。作为一个皇帝，他的诗放到诗人里边或用现在标准看也算好的。但是，他垮台了，被俘虏了。中国还有个皇帝喜欢唱戏，就是唐明皇，梨园就是从他那里说起来的，到今天唱戏的祖师爷还是唐明皇。最后怎么样呢？连老婆都保不住，自己跑到四川去了。还有个皇帝喜欢写字画画，这就是宋徽宗，字写得好，画也画得好，在中国书画史上很有位置，现在卖得也很贵，结果怎样呢？把国家搞垮了，自己也当了俘虏。（2012 年 5 月 27 日同河南部分省市领导同志的谈话，《看法与说法》，874 页，中国人民大学出版社，2013）

解读：这是李瑞环 2012 年 5 月同河南部分省市领导同志谈话中专门谈的一个观点，就是要告诫我们的领导干部一定要把全部心思用到改革开放和现代化建设上来，要一心一意、心无旁骛地做好当前的工作，做好本职工作。他列举了中国历史上几位封建皇帝的例子说明不务正业的结果，南唐后主李煜、唐玄宗李隆基、宋徽宗赵佶在文学艺术领域都取得了很大的成就，但是他们都不是在政治上很有作为的皇帝，因而执政的结果也很不好。

南唐后主李煜（937—978）是南唐最后一位国君，十分喜好文学艺术，擅长书法、绘画、音律、诗文，尤其以词的成就最高。961—975 年在位，但史书说他“性骄侈，好声色，又喜浮屠，为高谈，不恤政事”。对于来自北宋的军事威胁，不是团结军民坚决抵抗，而是纳贡求和，希望保全自己的基业。其结果是在 976 年北宋军队攻陷金陵之时，肉袒出降亡国，后被宋太宗毒死。

唐玄宗李隆基（685—762）是盛唐时期的皇帝，712—756 年在位，是唐朝在位时间最长的皇帝，也称唐明皇。前期励精图治，任用姚崇、宋璟等人，开辟了开元盛世繁盛时代。但是后期怠慢朝政，宠信李林甫、杨国忠等人，引发安史之乱，唐玄宗逃出京城，在马嵬坡赐死杨贵妃，被迫退位。唐玄宗多才多艺，知晓音律，在皇宫里设立教坊，培养演艺人员并指导演出，据说演奏人员在合奏时稍有差错，他都能听得出来。司马光说他“恃其承平，不思后患，殚耳目之玩，穷声技之巧，自谓帝王富贵皆不我如，欲使前莫能及，后无以逾，非徒娱已，亦以夸人。岂知大盗在旁，已有窥窬之心，卒致銮舆播越，生民涂炭。乃知人君崇华靡以示人，适足为大盗之招也”（《资治通鉴》）。

宋徽宗赵佶（1082—1135）信奉道教，自称“教主道君皇帝”，1100—1126 年在位。政治上昏庸无度，重用蔡京、高俅等人，大肆搜刮民财，穷奢极欲。对于北方金朝的军事威胁，缺乏有效的防备措施。遂引发靖康之变，1126 年金军攻占汴京，俘虏宋徽宗、宋钦宗。1135 年，宋徽宗屈死于五国城（今黑龙江省依兰县）。宋徽宗酷爱艺术，尤其擅长绘画、书法，创立瘦金体，他还成立翰林书画院，并以画作为科举升官的一种途径，他在中国书画史上具有重要地位。后世评价宋徽宗诸事皆能，独不能为君。

这些历史故事说起来很有意思，但是其中的历史教训也十分深刻。我们的干部首要的工作就是把自己的本职工作做好，把当前的工作做好，少一些花里胡哨、比附风雅，多一些脚踏实地、埋头苦干。领导干部的威望只能是来自与群众打成一片的艰苦奋斗，而不是来自你说的多么好听，有多少琴棋书画的本事。在我们的干部队伍中，一些人不依靠群众，不动员群众，不深入群众，不研究群众的情绪，只是打电话、听汇报，办公室里憋套套；一些人自以为是，脱离群众，尽管忙忙碌碌，辛辛苦苦，但是工作却没有起色；一些人只想让群众卖劲，自己却不想给群众办事，只埋怨群众落后，不找自己的毛病，这样的做法怎么能够赢得群众的尊重？怎么能够带动群众奋发图强？领导干部的时间也是很宝贵的，在一定的工作岗位上能够为人民群众办点事情的时间并不多。对于个人是如此，对于国家也是如此。正像李瑞环指出的那样：对我们国家和民族来说，时间就是发展，时间就是前途，时间就是命运。广大干部更要抓紧时间，成为自己负责领域的行家里手，不能成为“万金油”式的干部，争取为人民群众多干一些实事。

李瑞环告诫广大干部：“喜欢点历史、文学是好事，但不务正业，影响了本职工作，就变成坏事。”我们这一代注定是创业的一代，是吃苦的一代。特别是领导干部要带头节俭、苦干，以多吃苦、多干事为荣。这是一种历史的责任。

（贺耀敏）

144. 李自成天天过节。

原文：现在节日太多太滥，各地方有各地方的节，各行业有各行业的节，各种产品有各种产品的节，西瓜有西瓜节，橘子有橘子节，茶叶有茶叶节，花卉有花卉节，可谓名目繁多。民间传说，李自成进北京，本来该坐 42 年天下，结果他天天过节，把节日提前过完，42 天就败退出北京。这说明老百姓都知道天天过节是不祥之兆。（1994 年 10 月 19 日听取贵州省委、省政府工作汇报时的讲话，《看法与说法》，955 页，中国人民大学出版社，2013）

解读：“以史为镜，可以知兴替。”这里李瑞环意在通过李自成的故事提醒我们：天天过节是不祥之兆，若想实现党和国家长治久安，中国特色社会主义事业兴旺发展，中华民族伟大复兴，全党同志必须以“李自成天天过节”的故事为戒，时刻牢记保持艰苦奋斗、不骄不躁的作风。

与朱明王朝浴血奋战了 15 年的李自成，从 1644 年 3 月 19 日入京到 4 月 30 日退出北京，前后只有 42 天，登上皇帝位，真正做皇帝，还不到 2 天。到手的胜利果实轻而易举丧失殆尽，这是中国农民革命史上最令人痛心的一幕。

李自成揭竿而起时，旗帜鲜明，纪律严谨，爱民如子，作风廉洁。“军令不得藏白金，过城邑不得室处，妻子外不得携他妇人，寝兴悉用单布幕绵”，甚至颁令“马腾入田苗者斩之”。然而，李自成进入北京坐上金銮宝座后，很快便“昏昏然”，认为大功告成，整个起义军从上至下都开始滋生消极厌战思想，纪律日益松弛。打仗多年的士兵渴望回家与妻儿团聚，而高级将领迅速沾染了腐化享乐思想，占住豪华宅府，不关心战事，将从明朝官员处动用酷刑搜刮来的钱财中饱私囊，笙歌燕舞，骄奢淫逸。前方缺少抗敌将士，而 50 万大军滞留繁华的北京，对山海关外虎视眈眈的满洲贵族和遍布江南的 50 万明朝残军不闻不问。“腰缠既富，人多乡井之思，纠无赴敌之气。”起义军将士在北京的一切行为，几乎是无所顾忌，对北京城内的人民，也少有爱惜之情，及至公开淫掠。当许多将官以民情将变劝李自成应立即停止刑掠时，刘宗敏却说：“此时但畏军变，不畏民变。军者我所恃以攻取，少失意则不为我用；若民则我已制其肘腋，设有动摇，闭门分剿，不烦鸣金击鼓，一时可尽。且军兴，日费万金，若不强取，安能给办!”（彭孙贻：《平寇志》）大顺军很快失去了民心，成为了一支孤军。有记载说，李自成的大顺军攻陷北京城，进北京之时，城中百姓各持香立于门前，门上尽贴“顺民”，高呼“永昌元年，顺天王万万岁”；而撤离时，城中百姓用杂物横塞在胡同口，以飞石瓦片投向农民军，有“大呼杀贼”的，也有从小巷突然袭击的。李自成的农民起义军一进一出北京城的两种相反情形，所反映的人心向背，实在发人深省。

李自成的大顺帝国从轰轰烈烈、惊天动地兴起，又以忽忽促促、惊心动魄覆亡，真可谓“其兴也勃焉，其亡也忽焉”！大顺帝国的兴衰所留给历史的教训是惨痛而又深刻的。在征服敌手的过程中，他们曾一往无前；可是，当自己成了主人后，却经不起权欲的考验，一头栽倒在腐败的泥淖中不能自拔，终于不战自败，自己打倒了自己。李自成失败的原因尽管有许多外部因素，但自己队伍中的腐败则是主要的内在原因。正如明朝降清大将洪承畴所言，李自成是“财足志骄，已无固志”。可以说，灭李自成的是李自成自己，而非清军与吴三桂。

毛泽东一生对李自成改写中国历史的伟大壮举曾赞叹不已。然而，他对三百年前的甲申历史悲剧深感痛心和惋惜。因此，全国解放前夕，他不止一次地对其他中共领导同志和身边工作人员说：“我们坚决不做李自成!”1949年3月5日，在西柏坡召开的中共七届二中全会上，毛泽东在报告中指出：“夺取全国胜利，这只是万里长征走完了第一步。如果这一步也值得骄傲，那是比较渺小的，更值得骄傲的还在后头……中国的革命是伟大的，但革命以后的路程更长，工作更伟大，更艰苦。这一点现在就必须向党内讲明白，务必使同志们继续地保持谦虚、谨慎、不骄、不躁的作风，务必使同志们继续地保持艰苦奋斗的作风。”（《毛泽东选集》，2版，第4卷，1438～1439页，人民出版社，1991）毛泽东提出的著名的“两个务必”，也是告诫全党“不做李自成”。

“历览前贤国与家，成由勤俭败由奢。”艰苦奋斗、倡俭崇实是中华民族的传统美德，是治国兴邦的历史经验，也是当前推进改革开放进行现代化建设需要大力提倡的社会风气。李瑞环作为党和国家的高级领导同志，在许多场合提醒领导干部要力戒骄奢、倡俭崇实：“从一定意义上讲，干部的能力、成绩和威信都来源于吃苦，不吃苦、不负责，就不称职。一个国家、一个民族也是如此，想自立于世界民族之林，想不落后于世界发展的潮流，就必须保持一种奋发向上、艰苦创业的精神状态。倡俭崇实，不仅是一个经济问题，也是一个社会价值取向问题，一个关系到我们的事业兴衰成败的根本性问题。全党特别是各级领导干部必须高度重视这个问题，并以此来要求自己、约束自己。”（《看法与说法》，956 页）“节太多，庆祝活动、纪念活动太多，不必要的会议和应酬太多，使领导同志的时间被严重肢解，难以集中精力想大事、抓大事、办实事。而且每次活动、每逢过节都要花很多钱，助长了奢侈之风，群众对此反映强烈。所以，必须提倡领导干部塌下心来琢磨事，扑下身子干工作，不能整天处于应酬之中。”（《看法与说法》，955 页）“对形式主义不采取措施加以纠正，会断送我们的事业，将有亡党亡国的危险。”（《看法与说法》，957 页）这些讲话，体现了李瑞环居安思危的忧患意识和高瞻远瞩的战略眼光。

今天，新中国成立已经六十余载了，神州大地发生了天翻地覆的变化，然而，反腐倡廉形势日益严峻。遍布在各个权力阶层的“苍蝇”、“老虎”败坏了党的形象，破坏了党在群众心目中树立的威信。腐败是历史毒瘤、社会痼疾，是失民心、导致亡党亡国的罪魁祸首，苏东国家短短几十年的覆亡印证了这一事实。在世界风云激荡变幻的当今，我们正步入改革深水区，如何继续保持党的先进性，带领各族人民实现伟大中国梦，是我们党需要深刻思考的课题。古语云：“不念居安思危，戒奢以俭，德不处其厚，情不胜其欲，斯亦伐根以求木茂，塞源而欲流长也。”（魏徵：《谏太宗十思疏》）各级领导干部只有以史为鉴，时刻保有居安思危的警惕性和高度的忧患意识，才能拒腐防变，巩固党在人民群众心目中的地位。如今，重温李瑞环“李自成天天过节”的故事，具有重要而紧迫的现实意义，可谓振聋发聩！

（王宏霞）

145. 秀才写文章和老婆生孩子。

原文：材料缺东少西、虚假差错，工具再好，加工的本领再大，也不会制作出好的成品。我这里讲一个笑话，从前有一个秀才的老婆生孩子在炕上叫唤，秀才写文章没词在地下叫唤。老婆生气地问：“我是因为孩子生不出来难受叫唤，你瞎叫唤什么？”秀才煞有介事地回答说：“你是肚子里有东西生不下来，我是肚子里没东西硬要生，我比你更难受呀！”我不相信这件事是真的，但我相信确有这种没有材料、硬憋文章的人。（2001年12月6日在全国地方政协工作经验座谈会结束时的讲话，《学哲学 用哲学》，181页，中国人民大学出版社，2005）

解读：李瑞环很重视总结经验，并对总结经验有一套理论。他认为总结经验有一定的条件和要领，最重要的是三条：一是要有材料，材料要搞全了、弄准了，不能有虚假差错；二是要有加工材料的工具，即正确的理论，掌握马克思主义的立场、观点、方法；三是要有加工的本领，将丰富的材料加以去粗取精、去伪存真、由此及彼、由表及里的改造制作，进行艰苦细致的分析、综合、概括、抽象工作。上面讲的秀才老婆生孩子的故事说的就是第一个条件。

辩证唯物论认为，物质是第一性的，意识是第二性的，观念的东西不外是移入人的头脑并在人的头脑中改造过的物质的东西而已，正确的认识则是对客观实际的正确反映。总结经验是由感性认识到理性认识的一个环节，对感性材料的概括、抽象不是主观臆造，而是更深刻、更正确、更全面地反映客观。毛泽东曾指出："我们要从国内外、省内外、县内外、区内外的实际情况出发，从其中引出其固有的而不是臆造的规律性，即找出周围事变的内部联系，作为我们行动的向导。而要这样做，就须不凭主观想象，不凭一时的热情，不凭死的书本，而凭客观存在的事实，详细地占有材料，在马克思列宁主义一般原理的指导下，从这些材料中引出正确的结论。"（《毛泽东选集》，2 版，第 3 卷，801 页，人民出版社，1991）这段论述，实际上包含着对总结经验的基本要求，即首先要"详细地占有材料"。否则，就是无源之水、无本之木。材料不全不准，无法总结；勉强总结，其结论也没有用，甚至导致谬误，贻害工作。为此，李瑞环批评了那种"没有材料、硬憋文章"的现象，指出："有些总结深入调查不够，基础材料不够，或偷工减料，或假冒伪劣，一看就是屋里憋的、文人编的，是表面文章、空中楼阁。马三立相声《学瞎话》[①] 讽刺的那种总结确实存在。"强调"搜集材料要花很多时间，但这是必需的，是总结经验最大量、最经常、最具基础性的工作"。（《务实求理》，985～986 页）

对于如何做好搜集材料这个"基础性的工作"，李瑞环也有不少心得。早在上世纪 80 年代，他在与天津市部分青年干部的谈话中就指出："把材料搞全弄准并非易事，必须处处留心，随时积累，特别是在实践过程中就要有计划、有记录。计划要深思熟虑，记录要详实准确。医院化验的结果是大夫治病的依据。化验结果准确，大夫可以据以治病救人；化验结果错误，不仅不能据以治病，甚至还可能害人。材料是总结的基础，搞好总结必须从积累材料开始。"（《学哲学 用哲学》，131 页）2001 年，他在《总结经验十题》中还专门讲了"要下大功夫搜集材料"的问题。他指出：一要广泛搜集，掌握与事物相关联的一切情况；二要注意事物发展的全过程，了解过程中的各个方面；三要善于抓典型，解

① 《学瞎话》讲述某工厂的几个主要领导，用两天时间编造当年业绩的谎言（北方叫"瞎话"，广东叫"大话"），中间有个很老实的工人进来旁听，也不打扰他们，最后问这个工人来干什么，他说"不干吗，就是想学学怎么说瞎话"。

剖麻雀。“总之，要尽可能把材料搞全了、弄准了。材料缺东少西、虚假差错，工具再好，加工的本领再大，也不会制作出好的成品。”（《务实求理》，985页）李瑞环的这些论述，连同他关于总结经验的一整套思想，包括“要有正确的态度”（“出于公心”而非“出于私心”）、“要学会分析综合”、“要重视特殊性”、“要注意从偶然中找必然”、“要尊重前人的成果”、“要走群众路线”、“要多实践几次”、“要使大脑真正成为加工厂”、“要处理好总结经验和写文章的关系”等，对于我们学会总结经验，进而提高认识、做好工作、增长才干，都有很强的指导性和极其重要的现实意义。

（牛旭光）

146. 茶壶的故事。

原文：宜兴有一种紫砂壶，用的时间长了，壶中就会长出茶山，据说长了茶山的壶不放茶叶也有茶味。有位老太太家中有这么一把用了几代上百年的老壶，她拿到市场上去卖，要价五钱银子。一位买主很懂行，一看里边是茶山，知道这是难得的好东西，愿出价三两，并说一会儿来拿。老太太心想，这么一把旧茶壶给这么多钱，里边这么脏实在不好意思，于是就把茶山给刮净了。一会儿，买主来拿壶，一看茶山没有了，掉头就走，说就是五钱也不要了。这个故事说明一个道理，当你不理解、不自觉的时候，就很难把好的东西坚持下去，也很难保证你丢弃的就一定是坏的东西。（1995年3月13日同港澳地区全国政协委员座谈时的讲话，《学哲学 用哲学》，606页，中国人民大学出版社，2005）

解读：茶山实际就是茶垢，用茶壶泡茶，时间长了就会在茶壶壁上形成一层厚厚的茶垢，一些爱好喝茶的人认为有这种茶垢的茶具泡出来的茶更有味，所谓无茶三分香，就给它起了一个雅号——茶山。许多收藏者和爱好者对于时代久远的茶壶十分喜欢，往往通过茶山的积淀程度判断茶壶的新旧优劣，如果茶山积淀很厚，那么这把茶壶也就成了宝贝。在我国一些地方民间还流传着“茶山救命”的传说，说的是一个流浪汉由于饥饿难忍，夜闯饭店，看见一盆红烧肉，狼吞虎咽吃了下去，结果被店主发现送入官衙，这时流浪汉腹痛难忍，上吐下泻。县老爷见此情形，知道这个流浪汉是得了油腻心，三日必死，也没有判罪。流浪汉只得躲在破庙里等死，忽然飘来一位仙风道骨的僧人，从怀中掏出一个东西放在桌案上，说“尔等性命在此”。流浪汉发现僧人留下的只是一把紫砂壶，里面什么也没有，就用它来喝水，三天后流浪汉竟然没死，原来是这把紫砂壶的茶山救了他的命。

李瑞环用这个故事来说明一个深刻的哲学道理：感觉到了的东西不能立刻理解它，理解了的东西才能更深刻地感觉它。不理解就不自觉，不自觉就可能把从总体看、从长远看有益的东西，当成有害的东西而丢掉。在我们社会生活中，这一类的事例比比皆是，教训十分深刻。李瑞环就香港回归问题阐述这个道理，对于更全面深刻地认识香港的特点，保持香港的长期繁荣稳定，都具有重要意义。香港回归祖国的实践是不能够也不允许出现决策失误的实践，一些西方国家的领导人认为香港回归后，中国政府一定在香港推行社会主义制度，限制和取缔资本主义制度，这样就一定会葬送香港的稳定与繁荣。英国政府则不断宣扬香港的繁荣是英国统治的结果，保持香港的繁荣离不开英国的管制，幻想“主权换治权”。采取“一国两制”的构想解决香港回归问题是邓小平的伟大贡献，早在1979年3月，邓小平在会见当时的香港总督麦理浩时就说，在20世纪和21世纪初期相当长的时间内，香港还可以搞它的资本主义，我们搞我们的社会主义。1981年4月，邓小平在会见英国外交大臣卡林顿时进一步指出，香港的生活方式、政治制度不变，这是我们的一项长期政策，而非权宜之计。20世纪六七十年代，香港地区经济赢得了举世瞩目的高速发展，与韩国、新加坡、台湾地区一起被称为亚洲“四小龙”。回归之后，香港将面临怎样的发展局面？这是许多关心香港前途的包括香港居民在内的人的疑问。

正是在这个大背景之下，在距香港回归两年前，李瑞环在讲话中引用茶壶的故事来说明保持香港长期稳定和繁荣的重要性，进一步强调在香港实现“一国两制”的必要性，意义尤为突出。他说：“实现香港的长期稳定和繁荣，需要付出极大的努力。真正把香港管好，并不简单，决不是喊喊口号就可以解决的。香港那么小的地方，能在世界经济贸易中发挥那么大的作用，占有那么重要的地位，有那么多的世界第一，其原因是什么？对此，许多人不十分清楚。有些人自以为清楚，实际上并不清楚。”（《学哲学 用哲学》，605 页）香港回归两年多之后的 2000 年 1 月 7 日，他在会见香港各界知名人士时的谈话中指出：“香港回归后怎么管好，我曾经讲过两句话，第一要满怀信心，第二要谨慎小心。我之所以强调谨慎小心，是因为‘一国两制’、‘港人治港’、高度自治是一件新事，也是一件难事。有的朋友可能还记得我讲的那个茶壶的故事，主要的意思就是说认识香港、管好香港很不简单，不可自以为是，不要麻痹大意。三年过去了，香港的情况比我预想的还要好得多。”（《学哲学 用哲学》，603 页）可见，香港成功回归并保持了繁荣稳定的局面，不仅凝聚着邓小平等老一辈领导人的智慧，也凝聚着党的第三代领导集体的心血。

（贺耀敏）

147. 毛泽东延安挨骂。

原文：毛泽东等老一辈领导人特别重视群众的意见，强调遇事同群众商量，提倡先当学生后当先生，认真听取群众意见，按照群众的意见办事。1942 年 8 月，曾经发生过这样一件事：一天，陕甘宁边区政府小礼堂召开各县县长参加的征粮会议，由边区政府主席林伯渠主持。当时正在下大雨，忽然一声雷响，礼堂的一根柱子被劈断了，延川县长不幸触电死亡，还有几个同志受了伤。这件事传开之后，有些群众议论纷纷，借机发泄对征粮工作的不满。有一个老乡就说，“雷为什么没有劈毛泽东？”这话传出来以后，当时有的同志主张要抓那个老乡，严肃处理，甚至说要以反革命论处。毛泽东同志知道这件事后，不同意这样做。他说，你们这样做不对，群众的意见反映了我们工作上的毛病，有些问题需要我们去解决，要允许大家讲话，讲错了也不要紧，人家说救国公粮任务太重，这是实际情况。为了解决这个问题，毛泽东同志专门找人听了意见，决定将边区征收公粮的任务从 20 万担减少到 16 万担，还派人对群众是否有能力负担减少后的征收任务进行调查。这个故事已经被传为佳话。（2000 年 2 月 24 日听取浙江省委、省政府工作汇报时的讲话，《学哲学 用哲学》，539～540 页，中国人民大学出版社，2005）

解读： 这个故事体现了毛泽东最真挚的群众情怀，今天读来仍深受感动和震撼。为什么毛泽东能从群众的怒骂中发现自己的错误呢？因为他心中有群众，他把群众奉为真正的英雄，他相信“人民，只有人民，才是创造世界历史的动力”（《毛泽东选集》，2 版，第 3 卷，1031 页，人民出版社，1991）。正如李瑞环所讲：“老一辈革命家在那样的年代里时刻想着群众，把群众工作放到如此突出的位置，确实是令人深思的。可以这样说，党之所以能够在敌我力量悬殊的艰难环境里，坚持进行革命活动并最终夺取全国政权，理由可以讲一千条一万条，但最根本的理由是坚持走群众路线，认真听取群众意见，始终注意保持与人民群众的血肉联系。”（《学哲学 用哲学》，540 页）。邓小平也曾说过：“毛泽东同志就是伟大，就是同我们不同，他善于从群众这样的议论当中，发现问题，提出解决问题的方针政策。”（《邓小平文选》，2 版，第 2 卷，46 页，1994）毛泽东是群众路线的主要创立者，他和战友们在长期的革命实践中提出了“一切为了群众，一切依靠群众，从群众中来，到群众中去”的群众路线。关于听取群众意见，他在《关于领导方法的若干问题》一文中说：凡属正确的领导意见都是从群众中来的。将群众的意见集中起来，再到群众中坚持下去，在群众行动中考验这些意见是否正确，如此无限循环，一次比一次地更正确、更生动、更丰富。他要求全党必须广泛深入地提倡这种“马克思主义的科学的领导方法”。

李瑞环也一直强调各级领导干部都要注意多听听群众的意见。他批评有的领导干部与群众商量不够，听群众意见不够：“有的同志自以为是，对群众意见不以为然；有的敷衍应付，听意见只是做做样子；有的只听顺耳的话，听不进半点不同意见；有的名曰听意见，实则对群众发号施令。”（《学哲学 用哲学》，540～541 页）并断言：“一个单位、一个地方之所以鸦雀无声，或者普遍存在说假话的现象，固然有社会风气的影响，但根子在领导身上。”（《学哲学 用哲学》，541 页）他谆谆告诫领导干部：“党的历史表明，我们的力量在于群众，群众是拥护我们的。敢于让群众讲真话、讲批评的话，这不是坏事，而是自信与力量的表现。”（《学哲学 用哲学》，532 页）关于为什么要经常听取群众意见，他从党的宗旨和党群关系角度满怀深情地讲道：“我们常讲，全心全意为人民服务是党和政府的宗旨；如果不经常听取群众意见，怎么能弄清楚服务什么、服务效果如何，怎么能把服务搞得更好？我们常讲，一切依靠群众；如果不经常听取群众意见，怎么能把群众的智慧集中起来、力量凝聚起来，怎么能接受群众的监督，纠正失误、克服困难、解决问题？我们常讲，党与群众是血肉关系、是鱼水关系、是公仆和主人关系；如果不经常听取群众意见，如果二者分离，那将是什么关系？”（《学哲学 用哲学》，541～542 页）

李瑞环还指出，听群众意见，一是要真心实意。要找确有意见并敢于提意见的人而不是一味说奉承话的人；对待提意见的人不是反感而是感激，给别人以说话的机会而不要让人把话憋在肚子里；有闻过则喜的胸怀，把能听到不同意见当作莫大的好事。他说：“真实、全面、及时地弄清群众在想什么，并不容易。如果没有民主、和谐的气氛，就不容易听到真话；如果缺乏闻过则喜的胸怀，就不容易听进真话；如果对听到的情况不作科学的综合分析，就不容易抓住事物的本质和主流。”（《学哲学 用哲学》，534 页）二是要经常化。困难的时候要听顺利的时候也要听，有空的时候要听忙碌的时候也要听，使听意见形成习惯、形成自觉、形成风气。三是要制度化。要把听意见作为工作日程中的正常安排而不是心血来潮的举动，作为决策过程中的一个必经程序而不是可有可无的形式，在时间、方法、内容等方面作出规定并进行严格的检查督促。

李瑞环在 20 世纪 80 年代主政天津期间，在听取群众意见、充分发挥人民监督作用方面，探索实行了一套行之有效的办法。比如，从 1983 年开始，每年搞一次市政府和人民代表、政协委员面对面的对话，及时地通过代表、委员听到广大群众的意见，集中群众的智慧，自觉地接受群众的监督。又如，直接同广大群众对话，且每次都是电视现场直播，大家一问一答，现场非常活跃，群众也欢迎，几乎是家家必看。此外，天津市通过完善信息网络、户卷调查、建立意见箱、联系电话、举报中心以及谈心服务等多种形式，直接听取群众的反映，体察群众的情绪。

当前，全党正在开展群众路线教育实践活动，领导干部深入思考和体悟毛主席的这段故事所体现的工作作风、所蕴含的工作方法，对于做好各自的工作大有裨益。

（王海龙）

148. 不能再回到《青松岭》那个时代。

原文：“文化大革命”搞所谓“斗私批修”时，总批判有钱，批判发财，把平均主义推向了极端。有个电影叫《青松岭》，里边有个人物叫钱广，他到山上捡一点蘑菇和松子，让人帮他带到城里卖，赚一点小钱，这就被打成是走资本主义道路，遭到批判。在今天看来，这个批判岂不是很可笑！有个道理要搞清楚，你没有钱并不是因为人家有钱，人家不发财你不一定就能发财。我们不能再回到《青松岭》那个时代。（1998 年 10 月 7 日在会见非公有制经济人士时的讲话，《学哲学 用哲学》，487 页，中国人民大学出版社，2005）

解读：《青松岭》本是 20 世纪 70 年代“文化大革命”时期按照当时的政治要求拍摄的一部反映我国农村阶级斗争的电影，这部电影突出了“以阶级斗争为纲”的主题。故事说的是北方某山村青松岭生产大队农业生产热火朝天地进行，女青年秀梅对生产队里的车把式钱广的投机倒把活动十分不满，一心想学赶大车这门技术，以代替钱广。而秀梅的哥哥、大队长周成不仅不支持年轻人学习赶大车的热情，反而轻信钱广的挑拨。新任党支部书记方纪云来到青松岭后，发现周成只顾埋头抓生产，没有阶级斗争这根弦，只看重钱广的赶车技术，不考虑他的政治表现。特别是周成对钱广经常为一些人带运私货到城里去卖，投机倒把，影响集体生产的行为视而不见。方纪云支持秀梅等人的建议，让年轻人学会赶车，尽快把钱广的车把式换下来，并在村里办起了赶车训练班。钱广则想方设法搞破坏，训练马匹“三鞭子”习惯，走到村口大榆树下不打三鞭子，就会惊车。钱广的这些破坏活动最终都被一一识破，经调查他还是个逃亡的富农分子。经过这场斗争，周成提高了思想觉悟，秀梅等青年们学会了赶车，掌握了鞭子。

在这种模式化、脸谱化的影片中，把有经济头脑、将农村的商品捎带到城镇去销售的钱广描绘成为破坏集体经济的富农分子。钱广动员富裕中农孙福采山货去自由市场上出售，并说这就是“按劳分配”等，都成了批判内容和对象。但是，当时我国农村实际的情况是什么样子的呢？万里曾回忆说：“过去搞农业社特别是高级社，要求太急，步子太快，形式过于单一，农民不赞成，上面硬要搞，造成‘左’倾错误。……后来搞人民公社，更厉害了，简直是强迫农民，甚至剥夺农民。农民怎么还会有积极性呢！”他1977年6月去安徽任省委第一书记，深入农村调查研究，目睹安徽农村的实际情况十分揪心。他说，安徽“农民的生活水平这么低啊，吃不饱，穿不暖，住的房子不像个房子的样子。淮北、皖东有些穷村，门、窗都是泥土坯的，连桌子、凳子也是泥土坯的，找不到一件木器家具，真是家徒四壁呀。我真没料到，解放几十年了，不少农村还这么穷！我不能不问自己，这是什么原因？真能算是社会主义吗？人民公社到底有什么问题？为什么农民的积极性都没有了”？（欧阳淞等主编：《改革开放口述史》，10～11页，中国人民大学出版社，2014）在“一大二公”的人民公社体制，到处以“割资本主义尾巴”为由，把农民个人的经济活动都当作资本主义因素加以批判并取缔。在这种体制和政策下，我国农业生产搞了几十年，农村仍然摆脱不了贫困落后的局面。

所以，李瑞环在这次讲话中坚决表示，我们不能再回到《青松岭》那个时代。这就是说，我们不仅不能再回到那个导致了中国农村长期贫困落后的经济体制之中，也不能再回到那个僵化教条、“左”的思想和做法盛行的时代。1998年11月，他在听取福建省委、省政府工作汇报时又指出：“中国人口的绝大多数在农村，农村的发展极大地影响着整个中国的发展。”“十一届三中全会以来，农村改革解决了中国人的吃饭问题，这是很了不起的一件事情，是全世界都很佩服的一件事情。过去，我们采取了许多办法来提高粮食产量，但就是没有效果。现在，地还是那块地，人还是那些人，但粮食打得多了。”“中国农村改革不是由哪个领导人创造的，而是农民自己创造的，发端于安徽省小岗村。”（《看法与说法》，172～173页）2012年他在同河南省委主要领导同志谈话时，又一次结合中国农村改革的历史，论述了我国农村的发展问题，他说：“历史上我们多次设想，把小村变大村，把个体变集体，结果粮食没有增产，农民生活没有提高。最后搞了家庭联产承包责任制成功了。为什么成功了呢？就是因为它适合了当时的生产力的状况。包产到户，开始时不少人是想不通的、反对的。许多地方写文章准备批安徽、批万里，说包产到户是‘资本主义复辟’。‘狼来了，狼来了，这回真的来了。’当时，万里也找几个人写文章准备反驳。文章怎么写？就是从生产力和生产关系写起。至今我还记得当时万里讲的收麦子的五种方式：第一种是收割机，第二种是牲畜拉碌碡，第三种是人拉碌碡，第四种是用工具在石头上砸，第五种是挂在树上抽打。万里说：‘这么多不同的生产力情况用一种生产关系行吗？’包产到户这件事，后来因为小平同志支持，说：‘既然能增产，可以先试试’，这些批判的、反驳的文章都没有发表。事实已经证明，包产到户的改革是成功的，解决了中国人的吃饭问题。成功的原因，是它适合了当时的生产力要求。”（《看法与说法》，181～182 页）农村改革实践告诉我们，尊重实践、尊重群众，是保证我们的现代化事业健康发展的法宝。

（贺耀敏）

149. 搓澡工与市长。

原文：有一位浴池的同志跟我说：“我这个行业很苦啊。天天伺候人。”我问他：“你伺候多少人？”他说：“人家洗澡来，我这一天得伺候 20 多个人。”我说：“你这个不行，我一天要伺候 800 万人。”他说：“我很苦。”我说：“你还不够苦，我吃饭的时候，还得有两拨人谈话，边吃边谈，夜里常常 3 点钟才能睡觉。说苦你还没我们苦。”我这不是表功，我是在讲这样一个道理，人人都在为别人服务，每个人都在被别人服务。（1985 年 12 月 28 日在天津市商业职工代表新年茶话会上的讲话，《看法与说法》，251～252 页，中国人民大学出版社，2013）

解读：这是李瑞环与一位搓澡工的对话。1985 年 12 月在天津市商业职工代表新年茶话会上，他讲了这个故事。他借这个人人都可能遇到的事情来说明一个道理，那就是人人都在为别人服务，同样每个人都在被别人服务。不应该轻视任何一个行业，我们这个社会是一个有机的整体，不能说哪个就重要，哪个就不重要。

人民当家作主是我国社会主义制度的根本特点。在旧中国，劳动者处于社会的最底层，不仅受到政治压迫、经济剥削，而且还受到社会观念上的歧视，劳动者根本没有政治地位、经济地位和社会地位。历史资料表明，在新中国建立之前，中国工人阶级的生存环境是同期世界各国工人阶级生存环境中最为悲惨的。新中国建立，劳动者才真正实现了政治上的解放和平等，在我国的《宪法》中明确规定，我国是"工人阶级领导的、以工农联盟为基础的人民民主专政的社会主义国家"。劳动者的政治平等为劳动者实现其他领域的平等权利提供了根本的政治保障，几十年来我国广大劳动者的生存状况和经济状况也有了显著改善。尤其可喜的是，社会上流行的那种轻视和歧视劳动者的现象也大为减少，新的劳动观念逐渐形成。李瑞环 1994 年 7 月为《工人日报》创刊 45 周年题词："工人伟大，劳动光荣。"这就是新的劳动观的核心价值所在。

各种形式的劳动者都是社会的重要组成部分。我们整个社会就是一个有机整体，它是由各个不同部分、各个不同部门的劳动者组成的。其中，既有脑力劳动者，也有体力劳动者；既有从事生产活动的劳动者，也有从事经营管理的劳动者；既有经济等领域的劳动者，也有行政管理领域的劳动者。每个社会阶层、每个行业都是社会活动中的必要角色，他们的劳动或工作都是构成这个社会需要的组成部分。整个社会离开了哪一个组成领域和部分都无法正常运转。我们不能说哪一个领域或部分的劳动就重要，哪一个领域或部分的劳动就不重要，哪一个领域或部分的社会地位就必须高，哪一个领域或部分的社会地位就必须低。例如，我们就不能说包括澡堂里的搓澡工在内的社会服务体系不重要，整个社会服务体系是社会正常运转的重要保障，是社会文明进步的重要标志。人们今天谈论比较多的如看病难、出行难、养老难、入托难等等难题，许多都是与我们的社会服务体系建设紧密相关。如果我们整个社会充斥着轻视和歧视从事社会服务人员的观念，这些难题就很难解决。1982 年，李瑞环就说："在我们的社会里，没有不光荣的工作，只有不光荣的人；没有没出息的行业，只有没出息的人。任何一项工作只是社会分工的不同。"（《看法与说法》，253 页）

国家公务员也是人民的服务员。万般皆下品，唯有读书高，或者唯有做官高的观念是陈腐的旧观念。孙中山当年就告诫参加革命的有志之士，当立心做大事，不可立心做大官。1944 年，毛泽东在《为人民服务》这一名篇中说道："我们的共产党和共产党所领导的八路军、新四军，是革命的队伍。我们这个队伍完全是为着解放人民的，是彻底地为人民的利益工作的。""只要我们为人民的利益坚持好的，为人民的利益改正错的，我们这个队伍就一定会兴旺起来。"（《毛泽东选集》，2 版，第 3 卷，1004～1005 页，人民出版社，1991）我们的各级干部都是人民的勤务员、都是人民的公仆。1989 年 2 月，李瑞环在一次会议上讲话指出："我们是社会主义国家，人民群众是国家的主人，干部是人民的公仆。我们的干部要经常重温马克思主义的群众观点，永远牢记自己无论职位高低都是人民的公仆，并自觉地研究学习如何做好一个好公仆。"（《辩证法随谈》，303 页）为什么要经常提醒干部要重温我们党的群众路线？就是因为的确有那么一些人，他们在领导面前是奴才，干起工作来是庸才，一切活动为了升官发财，一旦掌权就搞独裁。被誉为"党的好干部、人民的好公仆"的焦裕禄，为什么长期受到广大干部和群众的爱戴？就是因为他在十分艰苦的环境中，一心一意为群众着想、为人民服务，带领兰考县广大干部和群众，同内涝、风沙、盐碱等自然灾害进行顽强斗争，努力改变当地的面貌。虽然倒在了工作岗位上，但是他的精神却长存在人民群众心中。革命战争年代我们是靠着党的群众路线这一条取得胜利的，今天同样要靠这一条来实现中华民族的伟大复兴。

（贺耀敏）

150. 男女青年谈恋爱的笑话。

原文：有这样一个笑话：一对男女青年谈恋爱，男的看女的什么都好，女的胖一点，他也说胖好，胖得像唐朝的美女杨贵妃。结婚后两口子过得不好，男的看女的什么都不顺眼，胖也成了问题，说你怎么胖得像头猪。（1998 年 10 月 14 日会见美国基督教会联合会访华团时的谈话，《看法与说法》，1241 页，中国人民大学出版社，2013）

解读：我们知道，热恋中的男女双方，往往看到的都是对方身上的闪光点，也较易据此进一步美化对方，即所谓“情人眼里出西施”。而一旦走入婚姻，人无完人，双方身上的缺点毛病慢慢都会暴露在彼此面前，如果调整不好思想和心态，很可能就会烽烟四起，出现矛盾危机。李瑞环在此借男女青年谈恋爱这个笑话，告诉我们：对同样的人、同样的事情，观点变了，整个态度都变了；若想得到较为准确的判断，需要进行深入的了解。

这一笑话讲述的缘由，正如李瑞环在会见美国基督教会联合会访华团时的谈话中谈到的，“最近美国关于中国宗教问题的传闻不少。传闻之言，不可不察。我们大概都有这个体验，有的事一经传闻就不是原来的样子了。过去我们听到讲美国的都是坏话，美国听到讲中国的也都是坏话。现在互相交往多了，互相之间有了了解，看法就有了改变。现在我们听到讲美国的也有好话，美国听到讲中国的也有好话”（《看法与说法》，1240～1241 页）。宗教问题，一直是中美双方很敏感的问题。多年来，由于缺乏足够的沟通，美国对于中国的宗教政策和宗教现状知之甚少，了解的一些情况也大都是依据传言，并据此作出一些对华政策判断，如此既加深了彼此的误解，也阻碍了两国宗教界的正常沟通和交流。

宗教交流是民间外交的重要组成部分，有助于加深地区之间、国家之间、民族之间、文化之间的相互了解，增进各国人民的友谊。随着我国对外开放的深化，我国宗教的国际交流需要日益迫切。20 世纪 90 年代，李瑞环担任全国政协主席后，对于宗教交流非常重视。中国的宗教事务怎样从以往相对保守的态度，发展为在维护国家主权前提下进行国际交流合作；如何在平等、友好的国际交往中，对外宣传、解释中国政府既保障人民“宗教信仰自由”的权利，又坚持“独立自主自办”的宗教政策；怎样在驳斥国际社会别有用心者对中国内政的恶意攻击的同时，又从不同渠道向对中国缺乏了解而又关注中国问题的人士充分展现中国的宗教现状……这些都是李瑞环在任职全国政协主席期间十分关注和经常思考的问题。

1998 年 10 月，美国基督教教会联合会高级代表团在其总干事琼·布朗·坎布尔博士率领下访问中国。李瑞环在北京热情会见了这个访华团，并对两国教会加强交流与合作给予肯定和支持，希望他们在中国多参观、多考察，“客观公正地向美国公众介绍中国的宗教政策和宗教情况”。在会见中，他向坎布尔博士一行坦诚而详细地论述了中国共产党为什么要实行宗教信仰自由政策：“通过与一些外国朋友接触，我感到大家共同关心的一个问题是中国的宗教问题。有些朋友，也不排除国内有些人，对我们的宗教信仰自由政策总抱有疑虑：你们不是主张唯物论吗，你们不是无神论者吗，怎么可能真诚地贯彻执行宗教信仰自由政策呢？我们说，我们实行宗教信仰自由政策是真诚的。”（《学哲学 用哲学》，329 页）

李瑞环说，我们之所以实行并只能实行这样一种政策，是基于以下一些原因：第一，这是我们的基本观点所决定的。客观事物的发展和变化是由其内在规律所决定的，任何违反其内在规律的外部干预，任何对复杂问题的简单处理，都是不能奏效的。宗教作为人类精神生活中一种普遍、长期存在的现象，有其发生和发展的社会根源与认识根源，有其不以人的意志为转移的客观规律，企图用行政手段去限制甚至消灭它是行不通的，当然，企图用行政力量去发展宗教也是错误的。第二，这是我们的根本宗旨所要求的。中国共产党和中国政府的根本宗旨是全心全意为人民服务，也就是为了多数人，团结多数人，依靠多数人。我们的一切努力，都是为了实现和维护广大人民群众的基本权利，其中当然也包括了他们对自己宗教信仰的自由选择权利。第三，这是引导宗教在我国社会中发挥积极作用所必需的。中国有五大宗教，各宗教倡导的伦理道德都有热爱祖国、服务社会、弃恶扬善、造福人群的内容，从一个方面反映了人类对美好世界的向往和对真善美的追求，长期以来在人民群众中产生了广泛、深刻的影响。在一定意义上可以说，我们同宗教信仰者的区别，只是对事物本原的认识和追求目标的方式上的区别，而目标本身常常是相同或近似的。只有实行宗教信仰自由政策，才能对宗教中积极、向上的内容加以挖掘、整理，使之在现实生活中发挥积极作用。第四，这也是与中国的历史文化传统相一致的。中国是一个讲求"和合"文化的国家，主张"以和为贵"，对各种文化兼容并包，包括对待宗教。我们所实行的宗教信仰自由政策符合中国的历史文化传统，既符合信教群众的要求，也为占人口大多数的不信教群众所接受。

他还讲道："我们的宗教信仰自由政策是一项长期政策，而决不是什么虚伪之辞、权宜之计。那种认为无神论与宗教信仰自由之间势不两立，一讲宗教信仰自由政策就是放弃唯物论、无神论的看法，是错误的；同样，那种认为一讲坚持唯物论、无神论就是要对宗教采取反对态度的看法，也是错误的。当然，我们也承认在执行宗教信仰自由政策的过程中有的时候有的地方可能会出现偏差，不仅仅在宗教政策方面，在其他方面也都可能出现偏差。我们会努力改进工作，解决这些问题，也欢迎外国朋友们提出善意的批评和积极的建议。"（《学哲学用哲学》，332 页）李瑞环对于宗教信仰自由政策，立足于历史唯物主义，从哲学高度，以历史和现实相结合的方式，作了深刻而全面的分析和论述，很好地解答了西方信教人士的疑问，也澄清了国际上对我国宗教政策的一些不实传言，为中外宗教交流起了积极示范作用。

（王宏霞）

151. 说空话、唱高调，连野猪都骗不了！

原文：群众历来反对说得多做得少的干部，反对“天桥把式”。我在湖北考察时，听到这样一个故事，说湖北神农架地区野猪糟蹋庄稼厉害，群众叫苦不迭，为此，乡村组织民兵巡逻驱赶，花费很多人力。后来有人想了一个“高招”，用录音机录上狮、虎的吼声和人声、枪声，用高音喇叭播放，开始果然有效。几天后，野猪没见什么行动，就慢慢往喇叭边凑，并用身子靠了靠绑喇叭的杆子，发现只是叫喊而没动作，于是甩开嘴巴，把喇叭杆子给拱倒了。当地人说，说空话、唱高调，连野猪都骗不了！（1991 年 10 月 4 日在天津市领导干部座谈会上的谈话，《辩证法随谈》，350 页，中国人民大学出版社，2007）

解读：这个“野猪的故事”，是李瑞环 1991 年 9 月在湖北考察工作时听到的。同年 10 月，他在天津市领导干部座谈会上就讲了这个故事，接着又先后在 1992 年 1 月的全国统战部长会议上和 1992 年 4 月在听取山东潍坊市委负责同志工作汇报时引用。李瑞环在短短半年时间里多次讲这个故事，就是要大声疾呼，在全社会提倡扎扎实实的工作作风，反对坐而论道、华而不实、做表面文章的风气。这里所传达的，正是他当年在天津提出的“空谈误国，实干兴邦”的思想。2012 年 12 月 10 日，党的十八大刚开过不久，中央政治局常委刘云山到北京市西城区主持召开一个座谈会，在座谈会上他就引述了“野猪的故事”。他说，他最近看了一本书，是前政治局常委李瑞环的文集，里面的一个故事把他“逗笑了”：上世纪 90 年代初，湖北神农架地区很多野猪横行，赶也赶不走。有人想了个办法，把狮子、老虎等猛兽的声音录下来，支起杆子，用大喇叭放出来。一开始，野猪还真害怕，吓跑了。但是过段时间之后，野猪又回来了，因为它们发现只有声音，没有危险。后来野猪把杆子都给拱倒了。村民们感慨，看来唱高调、说空话连野猪都骗不了。刘云山说，这个故事讲的就是“空谈误国”。

“空谈误国，实干兴邦”是李瑞环在天津时提出的一个口号。1985年5月，邓小平在一次谈话中讲到要“少讲空话，多干实事”，引起了时任天津市市长李瑞环的高度重视，李瑞环亲自主持撰写了10篇特约评论员文章，在《天津日报》上连续发表。其中5月29日发表的第二篇评论员文章，开宗明义头一句话就是“空谈误国，实干兴邦”。该文尖锐批评了我们有些同志沾染的坏风气：他们习惯于坐在屋子里，豪言壮语，气吞山河，听起来似乎决心很大，道理很多，但只有唱功，没有做功，嘴行千里，屁股在屋里。高谈使他们浪费了很多时间，阔论使他们耽误了许多事情。有些同志“茶碗一端，说话无边；香烟一点，专说人短”。他们习惯于说这也不对，那也不对，就是不说怎么样才对；他们总喜欢说这人不行，那人不行，就是不说自己行不行；他们不当运动员，只当裁判员，只吹哨不上场，谁“进球”吹谁“犯规”；你在前边干，他在旁边看，干好了他说“早该如此”，干错了他说“意料之中”。李瑞环痛斥这种坏风气“涣散了别人的斗志，污染了周围的空气，误事、误国、误人、误己”（《看法与说法》，931页）。在酝酿写作评论员文章的过程中，李瑞环同志还深刻分析问题的本质。他说：“邓小平强调‘少讲空话，多干实事’，其实质不只在于针对党风中的问题，还在于坚持辩证唯物论的思想路线。我们需要从这个高度来认识和落实‘少讲空话，多干实事’。”（《学哲学 用哲学》，59页）强调“少讲空话、多干实事”，就是强调“实事求是”，就是坚持马克思主义的唯物论和辩证法。后来天津人民出版社将这些评论员文章连同李瑞环所写的有关文章，编成《谈“少讲空话 多干实事”》出版。邓小平看到后十分高兴，几次找人打电话索要，分送各主要领导同志和一些老同志，足见他对有关内容的认可和关注。

尤其值得注意的是，时隔7年之后，邓小平在1992年视察南方途中再次提出“空谈误国，实干兴邦”这个响亮的口号。也就在这一年，“空谈误国，实干兴邦”八个字被制作成巨幅标语牌矗立在了蛇口，并逐渐成为流传甚广、影响力巨大的一条“深圳观念”。2010年，在深圳经济特区建立30周年之际，深圳举办了最有影响力十大观念评选活动，“空谈误国，实干兴邦”以仅次于“时间就是金钱，效率就是生命”的得票率入选。有人评论道：如果说1981年底蛇口竖起的“时间就是金钱，效率就是生命”的标语好比冲锋号角的话，那么“空谈误国，实干兴邦”则更像加快改革步伐的宣言。已经被姓“资”姓“社”纠缠得烦从心生的袁庚则巧妙地利用它“堵哓舌者之利口，壮实干家之声色”。

邓小平视察南方的讲话言犹在耳，20年后，习近平总书记于2012年11月29日在国家博物馆参观《复兴之路》基本陈列时再度喊出“空谈误国，实干兴邦”的口号。他指出：“实现中华民族伟大复兴是一项光荣而艰巨的事业，需要一代又一代中国人共同为之努力。空谈误国，实干兴邦。”在此之前，他还撰文指出：“‘空谈误国，实干兴邦。’这是千百年来人们从历史经验教训中总结出来的治国理政的一个重要结论。古人曰：‘道虽迩，不行不至；事虽小，不为不成’，‘为政贵在行’，‘以实则治，以文则不治’。历史上有许多空谈误国的教训，比如战国时期的赵括，只会‘纸上谈兵’，以致40万赵军全军覆没，赵国从此一蹶不振直至灭亡。此类误国之鉴，发人深省。”（习近平：《关键在于落实》，载《求是》，2011（6））这番话是有针对性和现实意义的。反观我们今天的实际，那种“连野猪都骗不了”的说空话、唱高调现象远未绝迹，“在鼓捣字儿上花的时间太多，在研究事儿上下的功夫太少”（《看法与说法》，962页）也绝非个别现象。当此，是该警醒了。

（牛旭光）

◇◇◇ 九 ◇◇◇

152. “天下为公”和“天下之忧乐”。

李瑞环在谈话中，经常会引用关于“国家兴亡”和“天下为公”等方面的典故。作为一个大国的政治家，如何参与治理国家，如何做到令天下百姓安居乐业，进而实现世界和谐？这些都是需要关注的头等大事。

在李瑞环提到的古人关于治理国家、安定社会、修养品格等方面的名言中，不难看出他对于“天下”概念的重视。他在1990年所写的《重视对中国文化遗产的挖掘和研究》一文中，将“天下为公”和“先天下之忧而忧”作为中国古代民本思想的重要表述。

“天下为公”出自《礼记·礼运》：“大道之行也，天下为公”。其中描述了“小康”和“大同”两种社会制度。这样的说法也被邓小平用来概括时下中国的政治目标，即实现小康社会。而“大同”则成为中国人对于美好政治理想的向往。

“先天下之忧而忧，后天下之乐而乐”，出自北宋范仲淹脍炙人口的《岳阳楼记》。范仲淹引用孟子对齐宣王“乐以天下，忧以天下，然而不王者，未之有也”的典故，来强调自己把国家、民族的利益摆在首位，愿为天底下的人民分担愁苦，热血奉献。李瑞环强调“天下”，就是强调要将人民群众的关切置于首位，只有将百姓的忧乐作为治理者的执政根据，才能获得群众的真心拥护和支持。

在儒家学说中，《明夷待访录》的作者黄宗羲尤其反对一家一姓的“家天下”。他认为君主本应是天下的“公仆”，即“古者以天下为主，君为客，凡君之毕世而经营者，为天下也”，而设立君主的目的是为了“使天下受其利”、“使天下释其害”。但是，在行专制之政、皇权不受约束的情况下，君主则“以为天下利害之权益出于我，我以天下之利尽归于己，以天下之害尽归于人”，并且更“使天下之人不敢自私，不敢自利，以我之大私，为天下之大公”，“视天下为莫大之产业，传之子孙，受享无穷”。

黄宗羲对“家天下”的君主之私进行了强烈的批评。在顾炎武看来，朝代的更迭、国号的变易可以视为“亡国”，而仁义不施、礼崩乐坏、大道隐匿、民怨沸腾，百姓不再讲信修睦，则是“亡天下”。因此首先要“保天下”，然后才能做到“保其国”。顾炎武在《日知录》卷十三《正始》篇中总结说：“有亡国，有亡天下。亡国与亡天下奚辨？曰：易姓改号，谓之亡国；仁义充塞，而至于率兽食人，人将相食，谓之亡天下……是故知保天下，然后知保其国。保国者，其君其臣，肉食者谋之；保天下者，匹夫之贱与有责焉耳矣。”这就是“天下兴亡、匹夫有责”的由来。

李瑞环强调“天下为公”、“先天下之忧而忧，后天下之乐而乐”、“天下顺治在民富，天下和静在民乐”等儒家经典，就是希望提醒领导干部时刻不忘人民才是天下之主，人民的利益才是党和政府执政的合法性来源，人民至上、群众第一才是官员行事的原则。

（干春松）

153. 心之官则思，思则得之。

认识方法问题是哲学研究中的一个重大问题。2001 年 12 月 6 日，在全国地方政协工作经验座谈会上，李瑞环指出，许多看上去是已经明白的事，如果问上几个为什么，就会发现其实并不一定清楚，只有反复思考才能真正明白。在这篇讲话中，他引用了“心之官则思，思则得之”、“行成于思”等古语。借此告诫人们要有正确的态度；要下大功夫搜集材料；要学会分析综合；要重视特殊性；要注意从偶然中找必然；要尊重前人的成果；要走群众路线；要多实践几次；要使大脑真正成为加工厂；要处理好总结经验和写文章的关系。

“心之官则思，思则得之”出自《孟子·告子上》：“耳目之官不思，而蔽于物，物交物，则引之而已矣。心之官则思，思则得之，不思则不得也。此天之所与我者”。原意是说，与耳目的功能相比，心之官能有思虑之功，对外界物诱有控制之力，以其有是非取舍之辨，这是人先天所具有的能力。而孟子则批评学而不思的现象。李瑞环引用这句话，意在突出人所特有的思考能力，强调了思考对于人总结经验的重要性。

在《孟子·告子上》篇中，孟子对于人与动物的区别进行了多处论述。在孟子看来，耳目口鼻等等的作用，皆是与生俱来，唯有人心才可成为道德之端，因此他将心尊为“贵”。而人心之贵，正是因为心具有独特的“思”的官能。联系《告子上》篇中所记载的系列论述来看，“此天之所与我者”，实际上正是用“心之官则思”这一人类所独有的特点来划分人与动物的界限，弘扬心灵的思考对于人类的重要意义。李瑞环借用“心之官则思”的典故，强调人与动物的区别在于人具有强大的思索能力，只有充分运用思考能力，才能变糊涂为明白、变现象为概念，才能从纷繁复杂的世间万象中提取、归纳、总结经验。

同时，我们应当注意到，李瑞环强调“思则得之”。“思则得之”四字虽短，却蕴含了更为深刻的道理。思考是如何成为“得”的途径的？经过思考后人能够“得”什么？李瑞环引出了孟子性善论的重要观点。在儒学发展的长河中，“天命之谓性，率性之谓道”两句话，是儒学人性论发展的里程碑。“天命之性”的本质一定是善的，而孟子所主张的“性善论”，则试图通过主观实践的方法，将“性善”概念诉之于每一个人的思想，进而在客观上为万人万世立教。在孟子看来，性善即是心善，于是每一个个体皆可以经自己“心”的思考而获得善的发端，人心之善与天命之善自此得到了呼应，人因“性善”而得于天之道，人因善之发端而得以与天地融为一体。

“行成于思”见于唐代韩愈的《进学解》：“业精于勤，荒于嬉；行成于思，毁于随。”这句话的字面意思是，任何事业的成功皆取决于勤劳，而正确的行动取决于反复思考。在中国传统中，要人们勤于思考的名言很多。我们实践中的许多错误决策，归根到底就是没有对事物的过程进行充分的了解，对于掌握的材料不能作出反思，因此就会酿成大错。

（干春松）

154. “民为贵”，“圣人无常心，以百姓心为心”。

李瑞环在各种场合反复强调群众路线的根本性，因此在天津工作期间，形成了“一切为了人民，一切依靠人民”的工作思路。这个问题的关键在于如何认识人民群众的地位。从根本原理上来说，群众路线的基础是要认识到人民群众才是创造历史的主人。唯其如此，才能意识到任何对于群众疾苦的理解和解决，并非是恩赐，而是去启发、引导、带领人民为自身的解放而斗争。

在论述群众路线的时候，李瑞环特别善于引用中国古籍中的语言来加以说明。这是因为，许多语句表述言简意赅，更有一些是人们耳熟能详的，所以很具有感染力。更重要的是，中国传统思想中具有丰富的民本观念，这与群众路线有一致之处。

在2001年政协第九届全国委员会常务委员会第十四次会议闭幕会上的讲话中，李瑞环在论述民意和社情的关系时，强调要从社情中去了解真正的民意。在讲话中，他一口气引用了《老子》、《管子》和魏徵、苏洵的话，从某种程度上看，是李瑞环对于民本思想的一个简要的梳理。

其中“圣人无常心，以百姓心为心”出自《道德经》第四十九章。对于这句话的解释很多，通常我们会说圣人并没有自己的偏向，他总是把百姓的意愿作为自己的意愿。后来北宋政治家、思想家王安石对这句话的解释是，因为圣人“吉凶与民同患”，所以没有自己的主观偏见，而是与百姓同甘共苦。这样的解释虽然有一些发挥，但确实点明了老子“圣人无心”的实质内容。道家总体上主张远离政治，这句话经过王安石的解读，却可以成为儒家民本思想特别贴切的比喻。

李瑞环在文中还引用了《管子》中的“政之所兴，在顺民心；政之所废，在逆民心”。《管子》一书被认为是后人编辑而成的书，因此，所谓“管子”并不能将之与辅助齐桓公九合诸侯的管仲等同。但是，我们可以从孔子对管仲的评价中，知道管仲是深知民意的重要性的。《论语·宪问》中，孔子的弟子问该如何评价管仲。孔子回答说：“人也。夺伯氏骈邑三百，饭疏食，没齿无怨言。”说的就是管仲去管理骈邑，虽然老百姓吃得很不好，但是大家却没有怨言，原因就是管仲没有私心。管仲因为能顺民心，所以能辅助齐桓公成为春秋五霸之一。

在这个讲话中，李瑞环还引用了北宋三苏之一的苏洵的《申法》中的一句话：“服民之心，必得其情。”苏洵认为，要获得老百姓真正的支持，一定要先了解百姓生活的疾苦。

引用这些关于民意的话，也从文化传统的角度对政协工作提出了要求。政治协商会议作为中国政治的一种创新性设计，其最重要的功能之一，就是利用其委员来自各个界别的优势，使之真正成为反映民意的机构。而这样做在客观上，也使之成为贯彻群众路线的一个重要枢纽。

李瑞环注重群众路线的思想是一以贯之的。早在 1987 年 1 月 7 日举行的中共天津市委四届六次全委会的讲话中，他就引用唐代著名政治家魏徵的话：“怨不在大，可畏惟人；载舟覆舟，所宜深慎。”并解释说：“惟”就是“只是”的意思，“人”指的是群众。并说：“古代统治者从维护他们的阶级利益出发，也知道群众力量之大，不可小视。我们是共产党，一切以人民利益为出发点和归宿，这是我们党的最高宗旨，是我们党存在和胜利的历史根据。为人民群众办事，为人民群

众谋利益，是个重大的政治问题。”（《看法与说法》，219～220 页）

魏徵的这句话来自《谏太宗十思疏》，也就是魏徵给唐太宗上的十份谏议中的第二篇。中国古代有一种专门的官员，他们的职责是给皇帝提建议和批评。当然，虽然不断有谏官提出各种意见，但是是否接受这些意见，主要要看皇帝的胸襟，因为谏官并没有真正限制皇帝行为的权力。但是，也有一些皇帝比较善于听取别人的意见，唐太宗和魏徵就是中国历史上特别著名的明君贤相。在这篇文章中，魏徵特别提出了长治久安的问题，认为要让统治长久的最根本办法就是巩固其根本，而这个根本就是以德治国，以民心向背为衡量政治清明与否的标准。

李瑞环也经常用类似的意思来警示实际工作中存在的官僚主义、形式主义。他在 2001 年中国人民政治协商会议第九届全国委员会常务委员会第十五次会议上的讲话中，引用了“水能载舟，亦能覆舟”这句古语。这句话其实是魏徵之言的原型，出自《后汉书·皇甫规传》注引《孔子家语》：“孔子曰：‘夫君者舟也，人者水也。水可载舟，亦可覆舟。君以此思危，则可知也。’”虽然《孔子家语》一书的真伪还需考证，但是，儒家思想中一直包含着民贵君轻思想则是无可怀疑的。

据史料记载，魏徵经常用这句话来警示唐太宗。在《贞观政要》中记载了唐太宗和魏徵的这样一段对话：

> 贞观六年，太宗谓侍臣曰：“看古之帝王，有兴有衰，犹朝之有暮，皆为蔽其耳目，不知时政得失，忠正者不言，邪谄者日进，既不见过，所以至于灭亡。朕既在九重，不能尽见天下事，故布之卿等，以为朕之耳目。莫以天下无事，四海安宁，便不存意。可爱非君，可畏非民。天子者，有道则人推而为主，无道则人弃而不用，诚可畏也。”魏徵对曰：“自古失国之主，皆为居安忘危，处治忘乱，所以不能长久。今陛下富有四海，内外清晏，能留心治道，常临深履薄，国家历数，自然灵长。臣又闻古语云：‘君，舟也；人，水也。水能载舟，亦能覆舟。’陛下以为可畏，诚如圣旨。”

这段话说的就是统治地位的获得和稳固，其真正的力量是人民群众。魏徵说这些话的目的虽然是为了巩固唐王朝的统治，但是，客观上却点明了政治合法性的真正基础，即群众是否真心支持和拥护。

除了引用古典之外，李瑞环有时也引用民谣和顺口溜来说明这个道理。比如在2002年看望全国政协中共界委员时的讲话中就说："上山下水问渔樵，要知民意听民谣。"李瑞环看重民谣，特别是童谣中的民意表达。他说，所谓的童谣是成人编出来让儿童念的，儿童念出来不犯法，皇帝听了只好来一个罪己诏。因此，李瑞环经常将古代的警句和现代的民谣结合起来，阐发听取百姓意见的重要性。

实际上，中国古代经典《诗经》中的"风"就是各地民谣的收集，其中就有许多是反映民意的。因此，收集民谣也是对中国古代优秀政治传统的一种继承。

（干春松）

155. 己所不欲，勿施于人。

中国人民特别爱好和平，因此留下了大量的崇尚和平的格言，因为其反映了人类道德的基本准则，所以至今依然有很大的启发意义。比如孔子说"己所不欲，勿施于人"（《论语·卫灵公》），这句话体现了人与人之间的一种恕道，即充分考虑个人和他人之间的关系。20世纪末，联合国教科文组织就全球伦理进行了探讨，"己所不欲，勿施于人"被视为最能体现全人类共同道德底线的"金句"。

李瑞环数次引用这句孔子的名言。有的时候是将之作为国家与国家之间交往的原则，即中国人所坚持的和平原则，尊重其他国家的尊严和主权。2001年在出访亚非四国结束的午餐会上，他说："中华民族崇尚'和为贵'，'己所不欲，勿施于人'，中国人民绝不会将自己过去所遭遇的那种苦难强加给别人。中国现在不称霸，将来富强了也不会称霸”（《务实求理》，91 页）。这既宣示了中国的和平外交政策，也说明中国人民是有爱好和平的传统的。

1999 年，在日本盛行“中国威胁论”的时候，李瑞环接受日本广播协会采访，用“己所不欲，勿施于人”这句古训来回击日本舆论中的“中国威胁论”，是十分贴切和有说服力的。他在 1995 年接受泰国记者采访时还说过：“一个国家是否对他国构成威胁，不完全在于实力强弱。这正如一个人，个头很大，未必就会去欺负别人；有的人个头很小，但也会寻衅惹事。”（《看法与说法》，1225 页）

“己所不欲，勿施于人”，体现在个人道德修养层面，就是要设身处地、站在别人的角度想问题。我们平时在交往中，经常会以己意度人，以为自己是好意，但别人却不领情。这样的事如果只是个人之间的交往，当然影响范围很小，但是如果领导干部也是站在自己的立场上做事，就会引起不良的后果。所以，李瑞环 1997 年在接见光彩事业人士的讲话中，也引用过《晏子春秋·内篇谏上》中的“饱而知人之饥，温而知人之寒”，强调这样才能把工作做好、做细。

（干春松）

156. 其身可抑，而道不可屈。

个人的修身是中国传统道德的重要内容，《大学》中就有修身齐家治国平天下的说法。儒家认为，所有的道德修养都要以正心诚意这样的自我修养作为起点。否则，道德教化就会变成只是对于别人有效而与自己无关的说教，不可能对其他人有启发意义。所以，要正人必先正己。

李瑞环在天津工作期间，正值我国知识分子政策进行调整的时期。由于长期以来对于知识分子的社会身份没有正确的认识，所以无论是知识分子生活待遇还是社会地位的问题，都未得到落实。

因此李瑞环在讲话中，着力于改变人们对知识分子的成见。1983年3月，他在《发挥知识分子作用是解决知识分子问题的总钥匙》一文中，引用了魏明帝时期李康的《运命论》中的几句话："其身可抑，而道不可屈"；"其位可排，而名不可夺"；"前鉴不远，覆车继轨"，"犹蹈之而弗悔"（《学哲学 用哲学》，464页）。目的是要点明，大多数的知识分子是有骨气和自身追求的，但并不能因此而不改善知识分子的生活待遇。

写这段话的李康生活在魏晋之乱世，深感时局的困顿，写下了"木秀于林，风必摧之"这样的悲愤之言。但他并不认为人应该在命运面前放弃自己的追求。生性狷介、有气节的李康主张，越是在困境中，知识分子越应该超越个人之私利，为国家社稷之大业着想。"古之仕者，盖以官行其义，不以利冒其官也。古之君子，盖耻得之而弗能治也，不耻能治而弗得也。"也就是说，如果国家不富强而个人获得高官厚禄是可耻的。

1986年6月28日，李瑞环在天津市委、市政府召开的文艺创作座谈会上的讲话，从另一个角度来说明，知识分子如果在宽松的环境中，当然可以创作出好的作品；但是从艺术创作本身的规律来看，有时候磨难和困境是诞生伟大作品的生活源头。所以，李瑞环引用了司马迁在《报任安书》中那段脍炙人口的话："文王拘而演周易，仲尼厄而作春秋。屈原放逐，乃赋离骚。左丘失明，厥有国语。孙子膑脚，兵法修列。不韦迁蜀，世传吕览。韩非囚秦，说难孤愤。诗三百篇，大抵贤圣发愤之所为作也。"（《看法与说法》，690～691页）这段话将中国古典时期最伟大的作品与作者所遭遇的困境进行联系，司马迁当时刚刚受了宫刑，正处于人生最艰难的时期，但是他却把写完《史记》作为活下去的理由。

这段话中包括一系列的故事：周文王因为被拘在羑里，即今天的河南安阳，在那里将周易的八卦推演为六十四卦，从而确定了我们今天所看到的周易的基本原则。孔子周游六国，自己的政治主张并没有为那些注重眼前得失的统治者所接受，因此孔子删定《春秋》，通过褒贬为未来的政治法则提供思想资源。屈原受人诬陷而被楚怀王放逐，痛苦中的屈原写下了《离骚》。文中还举了吕不韦、韩非和孙膑等人的故事，都说明了身处困境不屈服于命运，最终成就伟大事业的道理。李瑞环也借此来激励知识分子焕发其创作的热情。

（干春松）

157. 大德不逾闲，小德出入可也。

2001年在出访亚非四国结束午餐会上的即兴讲话中，李瑞环提出了中国要树立和平、合作、合理、和气形象的观点。在说到和气的时候，主要是指出做人要有宽阔的胸襟，平心静气，善于跟人合作。在这个时候，他引用了《论语》中子夏的话，即“大德不逾闲，小德出入可也”。

这句话出自《论语·子张》，宋代大儒朱熹在《四书集注》中解释道：“大德、小德，犹言大节、小节。闲，阑也，所以止物之出入。言人能先立乎其大者，则小节虽或未尽合理，亦无害也。”

这句话有很多值得思考的地方，对于一些犯过错误的人，我们应该采取什么样的办法呢？尤其对一些人在特定的情况下，做过不适当的事，说过不适当的话，应该采取宽容的办法。

但是对于自己，则要严格要求。儒家特别强调“君子慎其独”，就是说即使在独处的时候，也要注意道德修养。在人际交往中，小节也是很重要的。

（干春松）

158. 国人皆曰贤，然后察之；见贤焉，然后用之。

李瑞环一直主张选人要看政绩，而不是看关系和人情。因此，如何选拔人才，把德才兼备的人推到领导岗位上，需要作切实和细致的考察。最重要的是，要看干部的实际工作表现。这样，一方面可以确保这些人能为群众办实事，同时也可以在办实事的过程中，使这些人才得到锻炼。

近代以来，在与西方列强的竞争中，中国的思想家和政治家充分感受到，缺乏人才是中国在国家与国家之间竞争中处于劣势的关键。所以，李瑞环早在 1983 年 3 月撰写的《发挥知识分子的作用是解决知识分子问题的总钥匙》一文中，引用了近代思想家魏源的“财用不足，国非贫，人才不竞之谓贫”和陈宝箴的“国势之强弱，系乎人才”。这些话都说明了国家与国家的竞争不仅是资源的竞争，更是人才的竞争。

魏源和陈宝箴都是近代维新运动时期重要的思想家和政治家。特别是魏源，他撰写《海国图志》一书，被视为近代中国开眼看世界的第一人。他所提出的“师夷之长技以制夷”的思想，激发了中国人学习西方科学技术的热情。而陈宝箴则积极在湖南推动维新运动，使这个地处中国内地的省份成为中国近代社会变革的重要策源地。

所以，后来的革命先驱孙中山先生提出“人尽其才”的思想，也是在上述思想基础上的合理发展。1987 年李瑞环在《研究起草天津市政府全体会议讲话时的谈话》中，引用了魏徵给唐太宗的谏议书中的“智者尽其谋，勇者竭其力，仁者播其惠，信者效其忠”，强调了应该让各式各样的人才都发挥作用。

对于如何选拔贤能之士，李瑞环的论述充分体现出其辩证的观点，即既要不拘一格选拔人才，又要充分细致和认真地考察把关。不拘一格选拔人才，也就是对于人才不能求全责备。“水至清则无鱼，人至察则无徒……举大德，赦小过，无求备于一人之义也”。此话见于汉代东方朔《答客难》。意思是说，对于一些人因为工作中曾经出现的无心之失，要加以原谅。否则水至清则无鱼，以完美的标准来要求人，结果就是使一些贤能之士找不到发挥能力的空间。

要做到这一点，选拔者的眼界就十分重要。“能者知能，贤者知贤”，“一流之人，能识一流之善；二流之人，能识二流之善”。（《务实求理》，833 页）能不能发现人才，发现什么层次的人才，与人才发现者本身的德才情况是直接相关的。

在识人的过程中，选拔者自身的修养和胸襟十分重要。不过，从另一个角度看，选拔人才又需要慎重，不但要看领导人的眼光，也要考虑其人在群众中的声望。对此，李瑞环多次引用《孟子·梁惠王下》中的一段话：“左右皆曰贤，未可也；诸大夫皆曰贤，未可也；国人皆曰贤，然后察之；见贤焉，然后用之。”

对于这段话，朱熹在《四书集注》中有这样的解释：“左右近臣，其言固未可信。诸大夫之言，宜可信矣，然犹恐其蔽于私也。至于国人，则其论公矣，然犹必察之者，盖人有同俗而为众所悦者，亦有特立而为俗所憎者。故必自察之，而亲见其贤否之实，然后从而用舍之；则于贤者知之深，任之重，而不才者不得以幸进矣。所谓进贤如不得已者如此。”主要是认为，选拔者左右近臣，他们的意见往往未必可信。然而诸大夫的意见，虽然应该可信，但也有可能被自己的私利所障蔽。国人的公议，虽然比较具有公共性，但是也不大可能形成一致的意见，因此需要进行多方面的比较。

无论是选拔国家领导人，还是选拔地方干部，都一样需要听取多方面的意见。之所以如此，是因为所选举出的领导人都担负着重大的责任，如果不慎重选拔，那么小则会影响一个地方的发展，大则会损害国家的利益。这样的例子在中国历史上比比皆是。

（干春松）

159. 后人哀之而不鉴之，亦使后人而复哀后人也。

李瑞环非常注重对历史经验的总结。同时，李瑞环强调将认真总结历史经验与贯彻实事求是和群众路线联系起来，提醒广大领导干部在看到辉煌成就的同时还应当认真、全面地总结和汲取历史经验。

李瑞环重视对历史经验的总结，同时也注重借用中国经典中的语言来说明道理。他在 1999 年 9 月 9 日听取陕西省委、省政府工作汇报时的讲话中，运用马克思主义“由必然王国向自由王国发展”的基本原理来说明总结经验、实事求是的重要性。但为了更为形象地阐释问题，李瑞环进一步说：“成功的经验可以鼓舞士气，失败的经验可以使思想冷静。我们不应当像《阿房宫赋》说的那样，‘后人哀之而不鉴之，亦使后人而复哀后人也’，而应当乐亦鉴之，哀亦鉴之，前事不忘，后事之师。”（《务实求理》，607 页）

“后人哀之而不鉴之，亦使后人而复哀后人也”，出自唐朝诗人杜牧的《阿房宫赋》。杜牧用生动的语言总结了秦朝覆亡的历史经验。中国历朝历代都极其重视秦朝因苛政而覆亡的教训，西汉贾谊的《过秦论》也成为总结秦政的著名篇章。在《阿房宫赋》中，“鉴”的作用更为突出。总结历史经验，并依据历史来指导当下的政治治理，成为古代贤明君主的共同选择。

“前事不忘，后事之师”，出自《战国策·赵策一》。这一典故的由来与谋士张孟谈有关：

> 张孟谈既固赵宗，广封疆，发五百，乃称简之途以告襄子曰：“昔者，前国地君之御有之曰：‘五百之所以致天下者，约两：主势能制臣，无令臣能制主。故贵为列侯者，不令在相位，

> 自将军以上，不为近大夫。’今臣之名显而身尊，权重而众服，臣愿捐功名、去权势以离众。”
>
> 襄子恨然曰：“何哉？吾闻辅主者名显，功大者身尊，任国者权重，信忠在己而众服焉。此先圣之所以集国家，安社稷乎！子何为然？”张孟谈对曰：“君之所言，成功之美也。臣之所谓，持国之道也。臣观成事，闻往古，天下之美同，臣主之权均之能美，未之有也。前事之不忘，后事之师。君若弗图，则臣力不足。”怆然有决色。

张孟谈正是因为善于总结历史经验，善于利用历史经验分析现实情形，所以甘愿捐功名、去权势，最终既利于国家，又得以保全自身。

李瑞环在《务实求理》和《看法与说法》中，更是多次引用了总结、借鉴历史经验的中国古代经典名言。其中包括三国（魏）时期李康所著的《运命论》中的“前鉴不远，覆车继轨”，以及《荀子·成相》篇中的“前车之覆，后车之鉴”，等等。李康所作的《运命论》旨在探讨国家治乱与士人个体之间的关系问题，他强调士人应以国家之兴衰为己任，注重从国家治理中汲取历史经验。只有切实地了解、探索历史中的兴衰成败，才能为将来的治国安邦提供良策。

可以看出，李瑞环重视总结历史规律的态度，既强调了领导干部要辩证地看待中国发展所取得的重大成就，又时刻提示人们应注重从历史中吸取工作、生活的重要经验，同时，还不忘提醒天下人将个人命运与国家兴衰联系起来，在国家的发展中实现个人的成就。

（干春松）

160. “和为贵”与“和而不同”。

由于长期以来对“和”的思想的错误理解，有些人认为提倡和为贵，就是不分是非，不分善恶。2002 年 5 月 28 日，在题为《和睦相处 和谐共进》的讲话中，李瑞环说：“‘和’不是盲从附和，不是不分是非，不是无原则的苟同，而是‘和而不同’。‘和’的思想，强调世界万事万物都是由不同方面、不同要素构成的统一整体。在这个统一体中，不同方面、不同要素相互依存、相互影响，相异相合、相反相成。”（《务实求理》，95 页）这样的理解充分掌握了中国“和”的思想的本质特性。“和”的局面不是通过消灭对立面而实现的，因为那将是缺乏生命力的“同”。通过“和”与“同”关系的认识，凸显了辩证法与形而上学之间的根本对立。

李瑞环认为，“和”的思想反映了事物的普遍规律，含有丰富的内容。他说：“现在，我们所说的‘和’，包括了和谐、和睦、和平、和善、祥和、中和等含义，蕴涵着和以处众、和衷共济、政通人和、内和外顺等深刻的处世哲学和人生理念。”（同上）在“和为贵”的原则指导下，李瑞环提倡“协调”和“宽容”的工作方法。“协调”就是不同的对象和利益之间的调节，“宽容”即对于差异和不同的理解和包容。对此他总结出“宽宏大度、体谅包容、和谐共存、协调并进”的十六字诀。

在这篇讲话中，李瑞环引用了大量的关于“和”的名言。比如《管子》中的“畜之以道，则民和”。再比如《道德经》中的“知和曰常，知常曰明”。在这里，“常”做常道、常理讲，意思是说，知道“和”就是知道了事物的常道，知道了常道就是明白了事物发展的规律。

儒家思想中更为看重“和”。李瑞环引用了《中庸》中的“和也者，天下之达道也”。也就是说，“和”是最为畅达的大道。因为，“万物各得其和以生”，只有不同事物相辅相成，互相作用，才能达到自然界和人类社会的和谐。和谐不是单一，不是独断，是万物并行不悖。所以即使是政治家，也要注重和谐，注重鼓励百姓发挥他们各自的创造力，而不是扼杀其热情。因此，李瑞环还以孟子的“天时不如地利，地利不如人和”来说明人和才是政治的最高境界。

（干春松）

161. 一致而百虑，同归而殊途。

李瑞环在2002年3月第九届全国政协第五次会议的闭幕会上，对于“协调”问题作了专门的论述。他说，协调是人类社会出现之后，人们为处理人与自然、人与人之间的矛盾冲突而采取的“自觉的活动”。而社会越发展，协调工作越重要。从世界上看，因为文明之间的交融和激荡、依存和摩擦，“和谐共存、协调共进的问题已经成为人类普遍关注的重大问题”。从国内看，由于经济成分、组织形式、利益分配、地域差异等问题，“协调的任务比以往任何时候都繁重”。因为，这些矛盾主要还是利益一致基础上的人民内部矛盾，所以解决这些矛盾，优先要考虑的，还是“协调”，而不是激化。同样，对于国家与国家、人与自然之间的矛盾，也要采取协调的方式来解决。必须重视协调、善于协调，及时有效地做好协调工作。

和谐思想、和为贵思想是做好协调工作的依据、凭借。协调的思想是和谐思想的具体化。1996年1月，在同政协八届四次会议文稿起草人员的谈话中，李瑞环引用了《周易·系辞下》：“子曰：天下同归而殊途，一致而百虑，一本万殊之谓也。”这段话是十分富有辩证法思想的。意思是说，我们要达到一个目标可以采取多种手段和方法，恰如西方谚语中所言：条条大路通罗马。可是在实际生活中，我们往往追求整齐划一。比如我们在设计生产方式的时候，曾经否定多种所有制形式的并存，使得私有经济的发展被遏制，其结果是不能调动人们的积极性。而改革开放之后，那种单一的经济模式被否定，从而达到了经济的快速发展。

汉代的司马谈在讨论先秦诸子的时候，也引用过“天下同归而殊途，一致而百虑”这句话，并说：“夫阴阳、儒、墨、名、法、道德，此务为治者也，直所从言之异路，有省不省耳。”意思是说，先秦的各种思想流派，虽然立场不同，解决问题的路径也不同，但是他们有一个共同的想法，就是有效地进行社会治理。这就是殊途同归。

在现在的形势下，政治家要听得进不同的意见。虽然很多意见可能是错误的，但是不同意见相互撞击，会产生思想的火花，为我们获得正确的认识提供启发性的思路。

（干春松）

162. 成事在理不在势。

2000 年，李瑞环提出了“遇事多商量”的说法。这个说法最初是从政协的特征出发的，因为，所谓政治协商顾名思义就是要协调和商量。在讲话中，李瑞环列举了 1949 年之后因为商量不够而吃了亏的教训：“比如，对马寅初先生提出的控制人口的意见，梁思成先生提出的保护北京古城的建议，都由于缺乏充分商量，没有认真听取他们的意见，以致造成了不可挽回的损失。”（《务实求理》，198 页）的确，如果我们的决策者在当时能听取马寅初关于人口问题的建议，那么中国的人口危机就不会如此严重。如果我们能吸收梁思成对于北京城市建设的方案，那么北京的古城和新城的建设必定会更加合理。

为了说明商量是领导者民主、开明、高明的表现，李瑞环引用了唐代魏徵的“每有大事，必相咨访”、“用人之言，若自己出”。商量是一种政治制度，也是一种政治行动。一个政治家如果存有遇事商量之心，那么其决策过程就会更合理。一个政治组织如果设计了遇事商量的制度，那么就会避免许多盲目决策的事情发生。

然而有一部分干部，工作作风比较粗暴，不愿意倾听群众的意见，以为可以靠一些行政手段甚至强制的手段解决问题，其结果往往是适得其反。近年来许多群体性事件的发生，对于领导者的教训就是，不商量则乱大谋。因此，李瑞环有时候会引用苏轼的“成事在理不在势”。这句话出自苏轼的《拟进士对御试策》。其意思是说，工作的成功与否不在于利用权势，而是要讲理。这就要求领导干部要放低身段，虚心听取百姓的意见。否则即使百姓表面上服从，但其实内心充满了怨恨。对此李瑞环曾引用魏徵给唐太宗的谏书里的话：“虽董之以严刑，振之以威怒，终苟免而不怀仁，貌恭而不心服。”（魏徵：《谏太宗十思疏》）

中国有以德治国的传统，对政治家的道德要求很高，也十分重视政治活动的道德后果。因此，国家的长治久安，最终的决定因素是道德和正义。为了说明这个道理，李瑞环还引用过魏徵的“思国之安者，必积其德义”。这句话也来自《谏太宗十思疏》，原句是：“臣闻求木之长者，必固其根本；欲流之远者，必浚其泉源；思国之安者，必积其德义。”我们可以看到，除了先秦古典之外，魏徵的话是李瑞环比较喜欢引用的。

（干春松）

163. 上下交征利而国危矣。

以经济为中心，这是中国很长一段时间的基本国策。但是，经济为中心的目标是改善人民群众的物质生活条件，而不是单纯地追求经济增长。

然而在很长一段时间里，人们似乎忘记了经济增长的目标是什么。在片面追求 GDP 的时候，忽视了经济发展和群众利益的有机结合，所以不惜牺牲环境、不惜牺牲干部和群众的关系，造成环境恶化、道德堕落。

早在天津工作期间，李瑞环就十分注意局部利益和整体利益之间的辩证联系。1985 年 2 月 2 日，他在天津市农村工作会议的讲话中，引用了孟子的“上下交征利而国危矣”。孟子的话对于国家治理来说是具有警示意义的。

这句话见自《孟子·梁惠王上》。孟子在回答梁惠王“何所利”的问题的时候，指出政治的核心原则是正义，也就是要从建立良好的社会秩序的角度考虑政治问题，如果统治者和百姓只考虑利益，那么这个国家危亡就很快会到来。只有与民同乐，与百姓分享社会财富，才是一个好的秩序。“乐民之乐者，民亦乐其乐；忧民之忧者，民亦忧其忧。”

李瑞环还引用过顾炎武《秋山》对于越王勾践的赞美，即勾践之所以能复亡国之仇，除了卧薪尝胆、艰苦准备之外，重要的是能与越国的百姓同甘共苦，所以才能上下一心。“勾践栖山中，国人能致死”，“上能同甘苦，下能共安危”。

（千春松）

164. 诚者，天之道也；思诚者，人之道也。

这句话来自《中庸》，李瑞环在1999年12月15日出访亚洲三国总结会上和2000年6月9日会见瑞士前联邦委员会主席科蒂时都引用过这句话，核心是强调以诚为本，坦诚做人。这都是十分符合《中庸》这句话的原意的，因为诚，就是诚信、诚实、坦诚，真实无妄。只有这样，人与人、国与国之间才能取得基本的信任。同时，诚也可以解释成“忠”，即体现在对于民族文化的感情和忠诚。这一点我们在李瑞环的许多作品中都能看到。

传统文化对于中国人而言意味着什么？其实有很多的方面，比如基本的价值观念、生活方式乃至审美趣味。长期以来我们对传统文化充满着怀疑，认识不到文化传统是建设当下中国核心价值的基础。通过李瑞环对于古典的引用和发挥，我们可以看到，任何新的文化、新的价值如果脱离了传统文化的源头活水，就不会有真正的生命力。

李瑞环认为："中国历史上下五千年，历代王朝交相更替，阶级关系不断变化，但人们在改造自然、治理国家、提高自身素质等方面，积累了许多共同的精神财富，是不同时代、不同阶级的人都可以接受、利用和借鉴的。……在治理国家、安定社会、修养品德、成就事业等方面，我们的先辈所提出的许多至理名言，都使后人受益无穷。诸如'正奇互补'、'乱极而治'的朴素哲理，'民为贵'、'天下为公'的民本思想，'魂系中华'、'爱国如饥渴'的民族正气，'先天下之忧而忧，后天下之乐而乐'的政治抱负，砥砺品学、上下求索的进取精神等，即使在今天也仍然闪耀着光辉，其中有些东西一旦赋予新意，便可成为社会主义精神文明的组成部分。"（《务实求理》，781页）把所有的历史文明简单地贴上阶级的标签，并拒绝继承、借鉴，不是马克思主义对待传统文化的正确态度。

（千春松）

图书在版编目（CIP）数据

妙喻连珠：李瑞环著作中的比喻和用典/郭湛，贺耀敏等编著. —北京：中国人民大学出版社，2014. 8
ISBN 978-7-300-19889-7

Ⅰ. ①妙… Ⅱ. ①郭… ②贺… Ⅲ. ①李瑞环-著作研究 Ⅳ. ①D2-0

中国版本图书馆 CIP 数据核字（2014）第 197130 号

妙喻连珠
——李瑞环著作中的比喻和用典
郭湛　贺耀敏　王宏霞 等　编著
Miaoyulianzhu

出版发行	中国人民大学出版社		
社　　址	北京中关村大街 31 号	**邮政编码**	100080
电　　话	010－62511242（总编室）		010－62511770（质管部）
	010－82501766（邮购部）		010－62514148（门市部）
	010－62515195（发行公司）		010－62515275（盗版举报）
网　　址	http://www.crup.com.cn		
经　　销	新华书店		
印　　刷	涿州市星河印刷有限公司		
规　　格	158 mm×236 mm　16 开本	**版　　次**	2014 年 10 月第 1 版
印　　张	22 插页 3	**印　　次**	2022 年 10 月第 6 次印刷
字　　数	286 000	**定　　价**	39.00 元